MS Power BI를 활용한
빅데이터 시각화 분석
- 엑셀과 MS SQL 중심으로 -

변정한 지음

컴원미디어

〈저자 변정한〉

- 오피스데브 대표(http://www.officedev.co.kr)
  "엑셀/MS SQL부터 PLC & HMI & Rs 485 Lora 통신 및 MS Power BI까지 개발"
- 서강대학교 대학원 경제학과 석사졸업
- 마이크로소프트 MVP 2002~2008(MS Office)
- 데이터베이스 전문 오사모 카페 운영 회원 2만명
  (http://cafe.naver.com/office2080)
- ≪액세스 2007 날개 달기≫ 디지탈북
- ≪엑셀 2007 마스터 하기≫ 창조문화사
- 제8회 국제 장애인 기능올림픽대회 IT 운영위원/국무총리상 포상 대상
- ≪엑셀을 활용한 빅데이터 처리와 통계분석≫ 컴원 미디어
- 빅데이터 & 엑셀/액세스/MS SQL 솔루션 개발 및 강의 전문
- 마이크로스프트 2년 연속 엑셀 [MVP 2018~] 수상
- 통계청 산하 사단법인 한국빅데이터협회 사무총장

MS Power BI를 활용한 빅데이터 시각화 분석

© 변정한, 2019

1판 1쇄 인쇄_2019년 10월 28일
1판 1쇄 발행_2019년 10월 31일

지은이_변정한
펴낸이_홍정표
펴낸곳_컴원미디어
　　　　등록_제25100-2007-000015호
　　　　이메일_edit@gcbook.co.kr

공급처_(주)글로벌콘텐츠출판그룹
　　　　주소_서울특별시 강동구 풍성로 87-6(성내동)
　　　　전화_02) 488-3280 **팩스**_02) 488-3281
　　　　홈페이지_http://www.gcbook.co.kr

값 22,000원
ISBN 978-89-92475-95-2　13000

MS Power BI를 활용한

빅데이터 시각화 분석

엑셀과 MS SQL 중심으로

변정한 지음

컴원미디어

서문

MS Power BI의 시작은 엑셀부터라고 할 수 있다. 파워 피벗/쿼리/차트 등으로 발전하면서 파워 BI는 2016년 마이크로소프트사가 빅데이터 분석 시장에 적극적으로 참여함으로써 출시된 BI 플랫폼 클라우드 제품이라 할 수 있다.

엑셀은 데이터 셋의 계산 엔진이 없는 관계로, 데이터를 분석하는데 한계가 많다.

지금까지 BI 솔루션 기업들은 기업 고객 맞춤 웹 솔루션을 비아이(BI)라고 주장하면서 시장을 선점하였다, 그러나 앞으로는 제4차산업 빅데이터 시대에 맞추어서 개발된 클라우드 MS Power BI 서비스와 같은 기능을 제공할 수가 있을까?

지금으로 봐선 불가능한 일이라고 생각한다!

따라서 기존 방식의 BI 기업들은 3년 내로 사라질 것이며, IT BI 시장에 새로운 패러다임이 다가오고 있다.

따라서 IT BI 시장에 맞추어서 MS Power BI는 계속 진화되고 발전이 예상되어 출판을 기획하였다.

MS Power BI 대상은

- 모든 산업 직종 업무 시각화 분석
- 연구 과제의 시각화 차트 구축
- 기업 및 공공 빅데이터 플랫폼 구축

예제는 오사모(https://cafe.naver.com/office2080) 전체 공지 다운로드(번호 3120). **https://cafe.naver.com/office2080/3120**

파워 BI 버전은

파워 BI Desk Top,

파워 BI 서비스,

파워 BI 웹/앱 등으로 구분된다.

파워 BI Desk Top은 이종 간의 빅데이터까지 시각화 차트를 상호 작용까지 분석한다. 즉 데이터 상호 작용을 통해서, 시각화 차트를 이용하여 다양한 데이터 통계 분석을 한다.

두 번째, 파워 BI 서비스 버전은 클라우드 1G까지는 무료 공간을 제공하고, 다양한 웹 보고서 및 공유 대시보드를 작성한다.

세 번째, 파워 BI 웹/앱 버전은 게시 보고서 및 대시보드를 인터넷 웹 혹은 앱(Apps)으로 게시한다.

본 저서는 **"기본을 알아야 응용이 가능하다."**라는 논리에 맞추어서

- 파워 BI가 왜 만들어지고 어디에 사용되는지?
- 데이터를 어떻게 연결해서 가져올 것인가?
- 기본 매뉴얼을 사례 중심으로 학습,
- 파워 쿼리의 Dax 함수 전체 150여 개를 정리하여 소개,
- 파워 BI의 시각화 개체 예제 중심으로 학습한다.

마지막으로

파워 BI를 통해서 빅데이터 플랫폼 구축 과정을 심도있게 학습한다.

- 엑셀 영업 기준으로 시각화 차트 판매 및 원가 관리.
- 생산은 설비 PLC 제어하고, HMI를 통해서 PLC Data가 MS SQL로 저장되면, 파워 BI를 통해서 설비의 가동률 / 유실률 / 양품률 등 시각화 차트 설비 분석.
- 산업경제 데이터를 통해서 실업률/고용역량 시각화 차트 평가.
- 시각화 차트를 웹/앱으로 업데이트 방법을 학습한다.

출판 및 교정 수행한 컴원미디어 홍정표 대표님, 편집자 김봄, 권군오. 통계청 산하 사단법인 한국빅데이터 협회(www.koreabigdata.or.kr) 회원님께 감사를 전합니다. 부모님과 형제 모든 가족들께 감사를 전하며, 특히 인하대 연극 영화과에 자신의 꿈을 키우고 있는 딸 희진, 고교졸업 후 복지부 사회보장 정보원 통계 행정직 다니다 공군 입대하고 전역 얼마 안 남았지만 많은 저서 도움을 준 아들 우재, 각자 자신의 꿈과 행복을 빌어 봅니다.

마지막으로 20년간 ≪오피스데브≫(http://officedev.co.kr) 솔루션 개발회사를 운영하면서도 더 나아가 직접 운영하는 오사모 카페 회원님(2만 명)께 항상 감사한 마음을 전하며, 오프라인 모임을 통해서 MS Power BI의 개척자가 될 것입니다.

2019.10.10

변 정 한 드림

목차

제1장_ 빅데이터 소개

제2장_ 시각화 차트 준비과정

제3장_ MS 파워 BI

제4장_ 데이터 가져오기

제5장_ 파워 쿼리

제6장_ Dax 함수

제7장_ 파워 BI 메뉴 및 시각화

제8장_ 파워 BI 사례분석

제9장_ 파워 BI 웹 서비스

제1장
빅데이터 소개

1.1. 빅데이터?

구글의 백과사전에는, "빅데이터(big data)란 기존 데이터베이스 관리도구의 능력을 넘어서는 대량(수십 테라바이트)의 정형 또는 심지어 데이터베이스 형태가 아닌 비정형의 데이터 집합조차 포함한 데이터로부터 가치를 추출하고 결과를 분석하는 기술"이라고 정의를 내리고 있다.

그리고 워싱턴포스트지는, "다양한 종류의 대규모 데이터에 대한 생성, 수집, 분석, 표현을 그 특징으로 하는 빅데이터 기술의 발전은 다변화된 현대 사회를 더욱 정확하게 예측하여 효율적으로 작동케 하고 개인화된 현대 사회 구성원 마다 맞춤형 정보를 제공, 관리, 분석 가능케 하며 과거에는 불가능했던 기술을 실현시키기도 한다."라고 정의를 내리고 있으며, 빅데이터는 정치, 사회, 경제, 문화, 과학 기술 등 전 영역에 걸쳐서 사회와 인류에게 가치 있는 정보를 제공할 수 있는 가능성을 제시하며 그 중요성이 부각되고 있다.

그러나 문제점으로 사생활 침해와 보안 측면이 거론된다. 수많은 개인들의 정보의 집합인 빅데이터는 데이터를 수집/분석을 할 때 모든 개인 의사 표현까지 고려하지 못한 데이터가 포함될 가능성이 높고, 보안 취약성으로 인해 많은 개인 정보가 무분별하게 유출될 가능성을 가지고 있다.

기술의 진화에 따라 데이터양이 급격하게 증가하고 있다. 2013년 IBM의 조사에 따르면, 하루 데이터의 양은 약 250경(2.5조 퀸틸리언) 바이트에 달하며, 기술 발전과 진보 측면에서 큰 반향을 불러 일으키고 있다.

방대한 양의 데이터가 만들어짐에 따라 전통 ERP, MES, CRM의 영역 붕괴와 새로운 데이터 분석 영역이 나타나면서, 새로운 비즈니스 영역에 대한 통합이 요구되고 있다. 디지털 데이터의 영역 확장은 비즈니스의 새로운 수익 구조로 성장 발전시켜서 기업의 핵심 역량으로 자리를 잡고 있다. 이와 같이 빅데이터 및 분석은 오늘날 새로운 비즈니스에서는 없어서는 안 될 핵심요소이다.

가트너는 사물인터넷(IoT) 분야에서 2021년까지 시간 당 100만 개의 새로운 IoT 장치가 판매될 것으로 전망하고 있다. 이미 스마트 팜이나 팩토리처럼 디지털 연결로 새로운 패러다임이 나타나고 있으며, 빅데이터를 통합 수집하고 새로운 의사결정체의 테마로 시각화 산업이 발전하고 있다.

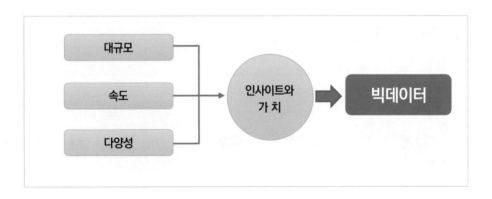

데이터는 대규모('양과 질')의 자료를 포함하여 비록 그 양이 매우 크지만 처리과정은 매우 빠르며, 데이터의 종류가 정형 데이터뿐만 아니라, 파일, 음원, 동영상 등 다양성을 가지고 있다.

정형 데이터 수준을 넘어서, SNS 문자 혹은 이메일, 첨부 자료, 카톡 등을 이용한 데이터도 다양화 될 뿐만 아니라, 통신기술의 발전으로 인하여 스마트폰에서 데이터 비중이 늘어나고 있다. 다양한 데이터가 클라우드를 통한 데이터 통합으로 인사이트(InSight)가 가능한 빅데이터로 발전하고 있는 것이다.

그럼 이런 빅데이터 분석을 통해 얻을 수 있는 것은 무엇이 있을까? 간단히 살펴보고자
한다.

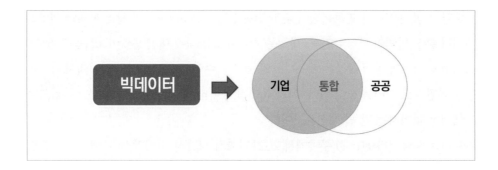

빅데이터는 기업 부분과 공공 부분으로 나누어지며, 기업과 공공의 데이터는 통합되어
분석될 날이 멀지 않았다. '정형 + 비정형의 통합'된 데이터를 어떻게 분석하느냐에 따
라서 국가 정책이 변경될 정도이다. 앞으로 빅데이터는 기업과 공공간의 통합이 늘어
날 것이라 예상된다.

AI(인공지능)와 같은 빅데이터 기술은 향후 미래의 답을 얻는데 시간을 줄여 주고 있
으며, 기업의 비즈니스로 부상, 경쟁력 강화, 고도화 등으로 대처 능력을 신속하게 해
결하는 결정체로 자리를 잡고 있다.

비즈니스 부문에 있어서 비즈니스 분석(BI)과 빅데이터를 나눠서 설명할 수 없을 뿐 아
니라, 기업 비즈니스의 리더가 데이터를 평가하고 의사결정을 내리는데 도움을 주
고 있다. 이처럼 빅데이터를 이용해 기업의 경쟁력 우위를 확보할 수 있으려면, 경영
리더의 직관적 판단에 도움을 주는 새로운 빅데이터 분석 방법이 필요하다. 빅데이터

는 기업뿐 아니라 고객 간의 이해를 돕는데 중요한 비즈니스 수단으로 의사결정에 많은 도움을 준다.

더 나아가 비즈니스 분석(BI)이 같이 선행되어야 비즈니스 계획을 수립할 수 있으며, 계획에 맞추어서 사업 실행을 하면서 새로운 비즈니스 분석으로 예측가능한 사업을 수행할 수 있다. 최종적으로 데이터의 통합화로 기업 경쟁력을 강화 및 성과를 얻음으로써 BI의 빅데이터의 통찰력을 얻을 수가 있다.

이미 Google Data, MS Power BI, Tableau 등 수많은 빅데이터 분석 솔루션이 비즈니스에 사용되고 있다. 이와 같은 빅데이터 솔루션을 통해 정형 데이터뿐 아니라, 비정형 데이터를 포함한 분석으로 사업 영역 확장에 있어서 신속 정확한 의사결정에 도움을 받고 있다.

데이터 중심 기업은 경쟁 우위를 확보할 수 있으면서도, 실시간으로 그 효과가 조직 전체에 영향 줄 수 있어야 하는데 데이터 전달에 큰 장애가 있다. 이것을 해결하기 위해서 빅데이터를 자동화하여 데이터의 사용 방법에 대한 민첩성을 높여야 한다.

기업들 간의 데이터 분석과 AI를 통한 의사결정을 개선하여, 궁극적으로 비즈니스 의사결정을 향상시키는 데 많은 도움을 준다. 빅데이터를 처리하기 위해서는 IT 전략이 수립되어 있어야 하나, 신기술에 대한 투자는 시간과 비용이 많이 소요된다는 것을 잘 인지하여 상황에 맞게 IT 전략을 수립해 조직 운영 관리를 해야 한다.

1.2. 데이터 시각화

1. 데이터 시각화 및 활용

주변에서 '데이터가 매우 중요하다.'라는 표현을 들어 봤을 것이다. 그만큼 데이터 중요성에 대한 사회적 인식은 커지고, 다양한 분야에 데이터 활용에 대한 관심이 높다. 시장 조사 전문 글로벌 IDC는 2022년까지 전 세계 데이터 시장은 2,600억 달러로 성장할 것으로 보고 있으며, 그 이상으로 데이터 시장이 확장 발전할 것이라 예상하고 있다. '데이터는 더 커지면서 중요해지고, 나아가 데이터를 활용하는 시장도 더 발전한다.'라고 보는 것이 미래의 모습이라고 생각된다.

데이터에 대한 접속은 늘어나지만, 이에 따른 데이터 통찰력의 능력은 감소하고 있다. 데이터의 크기는 커지지만, 데이터를 분석하고 평가하는 시각화의 요구 조건은 이에 맞게 발전하지 않은 결과이다. 그리고 시각화 데이터가 많다고 해서 항상 더 좋은 결론을 얻는 것도 아니다. 앞으로의 시대는 '데이터 활용도'의 중요성을 강조한다. 데이터를 저장하는 것과 별개로 어떻게 활용할 것인가에 대한 답의 여부에 따라 데이터 가치가 달라지는 시대가 될 것이다.

"어떻게 해야 데이터를 잘 활용할 수 있을까?"라는 데이터 사용 역량 평가는 "데이터 분석"과 "시각화"로 양분화 되어 있다. 데이터 분석은 데이터 수집, 가공 및 데이터 분석을 말한다. 데이터 시각화는 데이터 분석의 결과를 시각적으로 표현하는 것이다.

이전에는 이들의 경계선이 확실했지만, 데이터 분석과 시각화의 영역을 모두 잘 하는 것이 어느 때 보다 중요하다. 앞으로 데이터 시각화는 전문 데이터를 잘 다루지 못하거나 디자인 역량이 부족하더라도 'MS 파워 BI'와 같은 데이터 시각화 도구를 활용하는 것이 보편화된 시대가 될 것이다.

그럼 왜 데이터 시각화를 해야 하는지 그 이유를 알아보자.

> ## 빅데이터화된 데이터를 요약할 수 있는 시각화의 필요성
>
> - 많은 빅데이터를 간단히 요약할 수 있는가?
> - 고민해 보자! 간단한 차트로 표현할 수 있을까?

이것이 데이터 시각화를 해야 하는 이유이다. 그런데 데이터가 빅데이터화 됨에 따라서 엑셀 차트로 표현하려면 수십 개의 시트를 이용해야 하는 일이 발생한다. 데이터의 양 만큼의 모니터링 차트를 만들어야 할까? 이뿐만 아니라 데이터를 분석하는데 많은 시간이 요구될 것이다. 이렇게 되어서는 데이터를 분석하고 변화의 추이까지 파악할 수가 없다.

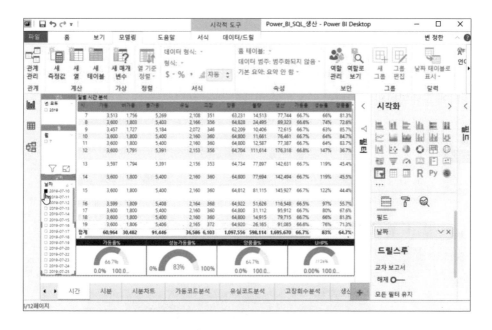

데이터 시각화는 빅데이터가 가지고 있는 데이터를 시각적 요소를 활용해 요약 표현해야 한다. 즉, 시각화를 통해서 빅데이터의 활용에 초점을 맞추는 것이다. 산업, 의료, 보험 등에서 생산된 빅데이터가 다양한 분야에서 시각화가 될 때 빅데이터를 이용해 현상을 파악하고 예측할 수가 있다.

다양한 데이터 시각화 유형의 예 (출처=datavizcatalogue.com)

데이터 시각화에는 다양한 형태의 유형들이 있으며, 데이터가 의미하는 바를 차트를 활용하여 도형의 크기, 위치나 색상 등으로 데이터를 비교하여 분포를 분석한다. 이런 의미에서 데이터의 통찰력이 중요하다 하겠다.

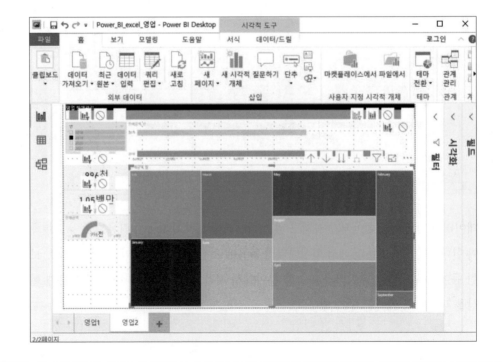

파워 BI를 보면 '데이터 시각화'에 대해서 공감할 수 있다. 파워 BI는 단순히 정적인 형태의 차트 이미지로 제공하는 것이 아니라, 데이터를 분석하고 변경할 수 있는 기능까지 제공하는데 의의가 있다. 파워 BI는 데이터 시각화는 기본이고, 데이터 정렬 & 필터, 모니터링의 확대·축소 등의 기능을 제공한다.

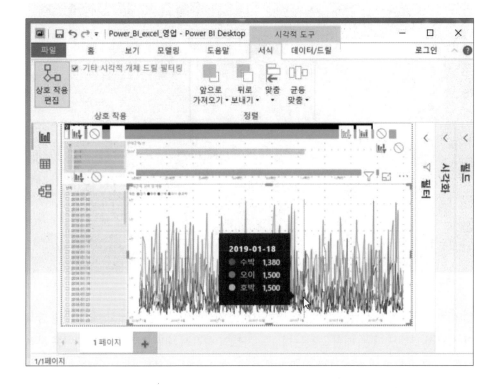

파워 BI는 시트 보고서 화면에서는 빅데이터의 다른 내용까지 연결하여 보고서간 상호작용하는 시각화 모니터링을 제공한다. 데이터 통찰력을 자동적으로 제공함을 물론 다양한 조건 데이터를 검색하는 방향으로 시각화 활용도가 발전하고 있다.

2. 누구나 쉽게 데이터 시각화

과거에 비즈니스 시각화 도구로 많이 사용한 것은 파워포인트다. 각 장에다 표현하고자 하는 내용을 정리해서, 데이터를 요약하여 표현하거나, 혹은 엑셀 차트/피벗을 사용했다. 인간이란 보통 시각적 감각을 통해서 의미를 전달받기 때문에 내용도 중요하지만, 보여지는 시각화에 많은 의미를 가지고 데이터를 평가한다.

일반적으로 데이터를 분석하고 시각화 방향으로 초점을 맞추어서 말하지만, 역으로 시각화의 데이터를 가지고 의미를 해석하는 방향으로 빅데이터가 진화되어 가고 있다고 해도 과언이 아니다.

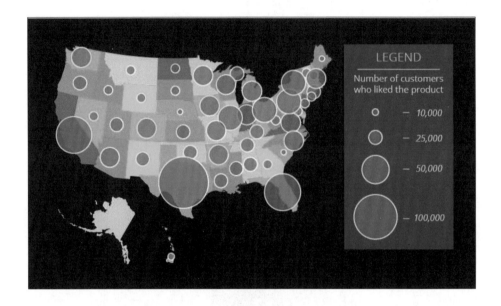

데이터 시각화 차트에서 시각화 요소의 형태, 크기, 위치나 색을 근거로 해서 제일 중요한 시각적 트렌드 혹은 패턴을 찾는다. 즉, 차트의 시각적 패턴으로 데이터 추이를 분석한다. 다른 값들과 관련 여부를 상관관계 분석, 혹은 이상 여부를 빠르게 시각적인 값들로 찾는다. 데이터 분석을 위한 전문적인 기술 없이도, 각자의 시각적 패턴을 근거로 누구나 쉽게 데이터 통찰력으로 검색한다. 그만큼 시각화를 통해 데이터 활용 범위가 커지고 데이터의 새로운 가치를 만들고 있다.

데이터 시각화 활용함으로써 시각적 패턴을 근거로 한 "스토리텔링"은 오랜 기억 속에 저장된다. 데이터 시각화를 활용함으로써 오랜 기억을 장기화함으로써 분석 결과물 찾은 인사이트를 강력하게 전달한다.

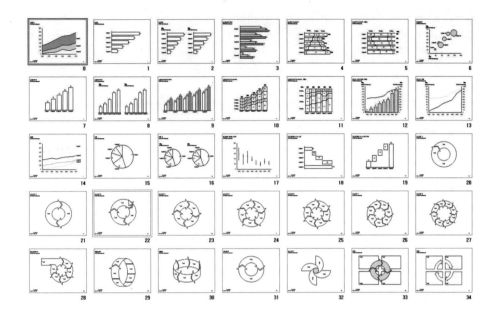

맥킨지 차트 기법은 다양한 도형으로 데이터를 설명하고 있다. 정확한 데이터 인사이트(Insight) 전달을 위해서는 다양한 시각화 차트 중 어떤 유형이 적합한지에 대한 이해가 필요하다. 이해도의 내용에 따라서 시각화 차트의 기준이 달라질 수 있다. 시각화 목적은 대상 비교로 막대 차트, 버블, 혼합 차트가 있으며, 선, 구역, 타임라인 차트, 칸트 차트 등을 사용한다.

그러나 대부분이 상호 작용의 차트가 아니라, 고정형 차트 기준으로 데이터를 설명하다 보니 한계를 보이고, 시각화를 표현하는데 한계가 있다. 이에 따라 상호 작용 인사이트 비즈니스 분석(BI) 방향으로 데이터가 진화되고 있다.

전체의 차트를 찾아서 보는 것이 아니라, 해당 데이터를 클릭해서 선택된 데이터만 시각화 데이터를 만들어서 시각화를 할 필요성이 있다. 전체 데이터 중 특정 항목을 게이지나 KPI 차트 등을 활용하며, 데이터 간의 관계를 보기 위해서 버블 차트 시각화를 활용한다. 위에서 소개한 것처럼 게이지 차트로 다양한 비중도를 표시할 수가 있다.

그리고 또 하나가 Map의 활용 즉, 지도 시각화를 통해 위경도의 데이터 인사이트로 통합할 수가 있다.

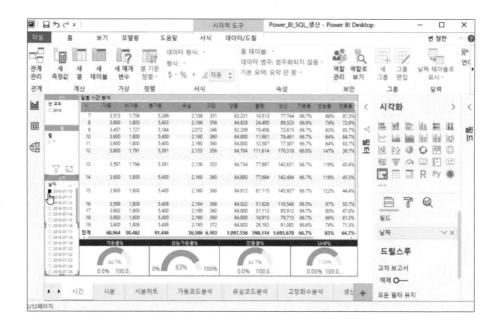

Map을 활용하면 전국 위경도 기준으로 사찰의 위치정보를 제공할 수도 있다. 좌측에
보여지는 각 시도군의 정보를 근거로 해서, 사찰의 군집 정보를 확인할 뿐 아니라, 위치
주소 정보까지 확인이 가능하다.

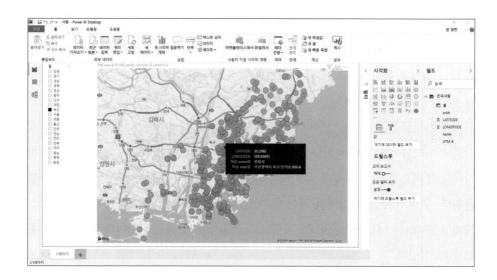

시각화를 바탕으로 데이터를 분석하다 보면 시각화의 정보로 정확하게 내용을 전달할 수 있다. 그러나 사찰 정보가 많다는 사실을, 다른 요인 분석과 연결을 잘 못할 수도 있다. 사찰이 많으면 시도군의 교육 수준이 높다고 한다면 안 될 것이다. 단순히 사찰의 숫자로서 의미가 있을 수가 있지만, 상호 작용을 데이터 수준에 맞추어서 연결해야 시각화의 가치가 있다.

3. 시각화가 요약 데이터 통계

일반적으로 데이터 시각화를 단순히 프레젠테이션으로 생각할 수 있다. 용도의 차이는 있겠지만, 해당 목적뿐 아니라 데이터를 검증하는데 시각화를 사용한다. 데이터 분석 하는데 시각화는 중요한 역할을 한다. 사례를 통해 자세히 알아보자.

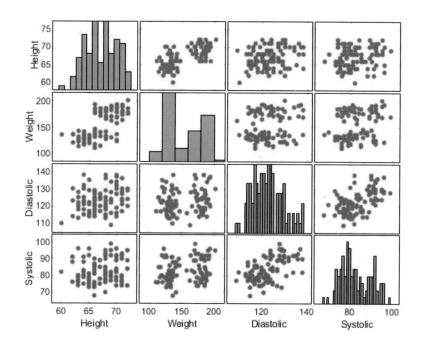

Tip

어떤 통계학자는 "요약 통계만 믿지 말고, 데이터를 시각화하라!"라고 할 정도로 데이터의 시각화가 중요함을 전달하고 있다.

- The properties of r and corresponding scatter plots can be summarized as follows:

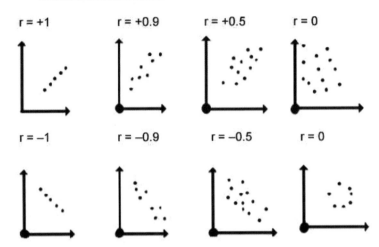

r = +1   r = +0.9   r = +0.5   r = 0

r = −1   r = −0.9   r = −0.5   r = 0

- The following table provides a good indication of the qualitative description of the strength of the linear relationship and the qualitative value of r.

Value of r	Qualitative Description of the Strength
−1	perfect negative
(−1, −0.75)	strong negative
(−0.75, −0.5)	moderate negative
(−0.5, −0.25)	weak negative
(−0.25, 0.25)	no linear association
(0.25, 0.5)	weak positive
(0.5, 0.75)	moderate positive
(0.75, 1)	strong positive
1	perfect positive

위의 내용은 피어슨의 통계 예시를 설명하고 있다.

데이터 상관관계를 알고 있는 사람들은 별로 없다. 그럼 통계 공식을 데이터 중심으로 설명을 하면 알 수 있을까? 전혀 알지 못하는 것은 당연하다. 데이터 중심으로 상대방에게 소개를 하는 것 보다 차트로 소개를 하거나 시각화로 다양한 결과를 소개한다면 충분히 이해를 할 수가 있다.

지금까지 정확한 데이터 이해를 돕기 위해선 데이터 분석 과정에서 시각화가 필수적으로 필요하다는 것을 설명했다. 데이터 시각화 분석은 데이터 분석의 필요 충분조건이라 할 수가 있으며, 시각화 결과물의 패턴 근거로 하여 데이터를 검증하여 정확한 인사이트를 만든다.

데이터 시각화/차트화를 기반으로 하여 데이터의 상호작용을 통한 계산으로 데이터를 검증하고, 검증 조건마다 결과를 실시간 시각화 차트의 패턴 근거로 데이터 인사이트를 작성한다. 분석 과정에서의 데이터 시각화는 데이터를 정확하게 분석 검증하는데 필수적이다.

4. 시각화와 데이터 인사이트 의사 결정

시각화는 데이터의 인사이트 활용 및 많은 시각화 도구를 통하여 공유하는데 목적이 있다. 워드, 엑셀, 프레젠테이션의 시각화 차트는 합리적 의사결정 판단자료 근거로 역할을 한다. 또한 시각화는 기억력 자극으로 오랜 기간 동안 인지할 뿐 아니라 인사이트하는데 많은 도움을 준다.

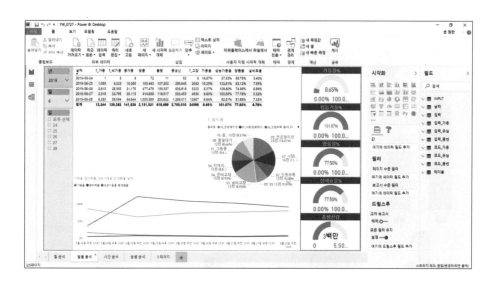

위에서 보여주는 것은 '일별, 가동률 및 효율성 지표'이다. 해당 지표를 선택하면 해당 지표의 데이터 값을 상호 시각화로 보여준다.

데이터 시각화를 공유하는 방법은 게시자 간에 보고서 작성을 공유하고 대시보드를 활용하는 것이다. 앞에서 보여주는 것처럼 대시보드는 시각화 차트와 표로 소개하며, 중요한 지표는 KPI로 우측에 보여주고 있다. 좌측에는 필드 [년]을 선택하고, 우 하단에는 필드 [월]을 선택하면, 중간에는 데이터 차트 및 타임 차트가 보이고 있다.

대부분의 대시보드는 순차적 대시보드 즉, 일방성을 가지고 있지만, 시각적 대시보드는 상호 데이터가 특정 결과 값들에 반응해야 한다. 즉, 차트에서 클릭하면 파이 값이 변해야 하며, 파이 값을 필터링 선택하면 해당 데이터 차트 값만 변경되어야 상호 검증되는 시각화 대시보드라 할 수 있다.

이러한 상호 대시보드는 모든 조직에서 필요할 뿐 아니라, 모든 구성원이 공동으로 데이터를 검증하는 것으로 인사이트를 도출한다. 특히 대시보드는 로컬 시각화와 웹의 데이터 보드를 제공함으로써 지역 공간을 벗어나 데이터를 공유함으로써 활용도의 범위가 크다고 할 수 있다. 로컬과 웹 상의 시각화 차트를 통해서 중요한 의사결정을 한다.

5. 데이터 시각화 사업 영역

시각화는 데이터만 있다면 어떠한 부문이라도 적용하여 활용한다. 공공 및 문화 부문에 데이터 시각화가 많이 적용된 상태다.

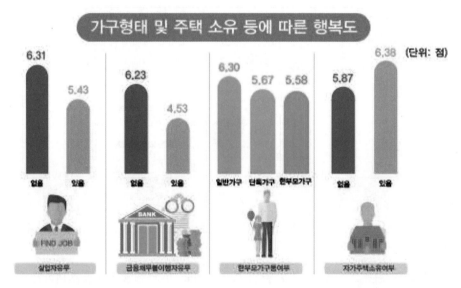

출처 : 김미곤 등, (2014). 사회통합 실태진단 및 대응방안 연구–사회통합과 국민행복을 중심으로, 보건복지부·한국보건사회연구원. 자료 : 한국보건사회연구원(2014), 사회통합 및 국민행복 인식조사.
설문유형 : 우리 사회가 어느 정도 믿을 수 있는 사회라고 생각하십니까?
(전혀 믿을 수 없다 0점 – 매우 믿을 수 있다 10점)

보건복지부는 인구 및 주택 소유 현황 통계 데이터뿐 아니라 보건복지부의 개별 빅데이터 보건 의료 부분을 시각화 데이터로 서비스하고 있다.

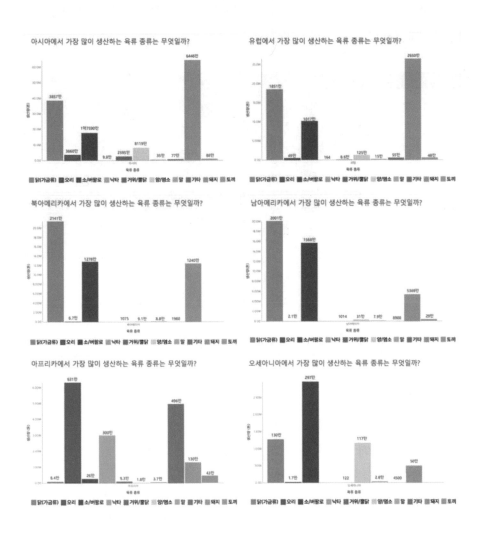

보건복지부의 통계 데이터는 대민 서비스이므로, 누구나 데이터 개방 포털에 접속해 개인이 보유한 시각화 도구를 활용해 시각화 차트를 만들 수 있다.

산업 및 기업 차원에서는 보유 데이터의 활용도를 높이기 위해 데이터 시각화를 도입하고 있다. 사내 KPI 지표 등 성과 지표 추적, 데이터 기반의 마케팅 활성화 등을 위한 목적으로 데이터 대시보드를 구축하고 활용하는 것이 일반적이다.

최근 데이터 활용에 대한 관심이 매우 높은 부동산 분야에서 데이터 시각화 기술을 적용한 데이터 분석 플랫폼 구축하는 사례가 늘고 있다. 대부분이 자체 구축보다는 클라우드 기반의 구글 혹은 MS의 시각화 솔루션을 이용하여 새로운 비즈니스 모델링 시각화로 발전하고 있다.

데이터 시각화 부문에 있어서 AI(인공지능)를 활용한 시각화 분석이 활용되고 있으며, 지속적 학습을 통한 능동적 대처 능력을 보여주고 있다. 지금까지 빅데이터 활용 방법으로 데이터 시각화에 대해서 알아보았다. 데이터 시각화를 활용하면,

• 전문적인 기술 없이도 데이터 분석이 가능하고,
• 누구나 쉽게 시각화 통찰이 가능하고,
• 정확하게 데이터를 분석하여 이해할 수 있고,
• 데이터 통찰을 통해서 시각화를 공유할 수가 있으며,
• 다양한 부문에 데이터 시각화 사업을 할 수 있다.

앞으로는 데이터 IT뿐 아니라, 시각화에 대한 새로운 패러다임이 일어날 것이며, IT 영역을 벗어나 문화예술 부문에서도 적용되어 새로운 산업으로 확장할 것이다. 데이터 사이언스의 발전과 더불어 시각화는 인공지능(AI) 접목을 통해서 일반인도 쉽게 접근하는 산업으로 자리를 잡을 것이다. 이러한 데이터 인사이트 통합화를 위해서 빅데이터 분석·시각화 도구인 마이크로소프트사의 Power BI를 학습하고자 한다.

1.3. 시각화 방향

1. 시각화 검토

먼저 비즈니스 분석(BI)을 위한 데이터 시각화 도구를 어떻게 선택해야 하는지 살펴보자. 이 책에서는 마이크로소프트 Power BI에 맞추어서 설명할 예정이지만, 여러 시각화 솔루션에 대해서도 간략히 살펴보고자 한다.

데이터 시각화 도구로 테블로(Tableau), 마이크로소프트 파워 BI(Microsoft Power BI), 루커(Looker), 시센스(Sisense), 굿데이터(Good Data), 클릭(Qlik), Google Data 등이 있다. 각자 시작할 때는 먼저 목적에 맞추어서 AS IS를 한 후에 To Be 목적에 맞추어서 선택하고 기능의 용이성, 운영 등을 고려해야 한다.

번호	내용
1	시각화 도구는 서비스 사업이므로 가격 정책을 사전 정확하게 검토한다.
2	시각화 데이터의 플랫폼 확장 여부를 검토한다.
3	시각화 데이터는 자주 변경되는 관계로 협업 공동 수정이 가능한지를 검토한다.
4	비즈니스 데이터의 유형별 실시간/조건시간 여부를 충분히 검토한다.
5	빅데이터를 인사이트 가능 여부를 검토한다.
6	보안 수준을 검증한다.
7	디자인의 수정 및 윈도우 버전별 호환성을 검증한다.
8	기업 혹은 조직 내의 비즈니스에 맞는지를 평가한다.
9	다양한 데이터 연결 및 지원 여부를 검증한다.
10	데이터 처리 속도를 검증한다.

2. 엑셀의 시각화

엑셀은 지속적으로 발전하여 앱 버전인 오피스 365 어플리케이션까지 이르렀으며, 계산뿐 아니라 표 차트 계산까지 가능하며, 전 세계적으로 약 70%가 기업 업무용 도구로 사용하고 있다.

엑셀은 함수뿐 아니라, 데이터를 수천만행 계산해서 보여주는 피벗 쿼리 기반의 피벗 테이블(pivot table)로 데이터를 요약 계산할 수가 있다. 특히, 데이터베이스 관계형 도구를 피벗 쿼리부문에 추가해서 사용할 수 있도록 발전하였다. 엑셀의 자동 필터링 및 조건부 서식을 통해서 차트화를 통해서 데이터 시각화가 가능하다. 특히, 피벗 테이블은 과거 수년간의 시각화 데이터의 우상으로 자리매김해 왔다.

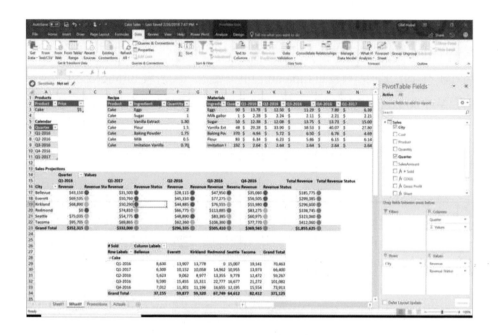

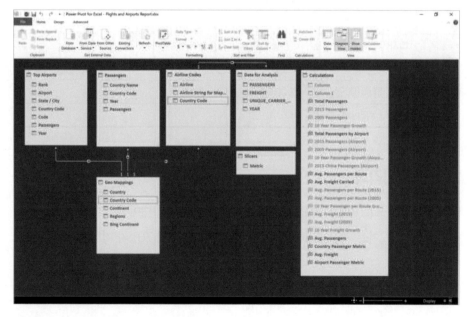

피벗 테이블은 엑셀의 기본이었지만, MS 오피스 2010부터 파워 피벗 및 쿼리가 애드인 방식으로 추가되어 데이터 처리 한계를 벗어나려고 하였다. 파워 피벗의 쿼리를 통해서 다양한 테이블 간 관계형 조인으로 새로운 데이터를 생성하여 분석한다. 시각화 차트 기능은 엑셀로 발전하는 듯하였다.

2016년에 MS가 별도로 파워 BI라는 새로운 영역의 시각화 프로그램을 출시하였다. 엑셀에도 맵(Map)을 추가해서 데이터를 시각화할 수 있는 정도까지 발전하였다.

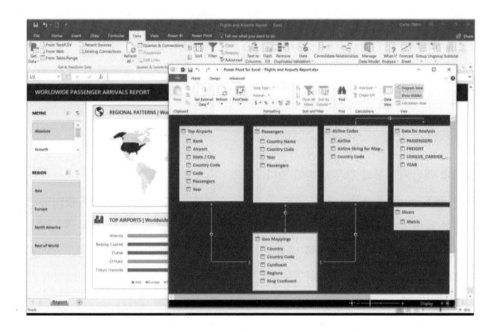

대용량 데이터를 분석할 때 파워 피벗/쿼리에서 조인된 테이블은 보고서를 만들 때 사용할 수 있다. 엑셀의 파워 쿼리는 파워 BI의 쿼리와 같으며, 함수 Dax도 마찬가지라 할 수 있다.

파워 뷰(Power View)는 '차트, 테이블, Map'까지 만들어서 사용할 수 있는 데이터 시각화의 기본이다. 그리고 최근 MS의 클라우드 서비스인 애저(MS Azure)를 엑셀에서 연결할 수 있도록 발전하였다.

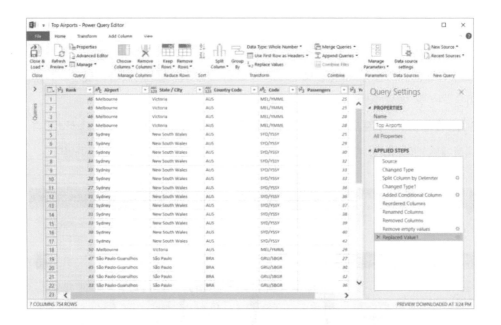

그런데 엑셀은 다음과 같은 단점이 있다.

PC사양(Windows, 32bit 혹은 64bit 문제) 등은 전문가들에게 넘기고 엑셀 데이터 시각화에 대한 문제만 다뤄보고자 한다. 엑셀에는 서버 데이터베이스와 같이 중앙에서 처리해 주는 엔진이 없기 때문에 대용량 데이터베이스 처리할 수가 없다. 2016 버전 이후에는 공동 작업 등이 가능하였을 뿐이다. 이러한 문제를 해결하고자 빅데이터 대용량 데이터베이스를 처리할 수 있는 소프트웨어를 2016년에 새롭게 추가하여 발표했는데, 그것이 MS Power BI이다.

MS Power BI는 엑셀의 차트와 피벗의 한계를 벗어나서 웹 서비스 상에서 데이터의 상호 작용이 가능한 빅데이터 분석용 시각화 도구라 할 수가 있다.

3. MS 파워 BI의 간략한 소개

2016년 발표된 마이크로소프트 파워 BI(Microsoft Power BI)는 엑셀 쿼리 분석용 차트 그 이상 기능을 가지고 있다. 즉, 비즈니스를 위한 데이터 분석과 시각화 인사이트의 기능을 가지고 있다.

제 4차 산업의 빅데이터 시대에 기업의 비즈니스 정보 중에서 얼마나 판매했는지, 얼마나 구매해야 하는지, 고객들은 어떻게 느꼈는지, 그리고 사업의 상태 등을 알려주는 수

많은 정보를 분석해야 한다. 이런 문제를 어떻게 해석하고 정보를 얻어야 할까? 수많은 BI 도구에 맞추어서 개발을 해야 하는지? 저장된 비즈니스 데이터를 검증해야 할까? 라는 질문에 대한 답을 얻어야 한다.

MS 파워 BI는 비즈니스 데이터 탐색을 위한 툴이다. 엑셀 기반의 쿼리 중심 계산 도구로 발전한 파워 BI는 표/테이블 형식의 데이터를 가져와 정형화된 그래픽으로 시각화하여 보여준다.

파워 BI는 엑셀 형식으로 된 시각화 데이터를 웹 서비스로 변경 저장한 후에, 다시 다양한 보고서 혹은 저장된 보고서를 요약한 대시보드 형식으로 만들어서 다시 앱으로 게시할 수 있도록 만든 도구라고 할 수 있다. 또한, 파워 BI는 데이터 분석의 하둡 혹은 머신러닝 기능을 가지고 데이터 시각화로 표현하고 데이터를 검증할 수 있어 많은 시간을 절약할 수 있다.

파워 BI는 앱과 클라우드 서비스 제공으로 누구나 쉽게 웹 대시보드를 만들거나 수정해서 인터넷 게시 및 앱 버전으로 만들 수 있다.

파워 BI 특징 요약

1. 데스크탑 파워 BI는 작성된 보고서를 데이터와 연결된 클라우드 서비스의 대시보드 전환이 가능하고 데이터 트렌드 지표까지 분석한다.

2. 데이터는 엑셀, 문서부터 SQL뿐 아니라 파이썬 스크립트 및 통계분석 도구인 R과 연결하여 차트 통계 분석을 한다.

3. 웹 서비스를 통해서 보고서를 인터넷 상에서 공유함으로써, 공유자간 다양한 게시 보고서를 참조하여 새로운 대시보드로 통합 게시함으로써 부서간 업무 공유를 할 수가 있다.

4. 엑셀부터 서버 데이터는 파워 BI 데이터로 변환되어서 새롭게 통합 질의가 가능하기 때문에 파워 BI용 테이블 및 쿼리 작성 함수 프로그래밍이 가능하다.

5. 엑셀 유저의 피벗/차트 컨트롤 방식과 유사한 방식으로 익숙한 환경 하에 테이블 및 파워 쿼리를 통해서 고급 편집기에서 편집할 수 있다.

6. 시각적 편집 툴로 데이터를 단순화하거나 불필요한 필드의 열을 제거할 수 있다.

7. 시각화 데이터에 자바스크립트(Javascript), 스타일은 CSS 등의 기능이 추가되었다.

8. 오피스 365 기업용 사용자들과 기능을 서로 공유할 수가 있다.

9. 무료 버전은 1GB까지 스마트폰 웹 게시, 데이터를 최대 48번까지 새로 고침을 할 수 있다.

제2장
시각화 차트 준비과정

MS 파워 BI를 학습하기 전에 예제 파일을 각각 엑셀, 액세스, MS SQL로 작성한다. 작성 과정은 다음과 같다.

> • 파일명 : Data_Dax.xlsx
> 앞으로 파워 BI 활용법을 소개할 때마다 다양한 예제 파일을 불러들여 사용할 것이다. 이들 예제파일은 오사모(https://cafe.naver.com/office2080)의 '전체공지 – 다운로드(번호 3120)'을 통해 다운로드할 수 있다. 직접 다운로드할 수 있는 주소는 https://cafe.naver.com/office2080/3120이다.

2.1. 엑셀

① 순위 설명 : 필드는 [번호], [이름], [점수], [반] 등으로 구성되어 있다.
　쿼리로 반별 석차, 전체 석차 등을 구한다.

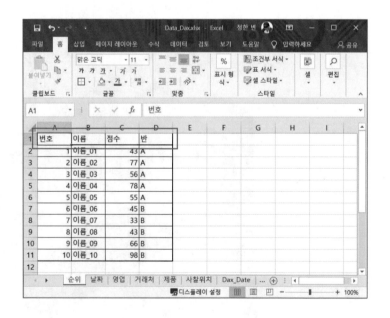

② 날짜 설명: 필드 [날짜], [년], [월], [일] [주], [주일], [분기/쿼터] 등으로 구성되어 있다. 날짜 기준으로 각 엑셀 함수를 필드 [년]부터 [쿼터]까지 함수식을 만든다.

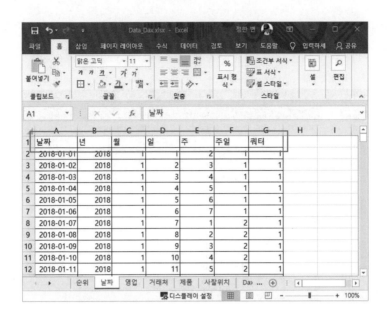

③ 영업 설명 : 필드 [번호], [날짜], [거래처], [제품] [단가], [수량], [정상금액], [할인율], [판매금] 등으로 구성되어 있다.

필드 [단가] = VLOOKUP(D2,제품!$A$2:$C$6,3,FALSE)

　　[판매금액] =G2*(1-H2) 과 같이 함수로 작성한다.

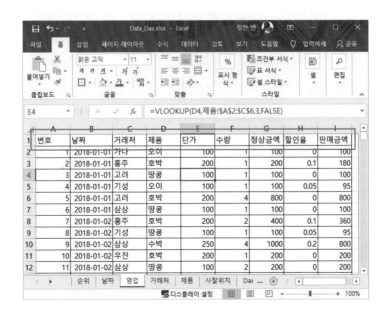

④ 거래처 설명 : 필드 [거래처], [지역], [주소], [경도], [위도], [업태], [업종], [대표] 등으로 구성되어 있다.

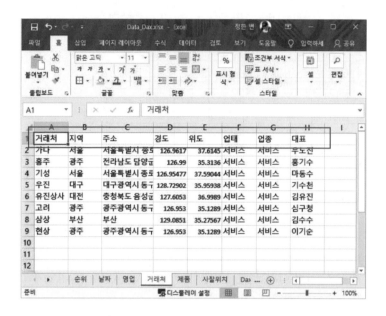

⑤ 제품 설명: 필드 [제품], [구분], [원가], [판매] 등으로 구성되어 있다.

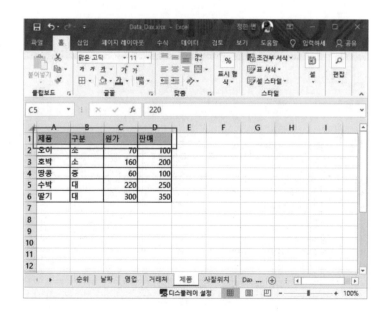

⑥ 사찰 설명 : 필드 [경도], [위도], [지역코드], [주소], [사찰], [지역] 등으로 구성되어 있다.

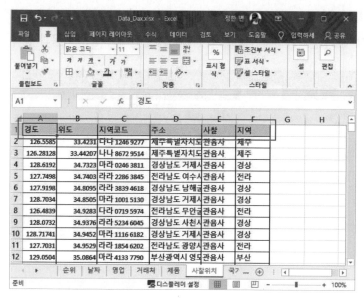

파워 BI에서 Map 시각화에 적용할 것이지만, 본 저서는 데이터만 제공하며, 각자 학습 자료로 남길 예정이다.

⑦ 국가코드 설명 : 필드 [국가코드], [국가명] 등으로 구성되어 있다.

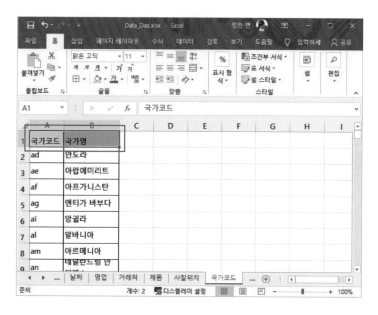

2.2. 액세스

엑셀 데이터를 액세스 테이블로 다음과 같이 작성한다. 외부데이터 가져오기를 이용해서 엑셀 데이터를 액세스 테이블로 가져와 작성된 전체 구성은 다음과 같다.

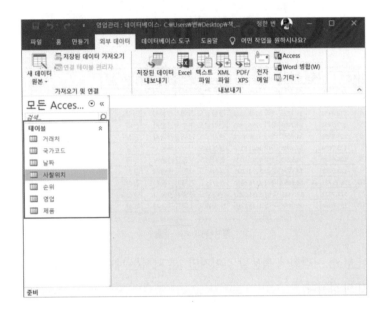

① 테이블 [날짜]

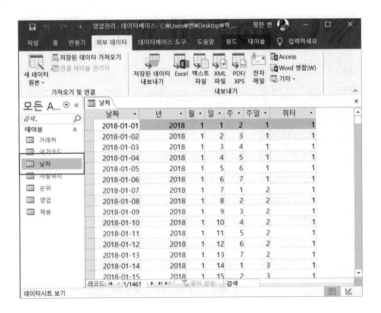

② 테이블 [영업]은 엑셀 영업 시트와 동일한 필드로 가져오기를 한다. 단, 필드 형식이
다르다면 변경해야 한다.

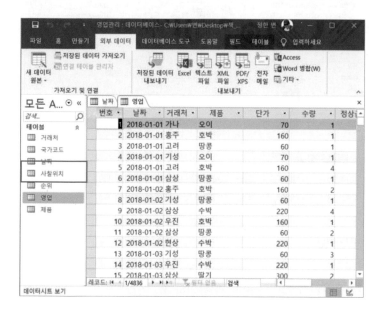

③ 테이블 [거래처]도 엑셀 시트 거래처와 동일하다.

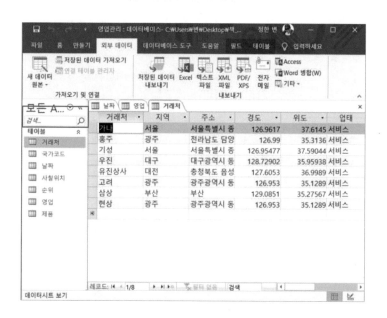

④ 테이블 [제품]도 엑셀과 동일하다.

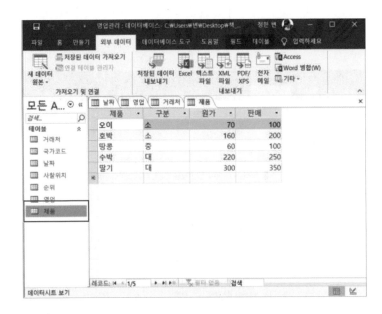

⑤ 테이블 [사찰위치]도 엑셀 테이블과 동일하다.

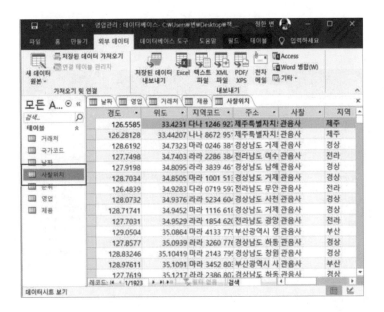

⑥ 테이블 [국가코드]도 엑셀과 동일하다.

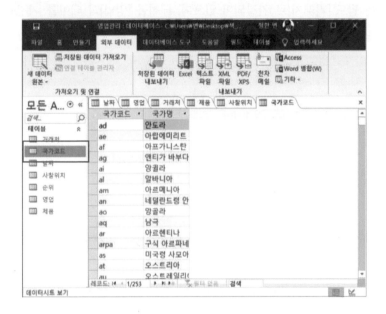

⑦ 테이블 [순위]도 엑셀과 동일하다.

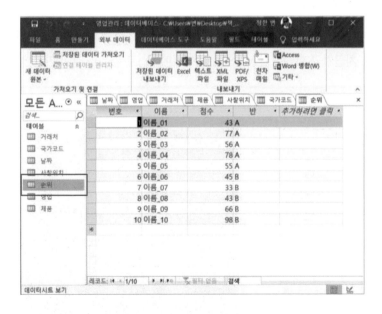

영업 판매관리의 관계형 데이터베이스 구조는 다음과 같다. 테이블 [영업]과 테이블 [거래처]는 필드 [거래처]로 연결되어 있으며, 테이블 [영업]과 테이블 [제품]은 필드 [제품]과 연결한다.

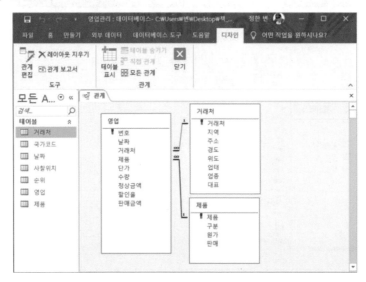

2.3. MS SQL

엑셀까지 다루는 사용자도 기본적으로 서버 데이터베이스를 학습해야 파워 BI를 사용할 수 있다. 차근차근 학습해서 MS SQL 데이터베이스로 다음과 같이 만들어 보자.

1. 테이블 [순위]

2. 테이블 [영업]

3. 테이블 [영업]

4. 테이블 [거래처]

5. 테이블 [제품]

6. 테이블 [사찰위치]

7. 테이블 [국가코드]

8. 테이블 [날짜]

지금까지 엑셀 데이터를 액세스 및 MS SQL로 똑같이 만들었다.

앞으로 MS 파워 BI를 설명하면서 예제 파일 기준으로 데이터를 가져와서 순차적으로 사용하고자 한다. SQL을 이용하여 서버와 연결하는 방법은 4장에서 다룬다.

제3장
MS 파워 BI

2016년부터 파워 BI는 기업 빅데이터 분석, CRM 고객관리 등의 분야에 적용해서 데이터를 시각화하는 차트 소프트웨어로 발전해 왔다. 특히 기업의 회계, 영업, 생산, 재고 등을 보다 쉽게 분석할 수 있는 솔루션으로 자리 잡고 있다.

3.1. 엑셀과 파워 BI

그러면 왜 시각화 솔루션이 필요한가? 그것은 빅데이터가 나타나면서 자연스럽게 발생한 현상이라 할 수가 있다. 데이터 분석 결과를 쉽게 볼 수 있는 것을 좀 더 유저 입장에서 확장할 필요성이 있다.

파워 BI는,

- 윈도우용 데스크탑 버전
- 온라인 파워 BI 서비스
- 모바일 앱 버전

으로 구분된다.

3가지 버전은 상호 유기적인 관계를 가지고 정보가 호환될 뿐 아니라 서로 공유할 수도 있다.

엑셀 유저라면 피벗과 차트를 주로 사용하였지만, 데이터가 늘어나면서 기존 피벗으로 데이터를 분석하는 것은 한계가 있다. 이에 따라 오피스 2010 버전부터 파워 피벗(Power Pivot)이 추가되었으며, 피벗의 데이터를 컨트롤하기 위해서 파워 쿼리도 추가되었다. 파워 쿼리를 볼 수 있는 파워 뷰가 다시 생성되고, 더 시각화 차트로 표현할 수 있는 파워 맵을 포함하여 종합 선물 세트인 파워 BI가 만들어졌다.

개인적으로 파워 BI는 엑셀의 한 부분으로 자리 잡을 것이라고 예상하였지만, 빅데이터를 엑셀 안에 담기에는 너무나 한계가 있으며, 더 나아가 오피스 365와의 상호 호환성 문제를 고려해서 별도 비즈니스 분석(BI) 소프트웨어로 만들어 진 것이라고 생각한다.

파워 BI는 데이터의 상호 작성을 이용하여 직관적이고, 각자 만든 보고서 프로토 타입을 생성 공유함으로써 웹 서비스 차원에서 각종 보고서 차트의 중요 정보를 다시 선별해서 대시보드로 요약 게시하는 기능까지 포함하여 데이터 기반의 시각화 스토리텔링의 모델이 되고 있다. 먼저 빅데이터에서 데이터 통합에 대해서 알아보자!

파워 BI 데이터 통합!
제일 많이 사용하는 엑셀 데이터를 시작하여 텍스트 파일 및 각종 데이터베이스, 페이스북 등 어떠한 데이터 간에도 파워 BI 데이터로 연결하여 데이터 시각화를 만들 수 있다.
데이터 시각화에 대해서 알아보자. 파워 BI 데스크탑 버전에서는 이종 간의 데이터를 파워 BI 데이터로 생성할 수 있을 뿐 아니라, 웹 서비스 상태에서는 게시자간 공유 보고서들을 또 하나의 보고서인 통합 대시보드 보고서로 만들 수 있다.
파워 BI 데스크탑 버전에서 데이터 연결은 무료지만, '게시'와 같은 마이크로소프트사의 '파워 BI 웹 서비스'를 받기 위해서는 해당 사이트에 가입해야 한다. 개인별 웹 게시 용량을 1GB까지 무료로 사용할 수 있으며, 파워 BI 프로에 가입하면 10GB까지는 월 고정 요금제로 사용할 수 있다.
파워 BI에서 제공되는 샘플 등을 감안하고 유사한 시스템을 개발한다면, 동일하게 개발한다는 것은 거의 불가능한 일이 아닌가 생각된다. 파워 BI는 타사 BI 솔루션 대비 저렴한 월정 요금제로 기업 영업 및 생산 데이터를 분석할 수 있게 해준다.
MS 사이트에 들어가면 파워 BI 제품의 장점만 자세히 소개하고 있다. 가격 정책 부문에 대해서는 각자가 자세히 검토를 권하며, 본 저서에서는 독자의 입장에서 어떻게 파워 BI를 학습하고, 파워 BI 가격 정책에 대처해야 하는가를 소개한다.

일반적인 컴퓨터 시스템에서 파워 BI를 설치·운영하는 것은 별 무리가 없다. 그러나 윈도우 8.1에서 파워 BI 설치시에 상당한 시스템 에러가 있어서 할 수 없이 운영체제를 윈도우 10으로 업데이트한 후 파워 BI를 설치하는 경우도 종종 있다. 파워 BI 프로그램을 설치한 후에는 '온라인 파워 BI 서비스' 가입은 필수적인 사항이다.
https://powerbi.microsoft.com/ko-kr/에서 가입 가능하다.
그럼 무료 버전이 아니라, '파워 BI 프로'를 꼭 가입해야 하는 것인가? 아니다. 이후에 프로 버전 가입 절차는 계속 변경되겠지만, 일단 2019년 9월 기준으로 2개월 무료사용이 제공되고 있다. 이 기간 동안 충분히 학습하고 실제 데이터가 안정적으로 검증이된 후에 파워 BI 프로 버전에 가입할 것을 권한다.

파워 BI를 사전 맛보기를 하지 않고 무조건 진행하면 왜 파워 BI 시각화가 좋은지를 알수가 없다. 이제부터 맛보기 차원에서 간략하게 설명하고자 한다.

3.2. 샘플파일을 이용한 파워 BI 맛보기

먼저 파워 BI를 설치한다. 도움말 메뉴로 이동한다.

도움말 메뉴에서 샘플을 클릭한다. 샘플 예제 중에 파일 "고객 수익성 샘플"을 다운로드 받는다. 다운받으면 압축 파일인 Customer Profitability Sample PBIX. zip 파일을 Customer Profitability Sample PBIX.pbix 파일로 확장자만 이름변경한 후에[파일] - [열기]를 선택하여 파워 BI로 파일을 불러들인다.

여기서는 기능을 배우기보다는 한 번 웹 게시를 해보는데 의미가 있다. 직접 경험하고
눈으로 보아야 파워 BI가 시각화 도구로서 유용한지를 알 수 있기 때문이다. 파워 BI로
열었더니 아래쪽은 엑셀 시트처럼 되어 있다. 각 보고서를 클릭해서 본다.

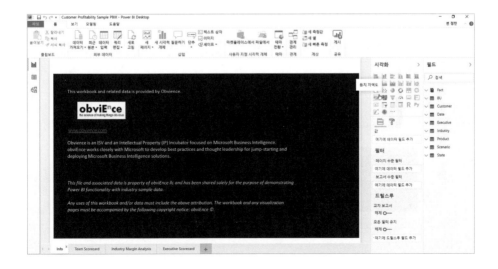

클릭한다고 데이터가 잘못되는 일은 없다. 따라서 걱정 말고 중간에 그림 차트 막대를 클릭 선택하면 해당 데이터와 지도 데이터까지 동시에 변하는 것을 알 수 있다. 보고서 의 "고객 수익" 증감과 다른 데이터 차트 간에 상호 연결 작동됨을 직접 확인할 수가 있다.

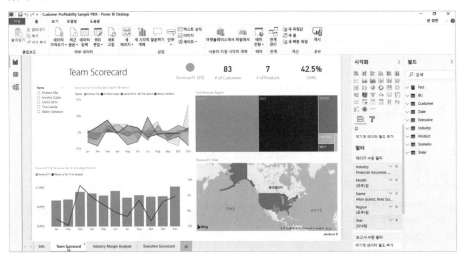

"산업별 수익" 분석도 해 보고, 상단의 바 차트 중에 특정 바를 선택하면, 다른 차트에 서 선택된 바 차트의 데이터만 표시되는 것을 알 수가 있으며, 다시 선택한 바 차트를 클릭하면 원상 복구되는 것을 확인할 수가 있다.

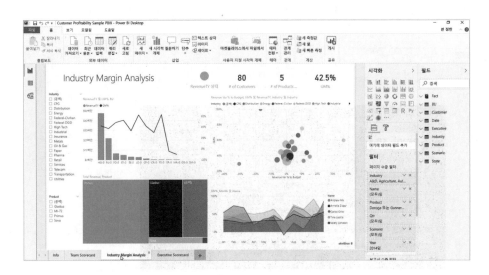

시각화 차트 간에 데이터가 상호 작용을 통해서 변하는 것을 확인할 수 있다. 만약에 이것을 엑셀로 개발한다고 가정해 보자! 수십 개의 피벗 테이블을 각자 시각화 차트 개체 수만큼 작성해야 하나, 파워 BI는 상호 작용을 통해서 쉽게 보여준다.

MS 파워 BI 데스크탑 작성 보고서를 이용하면 스마트 핸드폰 사이즈 레이아웃에 맞추어서 별도 앱 보고서를 작성할 수 있다.

나중에 자세히 학습하겠지만, 스마트 앱을 다운로드해 설치한다면 파워 BI에 앱 레이아웃 부문이 별도로 있어서 스마트폰 맞춤 BI 시각화가 가능하다.

Tip

해당 데이터를 웹 서비스로 업로드하기 전에 https://powerbi.microsoft.com/ko-kr에 가입한다. 특히 가입 조건을 자세히 확인하라.

마이크로소프트 파워 BI 웹서비스에 가입할 때는 처음부터 유료로 가입하지 말고 무료로 가입한다. 파워 BI 웹 서비스에 가입한 화면은 다음과 같다.

다시 데스크 버전에서 상단 메뉴의 [홈] – [공유 그룹]에서 [게시]를 클릭한다. 팝업 창에 변경 사항을 저장 여부에서 [저장]을 클릭한다.

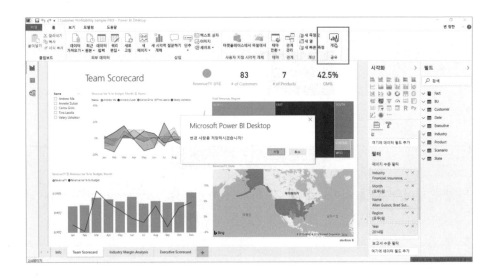

앞에서 가입한 웹 공유 폴더 [내 파일 영역] 선택하여 저장할 수 있는 위치를 선택하고
확인 클릭한다.

파일 [Customer Profitability Sample PBIX.pbix]가 웹 서비스 사이트로 업로드 된
것을 확인해 보자.

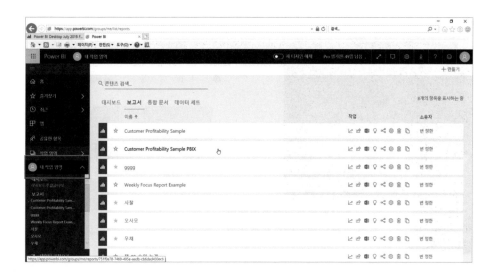

보는 바와 같이 위에서 2번째 파일이 업로드 된 것을 확인할 수 있다.

업로드된 파일을 더블 클릭한다. 데스크탑에서 만든 보고서 버전과 똑같으며, 웹 상에서 데이터가 상호 작용된다.

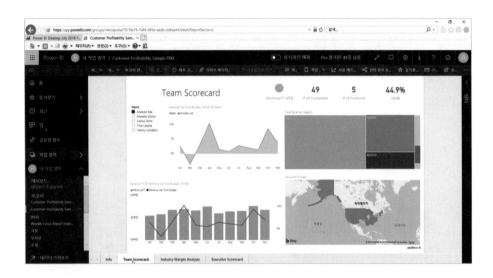

마지막으로 해당 데이터가 웹상으로 공유되어 누구나 쉽게 공유할 수가 있는지 살펴보자. 상단 메뉴 중에 [파일] - [웹에 게시]를 클릭한다.

임베디드 만들기를 선택 클릭한다.

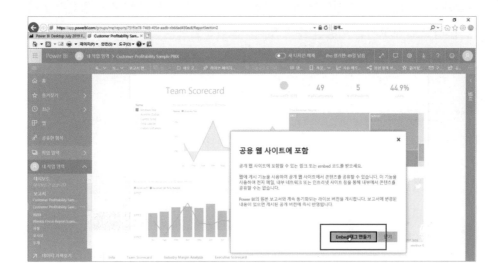

성공 메시지와 같이 URL을 제공하며, URL을 복사하여 인터넷 주소창에 붙여넣기를
하거나, 하단의 HTML 태그를 이용하여 특정 블록에다 표시할 수도 있다.
지금은 파워 BI 웹 서비스를 통해서 웹이든 앱이든 등록할 수 있다라는 것만 기억한다.
나중에 자세히 예제를 소개한다.

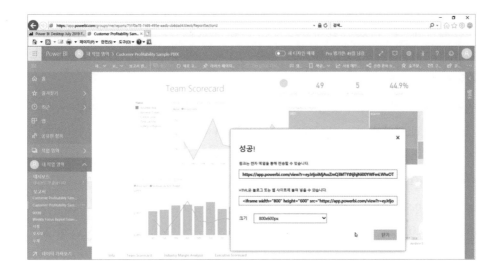

파워 BI는 2가지 방식의 태그를 제공하는데 URL 태그를 복사해서 인터넷 주소창에 붙여넣은 후 엔터를 누르면 입력한 내용을 보여주며, 다른 하나는 게시자의 공유자간 시트 탭 창으로 보고서를 이동할 수가 있다. 앱 다운로드는 나중에 자세히 다루기로 한다.

데스크탑에서 만든 파워 BI 파일을 웹 서비스에 업로드하고, 편집한 후에 공유자간에 다시 PC로 다운로드 할 수도 있으며, 웹 상에서 게시 클릭만으로 빅데이터 시각화 차트를 웹에 게시할 수 있다. 만약 다른 직원, 조직 내에서 서로 협업할 필요가 없다면, 무료 버전을 사용하다가 어느 정도 능숙해진 후 직원 간의 공유가 필요하다면 그때 유료 버전으로 전환할 것을 권한다.

위와 같은 인터넷 게시 개인 정보에는 보안 문제가 있으며, 데이터의 종류에 따라서 즉시 새로 고침 되어야 하는 데이터가 있는 반면에 1~2시간 지나 업데이트 되더라도 상관없는 데이터가 있다.

MS 파워 BI는 '원본 데이터간 연결'과 '새로 고침'의 가격정책이라 해도 과언이 아니다. MS 클라우드 서비스인 애저(Azure)에 데이터가 있다면 쉽게 업데이트 되지만, MS 클라우드를 사용하지 않는 유저는 별도의 업데이트 설정을 해줘야 하는 일도 있다.

파워 BI의 무료 버전은 사용자 한 명당 클라우드 스토리지 1GB를 제공하며, 프로 버전은 현재 1인당 월 9.99달러의 비용으로 클라우드 스토리지 10GB를 제공하고 있다. 앞으로 월 요금제인 오피스 365와 연결하여 협업하여 제공되는 제품이 될 가능성이 높다.

기업 내 비즈니스가 협업의 업무가 많을 때 조직 등급에 따라서 조건부 데이터에 대한 필터링까지 컨트롤할 수가 있다. 해당 과제는 나중에 충분히 다룰 것이며, 이 정도로 맛보기의 개념으로 소개한다.

제4장
데이터 가져오기

4.1. 엑셀 연결

앞서 2장에서 파워 BI에 연결해서 사용할 엑셀 및 액세스 그리고 MS SQL 파일을 만들었다. 이 파일들을 파워 BI로 가져오는 방법에 대해 알아보자.

① 파워 BI를 실행한 후 [홈] - [데이터 가져오기] - [Excel]을 클릭한다.

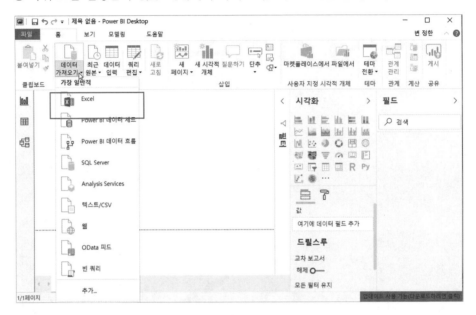

② 또는 [홈] - [데이터 가져오기]의 제일 하단에 있는 [추가]를 클릭, [데이터 가져오기] 창이 나타나면 우측 [모두]에서 [Excel]을 클릭한다.

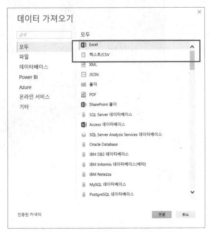

③ 열기 창에서 엑셀 파일 선택한 후에 [열기]를 클릭한다.

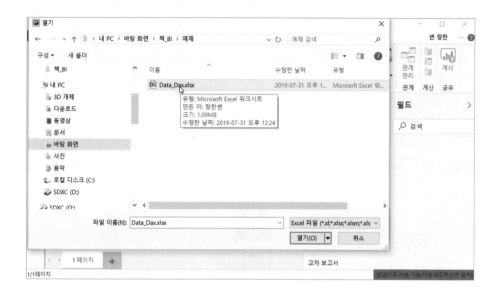

④ 탐색창에서 가져오기 할 시트를 체크한 후에 [로드]를 클릭한다. 데이터가 파워 BI 로 불러들여지면 [편집] 버튼을 클릭한다. 그러면 파워 쿼리 디자인 모드로 열린다.

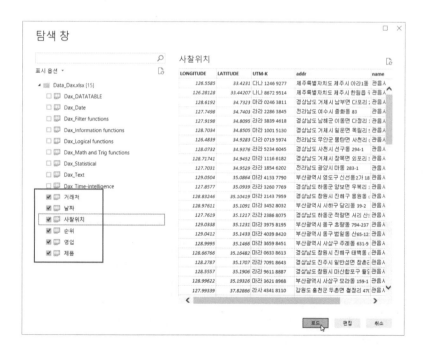

⑤ 파워 BI 메뉴 중에 좌측에 위치한 세 가지 메뉴를 살펴보자. 첫 번째 아이콘은 보고서, 두 번째는 데이터, 세 번째는 모델 관계를 표시한다. 필자의 의견으로는 맨 마지막 아이콘인 "모델"을 "관계"로 변경하는 것이 맞는 것 같다.

두 번째 아이콘인 [데이터]를 클릭해 보면, 우측 Task Pane 창에서 필드 목록을 확인할 수가 있으며, 데이터 이름순으로 정렬되어 있다.

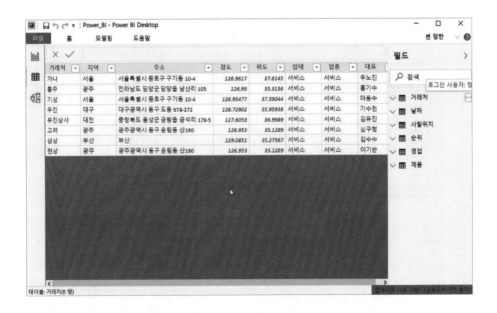

우측 Task Pane 창의 필드 목록에서 [날짜] 테이블을 클릭해보자. 그러면 날짜순으로 데이터가 정렬되어 나타난다.

4.2. 액세스 연결

① [홈] – [데이터 가져오기]를 선택한 후 제일 아래에 위치한 [추가]를 클릭한다. 데이터 가져오기 창이 나타나면 'Access 데이터베이스'를 선택한다.

② 액세스 파일 "Power_BI.accdb"를 선택한다.

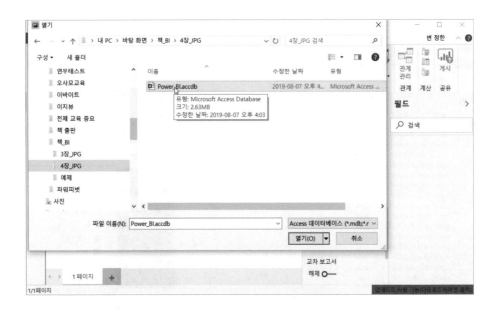

액세스 파일을 열 때 '연결할 수 없음' 메시지가 나타날 수 있다.

이때에는 액세스 접속하기 위해 마이크로소프트 다운로드 사이트에 접속하여 64비트 액세스 데이터베이스 엔진을 다운로드 설치한다.

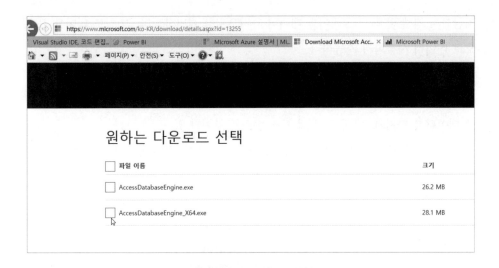

Tip

만약 MS 오피스가 64비트라면, 파워 BI 버전도 해당 버전에 맞추어서 설치한다.

③ 액세스 테이블을 가져오기 하면 엑셀과 똑같은 테이블로 만들지는 것을 확인할 수가 있다.

지금까지 엑셀 및 액세스 테이블 데이터 가져오기를 설명하였다. 각 참조 테이블 기준으로 데이터 시각화가 가능하다.

엑셀과 액세스를 똑같은 테이블로 보면 안 된다. 엑셀과 액세스 같은 데이터를 [새로 고침] 하면, 액세스는 데이터베이스 엔진을 가지고 있고, 엑셀은 스프레드시트이기 때문에 데이터를 가져와도 [새로 고침] 처리 속도가 차이가 있다.

MS 파워 BI 무료 버전과 유료 버전(프로)의 차이점은 무엇인가? 당연하겠지만, 새로 고침 횟수를 보더라도 MS 클라우드 서비스 차원에서 유료 버전의 새로 고침 횟수와 무료 버전 새로 고침 횟수는 다르다.

파워 BI 무료 버전은 데이터를 새로 고침 하기 위해서 매번 새로 고침 버튼을 클릭해줘야 하는 번거로움이 발생한다. 데이터의 특징에 따라 자주 새로 고침 해야 하는 데이터가 있을 것이고, 특정 변경 시에만 새로 고침을 해주는 데이터가 있을 것이다. 이러한 특징에 따라 파워 BI의 서비스 정책을 잘 생각해 보고 서비스를 결정한다.

마이크로소프트는 '제품 판매 사업'에서 '제품 서비스 사업'으로 전환하고 있다는 것을 느낄 것이다. 특히 클라우드 서비스인 MS 애저(Azure)에서는 데이터를 통합하는 비즈니스로 파워 BI 서비스를 지원한다. 일반적으로 MS Azure 유저가 아니라면 서버 보안을 위해서 데이터 연결서비스인 "프레미온" 설정에 번거로움이 있다. 그러나 MS SQL 사용자는 프레미온 설정 없이도 데스크탑 버전으로 파워 BI를 연결해서 사용할 수 있기 때문에, 웹 서비스의 대상이 누구냐에 따라서 충분히 파워 BI 데스크탑 버전만으로 빅데이터 시각화 차트를 만들 수가 있다.

4.3. MS SQL 연결

데이터베이스인 MS SQL 데이터를 가져오기 및 직접 연결하기를 만들어 보자. MS SQL Express 2014는 무료로 다운로드하여 설치를 할 수가 있다.

먼저 그럼 MS SQL Express에 다음과 같이 BI 그룹에 데이터 테이블/뷰가 있다고 하자.

Tip

각자 구글링을 통해 "MS SQL Express 2014"를 검색하여 다운로드 · 설치를 한다. MS 파워 BI 학습 유저는 MS SQL 복원 파일 "BI.bak"을 다운로드 받아서 테이블 및 뷰 등을 복원해서 학습할 것을 권한다. MS SQL 파일 복원 방법은 인터넷에 검색하면 쉽게 학습할 수 있다.

테이블 [거래처], [국가코드], 등이 있는데 파워 BI를 통해서 데이터 연결 혹은 데이터 가져오기를 하는 과정을 살펴본다.

① 파워 BI의 [홈] – [데이터 가져오기]에서 [SQL Sever]를 클릭한다.

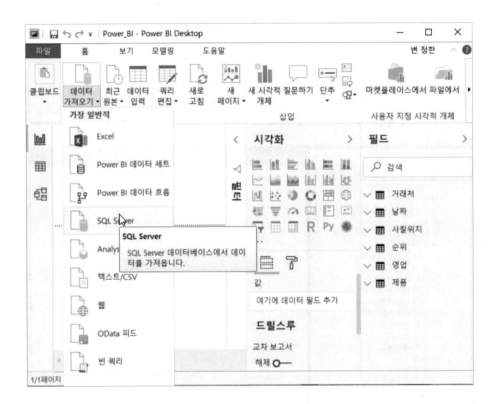

② SQL Sever에 서버 이름 및 데이터베이스를 선택한다.

서버는 이름 혹은 설치된 PC의 예제와 같이 IP를 "192.168.0.4"라고 입력하고, 데이터베이스 이름은 "BI"라고 입력한다. 특히 SQL 문에다 직접 해당 테이블 정보를 입력해도 되며, SQL 프로시저를 이용해서 데이터를 연결하기도 한다(자세한 것은 인터넷 검색하면 상세히 소개되어 있다).

관계 열을 체크 한 후에 버튼 [확인]을 클릭한다.

여기서 데이터 연결 모드가 상당히 중요하다.

"가져오기"는 데이터베이스의 테이블 및 뷰어를 파워 BI 형식 데이터로 가져오기를 한다는 것으로 파워 BI에서 [새로 고침] 메뉴를 실행해줘야 데이터가 파워 BI 형식 데이터로 새롭게 갱신된다.

"DirectQuery" 방식은 실시간 데이터와 직접 연결되어 [새로 고침]을 할 필요 없이 연속적으로 연결된 상태를 보여주는데 테이블 쿼리 필드 추가 변경 등을 할 수 없으며, 직접 MS SQL 데이터에서 수정을 해야 한다.

Tip

파워 BI를 학습하는 차원이라면, [가져오기] 방식을 학습할 것을 권한다. 그래야 MS SQL 서버와 연결되어 있지 않더라도 [새로 고침]을 안하는 이상 가져온 데이터 기준으로 파워 BI 학습이 가능하다.

파워 BI는 시각화 차트를 만들 때, 실시간 컨트롤의 개념을 적용해서 개발된 제품이 아니다. 적정한 데이터 즉, 쿼리로 요약된 데이터 기준으로 데이터를 가져와서 시각화 하는데 목적이 있다.

연속적 영업 데이터의 경우에는 데이터 시각화에 한계를 보일 수가 있는데, 항상 [새로 고침]을 해야 하기 때문에 최근 데이터를 확인할 수가 없을 뿐 아니라, 클라우드 MS Azuer에 데이터가 있다면, 파워 BI를 프로를 구매한다면, 특정 회차만큼 자동으로 업데이트 가격 정책 서비스를 이용해 시각화 차트가 가능하다. 특히 관계형 데이터베이스로 연결된 테이블간 [가져오기]/[직접쿼리] 방식으로 혼합해서 시각화 차트를 만든다. 앞에서 소개한 것과 같이 연결할 때 SQL 문에는 SQL Procedure를 작성하여 처리속도 문제를 개선할 수 있다. 데이터 링크되는 수천만 레코드를 시각화에 필요한 데이터만 서버에서 계산하도록 해준다면, 데이터 시각화 처리 속도 문제를 해결할 수가 있으며, 구글 웹에서 검색하면 MS 파워 BI에서 SQL 프로시저 처리에 대해서 자세히 소개되어 있다.

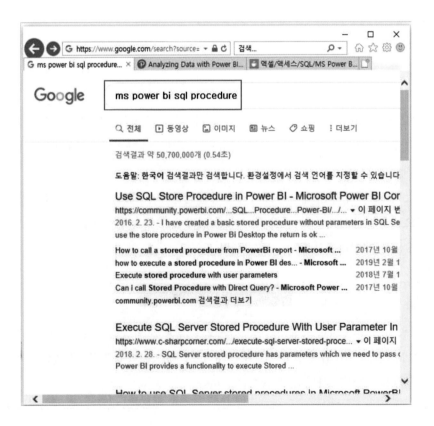

③ [탐색 창]에서 가져오고자 하는 테이블/뷰를 선택 체크 한 후에 [로드] 버튼을 클릭하면 파워 BI 메인 보고서 화면으로 이동하며, [편집] 버튼을 누르면 [파워 쿼리] 화면으로 이동한다.

④ 파워 BI에서 데이터 가져오기가 완성되면, 오른쪽에 가져온 테이블 이름 리스트가 나타난다.

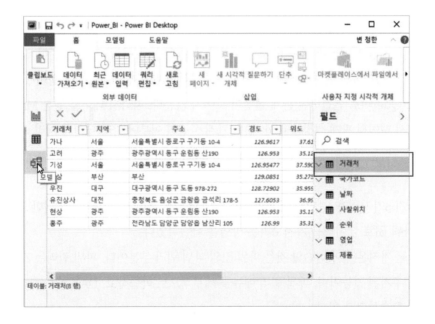

⑤ 해당 테이블의 관계형 상태를 확인하기 위해서 좌측 창에서 [모델]을 클릭한다.

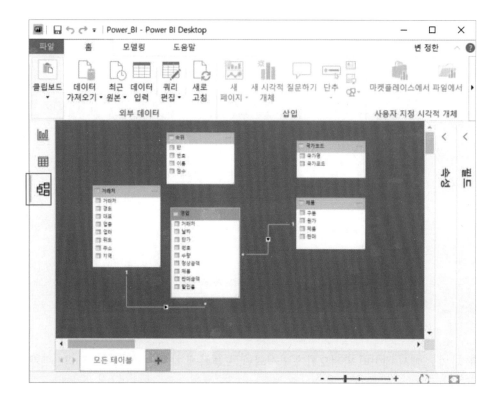

테이블 관계형을 자세히 소개를 하다 보면 설명이 길어질 수가 있다. 기본적으로 테이블 가져오기를 선택하면 파워 BI에서 분석하여 관계형 테이블을 만들어 준다. 그러나 파워 BI가 정확하게 관계 설정을 만들어 주지 못하기 때문에 확인할 필요성이 있으며, [DirectQuery]로 연결하면 관계 설정이 보이지 않는다. 따라서 테이블 원본 MS SQL 서버에서 데이터 관계 설정을 해야 하며, 관계 설정의 여부에 따라 데이터 처리 속도 차이가 크다라는 정도만 알고, 본론에 관련 시각화 정보를 소개할 때, 자세히 알아보고자 한다.

지금까지 3가지 유형 엑셀 [시트], 액세스 [테이블], MS SQL [테이블]을 동일한 조건하에서 파워 BI로 데이터를 가져오기는 방법을 학습하였다.

데이터를 가져온 후에 학습할 것은 파워 BI의 파워 쿼리 부분이다. 파워 쿼리는 기존 엑셀에서 추가된 기능이며, 파워 쿼리 메뉴를 세부적으로 학습하고, DAX 함수에 대해서 자세히 학습하고자 한다.

제5장

파워 쿼리

파워 쿼리는 "분석 요구에 부합하도록 데이터 원본을 검색, 연결, 결합 또는 구체화할 수 있게 해주는 데이터 연결 기술"이다.

파워 쿼리 편집기를 통해서 파워 BI의 시각화 차트 분석을 쉽게 하기 위해서 메뉴 [홈], [변환], [열 추가] 등을 학습한다. 앞에서 소개한 예제인 **엑셀 파일**(Data_Dax. xlsx)을 이용하여 파워 BI 데이터 편집을 학습한다.

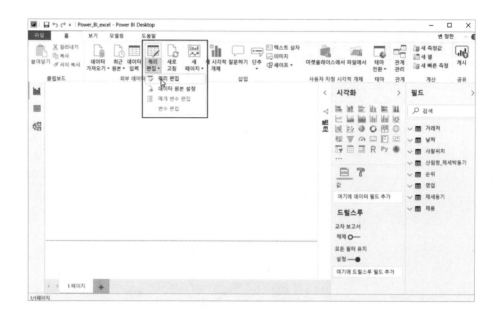

파워 쿼리 편집기를 학습하는 이유는 시각화 데이터를 만들기 위해서 데이터를 적정한 값으로 변경해줘야 하기 때문이다. 이는 데이터 시각화의 기본 작업이라 할 수 있다. 무작정 마우스 클릭만으로 시각화 차트를 만들 수는 없다. 따라서 엑셀에 연결된 예제 중심으로 파워 쿼리 편집기에 대하여 세부적으로 학습한다.

먼저, 파워 BI [홈] 메뉴의 [외부 데이터] 그룹에서 [쿼리 편집] 아이콘을 클릭하고 이어서 나타난 드롭다운 메뉴에서 [쿼리 편집]을 선택한다. 그러면 파워 쿼리 편집 창이 새롭게 나타난다. 전체적인 메뉴 구성은 다음과 같다.

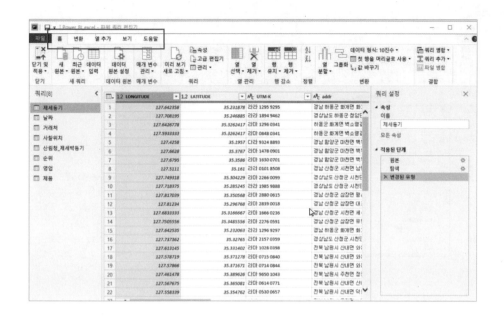

[파워 쿼리] 리본 메뉴는 [홈], [변환], [열 추가], [보기], [도움말]로 구성되어 있다.

좌측 쿼리 리스트 중에서 특정 쿼리인 "제세동기"를 선택하고 오른쪽 마우스를 클릭하면 이후 나타나는 속성 창에서 [삭제]부터 [쿼리 속성]까지 사용할 수가 있다.

기능을 모두 설명하다 보면 설명서가 되기 때문에 주요 기능 위주로만 소개한다. [로드 사용] 및 [보고서 새로 고침]에 포함이 체크된 것은 선택된 쿼리의 [새로 고침]을 적용하겠다는 것과 같다. 모든 쿼리를 [새로 고침]이 되도록 설정한다.

쿼리 [제세동기, 날짜, 거래처, …, 제품] 중에 쿼리 [제세동기]가 1년에 한 번씩만 업데이트 된다면, [새로 고침]이 안 되도록 [로드 사용], [보고서 새로 고침에 포함]을 체크를 해지하면, [새로 고침]할 때 포함이 안 되기 때문에 파워 BI [새로 고침] 처리 속도가 빠르다. 즉 매회 업데이트할 때, 불필요한 업데이트 쿼리를 제한함으로서 파워 BI 처리 속도를 개선할 수 있다. 나머지 기능은 파워 쿼리를 설명하면서 하나씩 소개하겠지만, 메뉴 중심이 아니라 속성 창에서 쿼리 컨트롤하는 학습 방법으로 학습할 것을 권한다.

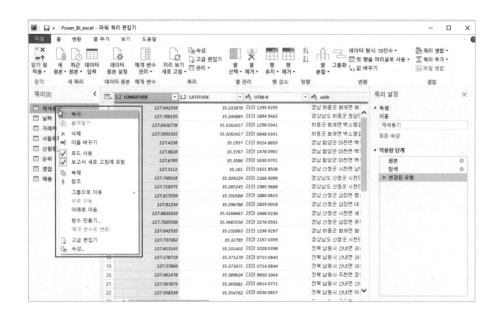

선택된 쿼리의 열의 값을 마우스 우측 클릭하면 열의 사용할 수 있는 속성 값 [복사, 제거, 다른 열 제거, 열 복제, …, 새 쿼리로 추가]까지 기능을 사용할 수가 있다. 지금은 메뉴 중심으로 소개를 하겠지만, 파워 BI를 학습할 때 각 개체의 속성 창을 통해서 수정 방법을 학습한다.

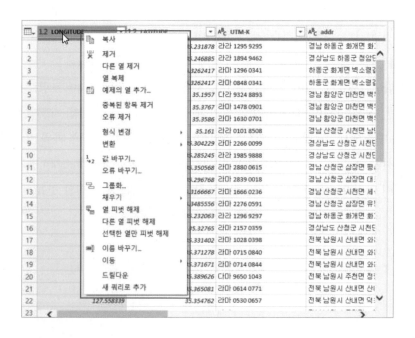

여기서는 단계적 학습 차원에서 편집 메뉴 중심으로 학습한다.

엑셀 데이터의 원본을 직접 수정할 수 없으며, 엑셀 원본을 삭제할 수도 없다. 가져온 데이터를 파워 BI 파일 내에서 수정 편집을 통해서 데이터 시각화를 한다. 단지, 데이터 원본이 변경된다면, 메뉴의 [새로 고침] 클릭하였을 경우에만 데이터 새로 고침이 가능하다.

우측에는 선택된 쿼리의 [쿼리 설정] 속성 내용을 보여주고 있다. [적용된 단계]는 데이터가 변경 혹은 수정된 데이터 정보 값의 상태를 보여주며, 만약 [적용된 단계]를 [원본]을 선택하고 저장한다면, 파워 BI 데이터는 [원본] 값을 시각화 데이터로 적용한다. 혹은 각 [적용된 단계] 리스트에서 "적용 단계 내용" 삭제할 수도 있으며, 해당 선택된 리스트에서 선택된 단계가 시각화 데이터로 사용된다.

[적용된 단계]의 장점은 데이터 원본부터 [적용된 단계]의 리스트를 만들어서 필요에 따라 적용 수준 단계를 변경하여 사용할 수가 있다는 것이다.

[값 바꾸기]는 데이터 특정 필드 열을 선택한 후에 찾는 값에는 변경 대상 "1"을 입력하고 바꿀 항목은 변경 목적 "2"로 입력하면 "1"이 "2"로 변경된다. 그렇다고 해서 엑셀 원본의 데이터가 수정되는 것은 아니다. 해당 쿼리의 필드 값이 수정되며, 각 단계 적용

에 따라서 시각화 데이터로 사용될 수도 있고 안 될 수도 있다.

특히, 데이터 필드 [월] 값을 "1"에서 "2"로 변경하였는데 앞 단계로 원상 복구를 하고 자 할 때는 우측 [적용된 단계] 리스트 중에 맨 아래 [바꾼 값]을 삭제하면 [승격된 헤더] 단계로 데이터가 변경됨을 확인할 수 있다.

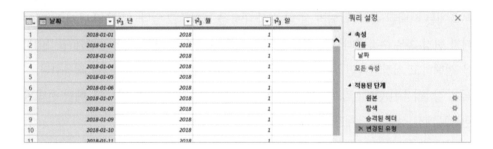

즉, 쿼리 편집기의 각 데이터 원본을 필요한 형식으로 데이터를 변경하여 사용할 수가 있다.

이제부터 파워 쿼리 리본 메뉴를 자세히 소개한다.

5.1. 파워 쿼리의 [홈] 메뉴

1. 닫기 그룹

첫 번째, [닫기 및 적용]은 해당 쿼리를 상태를 저장하고 쿼리를 닫는다.

두 번째, [적용]은 현재 해당 쿼리 상태를 저장한다.

세 번째, [닫기]는 쿼리를 저장하지 않고 닫는다.

상황에 적용되는 시각화 데이터의 상태를 정할 수가 있다.

2. 새 쿼리 그룹

[새 원본]에서 하단에 위치한 [새 원본 ▼] 부분을 클릭하면 하위 메뉴가 나타난다.

[새 원본]은 새로운 데이터베이스 혹은 파일 등을 파워 BI 데이터로 가져오기 할 수가 있다. 가져온 데이터는 파워 BI의 파일 형식으로 변환되어 이종 간의 오라클, 문자, 페이스 북, MS SQL 등 데이터 구조라 하더라도 복합적 데이터를 통합하여 시각화 데이터로 사용할 수 있다.

[최근 원본]은 최근에 열어서 본 쿼리 리스트 정보를 보여주며, 데이터 가져오기를 할 수가 있다.

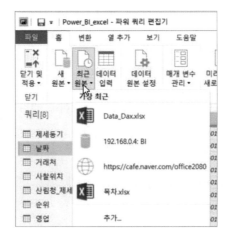

[데이터 입력]은 [외부 데이터 가져오기]없이 새롭게 직접 쿼리를 만들어서 파워 BI에서 사용할 수 있는 새로운 테이블로 만들 수가 있다.

해당 테이블에 필드 값을 추가하기는 번거롭지만, 테이블 이름으로 유용한 구분자로 사용할 수가 있다. 만약 테이블 이름을 Dax라고 지정한 후에 해당 테이블 아래로 다양한 함수를 적용해서 저장해 놓을 수도 있다. 이 부문은 설명을 진행하면서 뒤에 자세히 소개를 하고자 한다.

3. [데이터 원본] 그룹

[데이터 원본 설정]은 데이터 원본이 A에서 B로 변경되었다면, 변경된 원본 B로 변경해줘야 할 때 사용한다. 데이터 원본 설정 방식은 상단 메뉴에 표시된 2가지 유형으로 나눠진다.

설정 방식 중 [현재 파일의 데이터 원본]은 엑셀 파일과 같이 연결할 때 사용하는 것이며, [전역 권한]은 MS SQL처럼 IP 혹은 도메인으로 연결할 때 사용한다.

특히 서버와 연결할 때는 IP 혹은 도메인 경로 지정을 위해 하단에 있는 [권한 편집] 버튼을 이용한다.

다시 [권한 편집] - [자격 증명] - [편집]을 클릭한다.

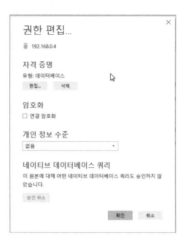

[권한 편집]은 3가지 유형으로 구분된다.

먼저 윈도우 암호로 데이터베이스 연결, 즉 나의 데스크탑 PC에 연결된 서버인 경우에 사용한다.

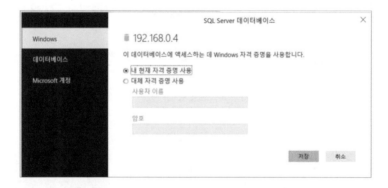

두 번째, 데이터베이스 계정 및 암호로 접속하는 방법이다.

세 번째, MS 계정으로 접속 로그인 방법으로 주로 MS Azure의 서버에 접속할 때 사용한다.

4. [매개변수] 그룹

[매개 변수] - [매개 변수 관리]를 알아보자.

특정 값을 입력하면 해당 데이터를 시각화 조건부 입력 데이터 값으로 사용할 때 변수로 사용한다. 이 부분은 나중에 예제로 자세히 소개를 할 것이다. 즉 예로 1000명의 데이터가 있는데 매개변수를 만들어서, 해당 1000명의 이름과 연결한 후에 매개 변수로 등록한 데이터만 필터링할 수 있다. 여기서는 기능적인 내용만 자세히 알아보자.

[매개 변수] - [매개 변수 관리]를 클릭하면 다음과 같이 매개 변수 작성창이 열린다.

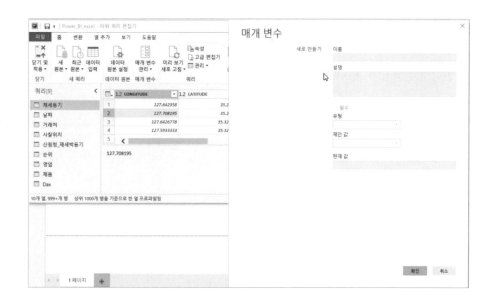

매개 변수 창의 좌측 상단에서 [새로 만들기]를 클릭하여 매개 변수 입력 및 형식, 유형
을 선택하고 저장한다.

매개 변수를 새롭게 만드는 과정을 알아보자.

1. [새로 만들기]를 클릭한다.

2. 이름 상자에 "조건검색"을 입력한다. 유형을 "텍스트", 제안 값으로 "모든 값"을 선택
한다.

[매개변수 관리] 버튼을 통해 매개 변수를 편집할 수가 있다.

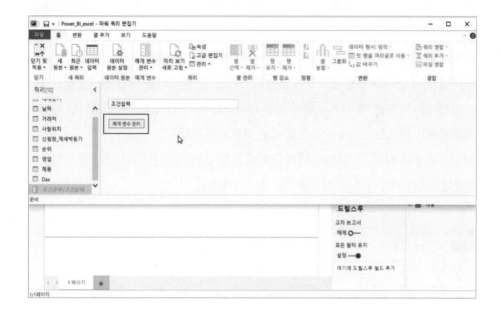

5. [쿼리] 그룹

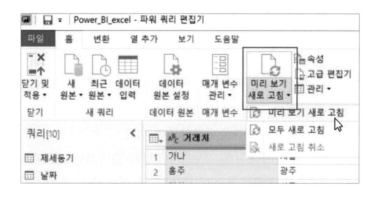

[미리 보기 새로 고침] 메뉴에서 [미리 보기 새로 고침]은 현재 선택된 테이블 정보만 새로 고침을 하는 것이고, [모두 새로 고침]은 쿼리 전체를 새로 고침하는 것이다.

쿼리 편집기에서 수십 개 테이블/쿼리가 연결되어 있다면, 수정한 테이블 정보만 편집한 후에 새로 고침하는 것이 좋지, 전체를 [모두 새로 고침]을 한다면 전체 데이터를 다시 읽어 오는데 많은 시간이 든다.

특정 쿼리 이름을 선택하고 [속성]을 클릭하면, [쿼리 속성] 창이 열린다. 해당 쿼리 이름 등을 변경할 수도 있으며, 하단에서 '보고서에 로드 사용', '보고서 새로 고침에 포함' 항목이 체크되어 있어야, 앞에서 소개한 [미리보기 새로 고침]이 적용된다.

이 항목의 체크를 해지하는 경우의 데이터 유형은 다음과 같다.

지점 및 위치 등이 변경될 필요성이 없는 데이터 경우, 데이터를 매번 갱신할 필요성이 없을 때에는 체크를 해지한다. 반면 영업 데이터와 같이 연속적으로 변경되는 데이터의 경우에는 체크함으로써 자동으로 새로 고침되게 한다.

'보고서에 로드 사용'과 '보고서 새로 고침에 포함'은 서로 다른 개념으로, 각 쿼리별로 설정함으로써 데이터 로딩 시간을 컨트롤할 수 있다.

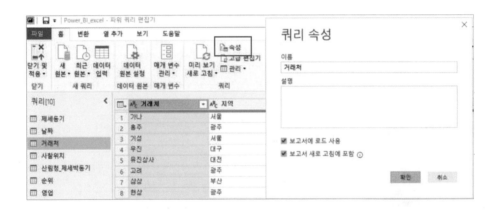

예로 들어 보자, 등재된 역사 유적지 같은 경우 자주 변하는 것이 아니다. 변경 사항이 있을 때만 데이터를 업데이트 해주면 되기 때문에, '보고서에 로드 사용' 체크를 해지함으로써 데이터 시각화 로딩 시간을 단축할 수가 있다.

[고급 편집기]는 쿼리별로 [쿼리 설정] 정보를 수정할 수 있는 [M Code]로 작성되어 있다. [쿼리 설정] – [적용된 단계]를 보면 [원본, 탐색, 승격된 헤더, 변경된 유형] 등이 입력되어 있는 내용이 고급 편집기에 M Code로 표시되며, 바로 코딩을 통해서 쿼리 원본을 수정할 수가 있다.

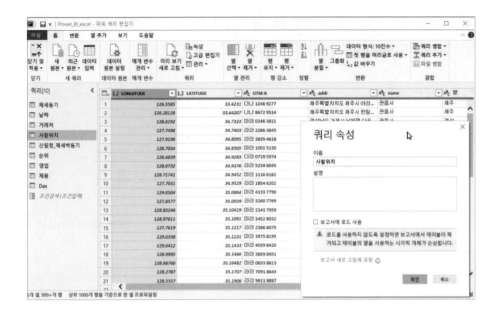

엑셀 유저의 경우에 M code로 데이터를 컨트롤하는 별도 학습이 필요하지만, 파워 BI
의 데이터 시각화에 맞추어서 진행하는 관계로 M code 학습은 생략하고 다른 장에서
Dax 학습으로 대체한다.

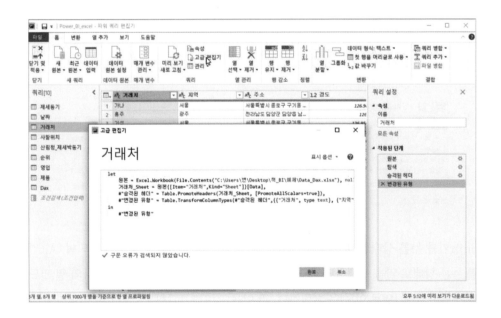

[쿼리] - [관리]에서 [삭제]는 선택된 쿼리를 삭제할 수 있으며, [복제]는 복사한 쿼리 설정값을 똑같이 복사한다.

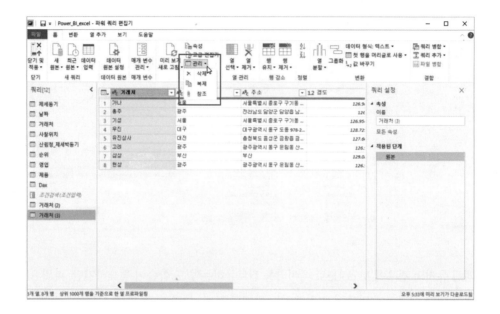

6. [열 관리] 그룹

[열 선택]은 마우스로 열을 선택하는 기능이고, [열로 이동]은 마우스로 선택한 곳의 열의 위치를 이동시키는 기능이다.

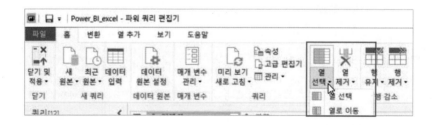

Shift키를 누른 상태로 열 이름을 선택하면 열 필드의 중간까지 모두 선택되며, Alt키를 누른 상태로 열을 선택하면 해당 개별 열 필드만 선택된다. 마우스로 하나의 열 필드를 선택한 후에 [열로 이동]을 클릭하면 [열 이동] 창이 나타나는데, 이동하고자 하는 필드를 선택하면 선택된 필드로 열 필드가 이동한다.

Tip

마우스로 [열 이름]을 선택한 후에 이동하고자 하는 위치로 마우스로 드래그앤 드롭으로 이동할 수도 있다.

만약에 쿼리 [거래처(3)]에서 지역을 선택한 후에 [열 제거]를 클릭하면 선택된 열만 제거되고, [다른 열 제거]를 클릭하면 선택된 열을 제외하고 다른 열 필드가 제거된다.

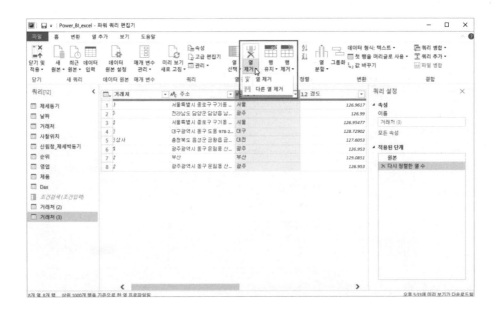

[열 제거]의 중요성은 시각화 데이터와 상관이 없는 열 필드를 숨김으로써 처리 속도를 개선할 수가 있다. 만약에 다시 해당 열이 필요하다면, 쿼리 설정 창에서 [적용된 단계]를 수정한다. 쿼리 편집 창에서 [열 제거]를 클릭한다고 해서 엑셀 파일 원본이 삭제되는 것은 아니다.

7. [행 감소] 그룹

① [상위 행 유지]를 선택한다.

② [상위 행 유지] 개수를 5로 지정한다.

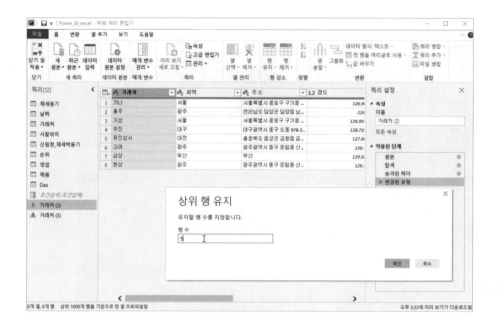

③ 결과는 레코드 상위 행의 5개 행만 보여진다.

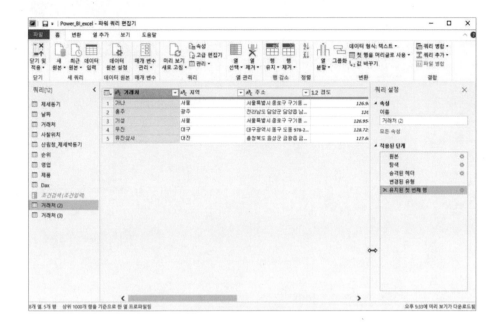

④ [하위 행 유지]에서 3을 입력한다.

⑤ 하위 데이터 3개의 행만 데이터가 표시된다.

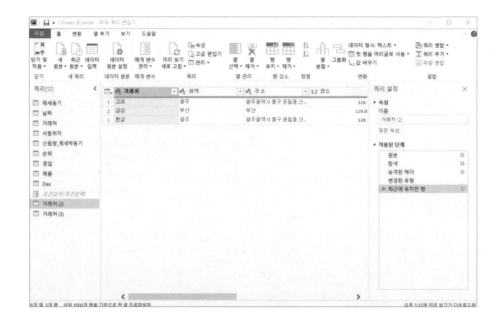

⑥ [행 범위 유지]를 선택하고 첫 번째 행을 2로, 행수를 3으로 입력한다.

⑦ 2번째 행부터 5행까지 데이터만 표시된다. 이것은 행의 범위를 설정할 때 주로 사용한다.

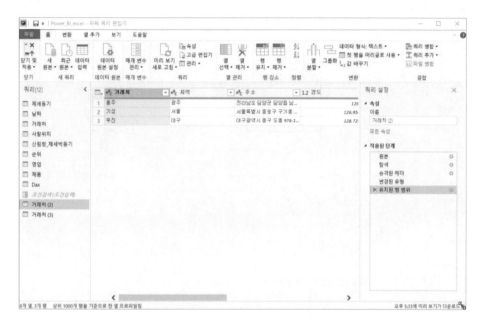

⑧ 이번에는 열 이름에서 [지역]을 선택한 후에 [행 제거] - [중복된 항목 유지]를 클릭해보자.

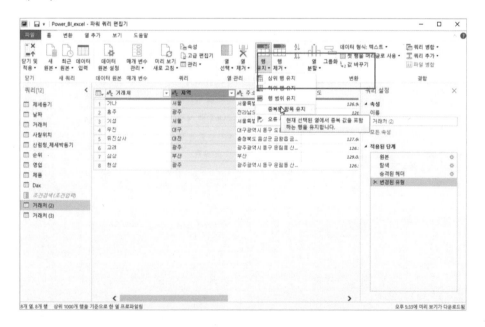

⑨ 필드 [지역]에서 중복 데이터만 표시된다.

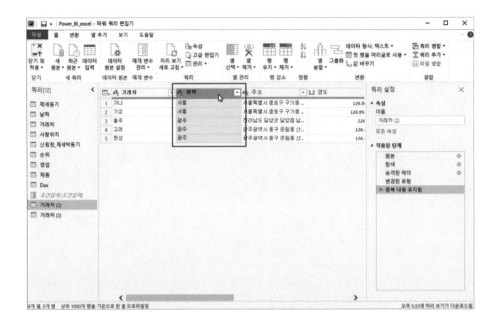

⑩ 기타로 [오류 유지]는 비어 있거나 에러 있는 행의 데이터를 보여준다.

[행 제거]는 [행 유지]와 반대의 결과로 설명을 생략한다.

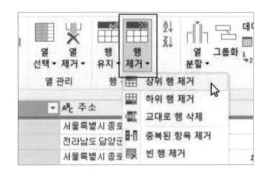

8. [정렬] 그룹

① 필드에서 [거래처]를 선택하고, [오름차순]을 클릭하면 오름차순으로 정렬된다.

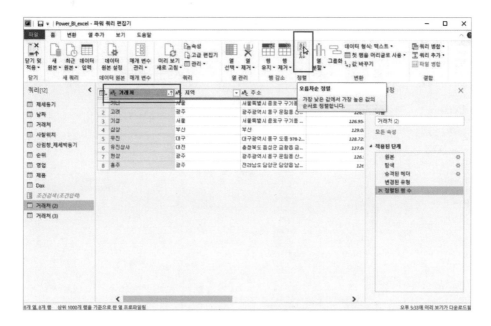

② 필드에서 [거래처]를 선택하고, [내림차순] 버튼을 클릭하면, 필드 값이 내림차순으로 정렬된다.

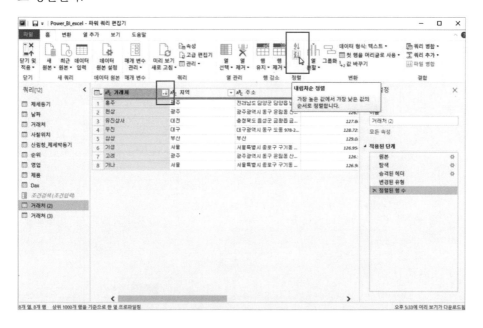

9. [변환] 그룹

① 열 이름에서 [주소]를 선택하고, [열 분할] – [구분 기호 기준]을 선택한다.

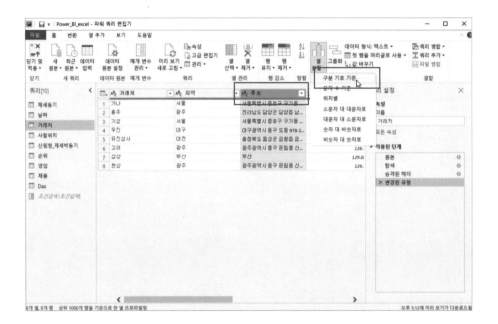

② [구분 기호에 따라 열 분할]을 선택하고 구분 기호 선택 또는 입력을 "공백"을 선택하고 분할 개수를 5로 지정하면 5개 필드로 나누어서 필드가 생성된다.

③ [구분 기호 선택 또는 입력]은 다양한 형식 아니라 [사용자 지정] 필드로 분할할 수 있다.

④ 필드 [주소]가 필드 5개로 분할된 것을 확인할 수 있다.

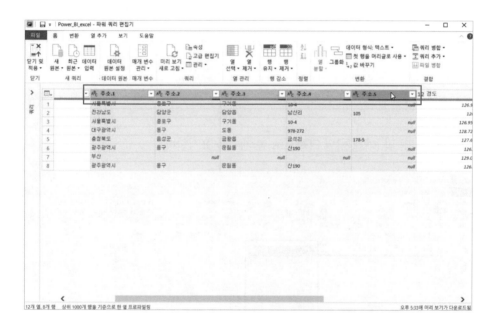

⑤ [그룹화]를 클릭한다.

기본 혹은 고급을 선택할 수가 있으며, 필드를 [지역]별 두 번째로 [거래처] 기준 선택
후에 확인 버튼을 클릭한다.

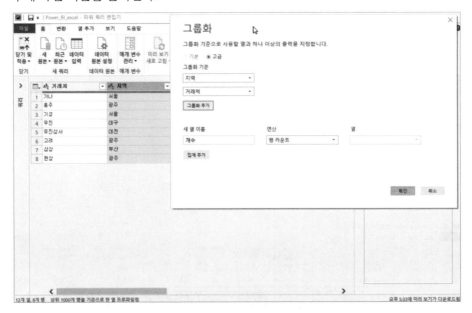

⑥ 필드 [지역] 및 [거래처]별 그룹으로 총 개수를 표시한다.

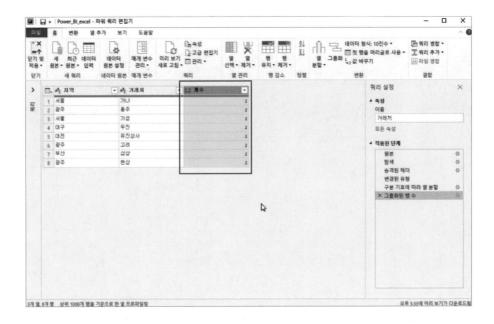

⑦ [데이터 형식]은 각 열 이름 값 별로 데이터 형식을 변경할 수가 있다. [데이터 가져오기] 과정에서 데이터가 정확한 타입으로 인식이 안 되기 때문에 [데이터 형식]으로 [숫자/문자/시간] 타입 등으로 변경해 준다.

> ## Tip
>
> 파워 BI로 가져오는 데이터가 데이터베이스를 제외하고 [CSV/파일/엑셀/텍스트] 등은 서식이 일정하지 않고 혼합되어 있어서 [열 이름] 별 형식을 수정해야 파워 BI의 시각화 데이터로 사용할 수 있다.

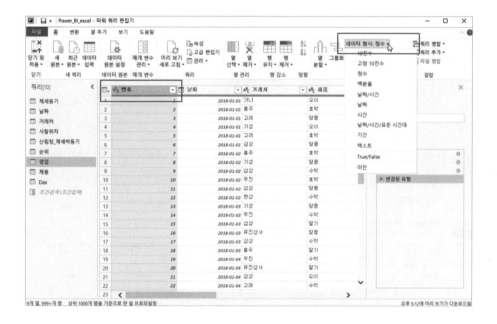

각 필드 "숫자" 타입은 1.2.3, "문자" 타입은 A.B.C로 지정해야 하기 때문에 각 열의 데이터 형식을 적정한 [숫자/문자/날짜] 타입으로 지정해야 데이터 시각화 사용할 때 에러가 없다.

⑧ 각 열의 이름의 [숫자/문자/날짜] 타입을 클릭하면 각 속성 값을 선택할 수 있다. 열 [거래처] 속성을 보면, [10진수, 고정 10진수, 정수, 백분율, 날짜…, 로컬 사용] 등을 지정할 수 있다. 맞는 형식을 지정해야 시각화 데이터로 사용할 수 있다.

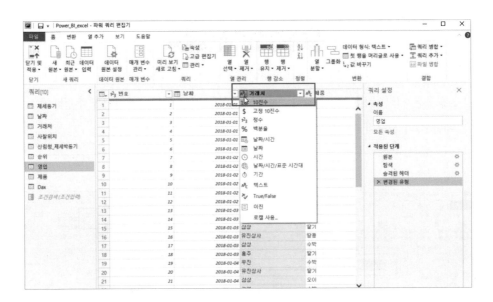

⑨ 특히 엑셀 데이터를 파워 BI 데이터로 가져오다 보면 첫 번째 열이 [열 이름] 필드 값이 아니라 데이터 값으로 가져오는 경우가 있다.

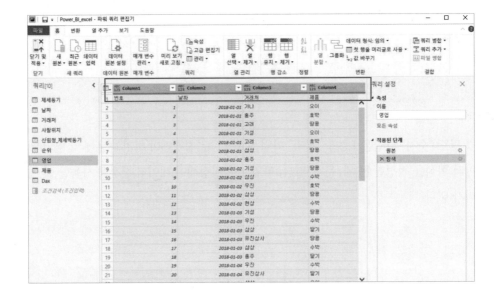

⑩ 각 Column(1), (2)을 해결하기 위해서, [첫행을 머리글로 사용]을 선택 클릭한다. 그러면, 첫 번째 행의 데이터 값이 [열 이름]으로 변경된다.

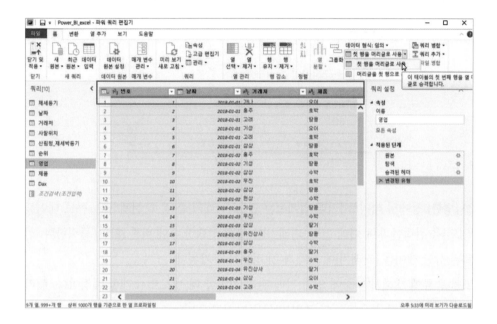

⑪ [값 바꾸기]는 필드 [지역] 열의 값 중에 "서울'을 "서울시"로 변경한다.

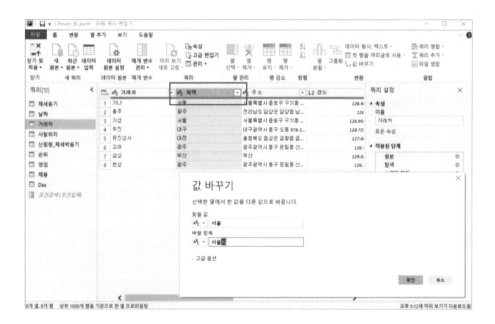

10. [결합] 그룹

쿼리를 통일한 필드 열로 연결하여 연결 쿼리를 만들 수가 있다.

① [쿼리 병합]을 선택한다.

② [병합] 창에서 테이블 [거래처]에서는 필드 [거래처]를 블록 선택하고, 콤보 테이블 [영업]을 선택한 후에 아래 필드 [거래처]를 블록 선택한 후에 버튼 [확인] 클릭한다. 선택된 상단 테이블 [거래처]에 거래처(2) 정보가 추가된다.

조인 종류에 대해서 나중에 영업 판매 관리 설명할 때 별도로 소개할 예정이다. 쿼리 [거래처]와 [영업간은 일대다 조인 형식을 가지고 있다.

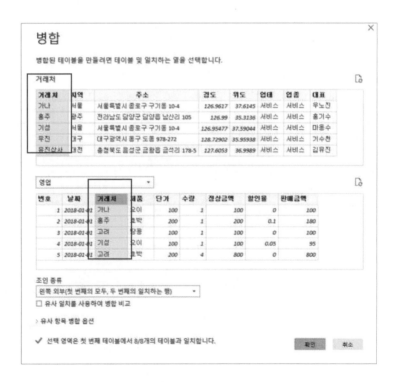

③ 결합된 필드에 [영업]이라 표시가 추가되어 있다. 필드 [영업] 오른쪽에 있는 "⬍" 아
이콘을 클릭한다.

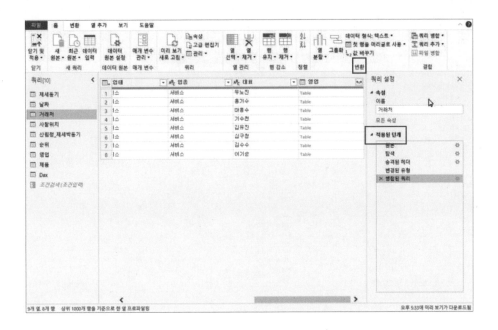

④ 팝업 [영업]을 보면, 확장 필드를 체크하면 테이블 [거래처]에 영업 필드를 선택한다.

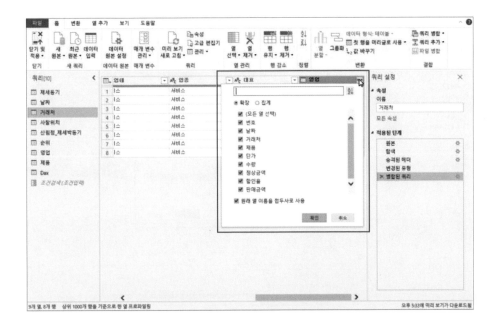

⑤ 체크된 필드만 쿼리 [거래처] 열 이름으로 추가된다.

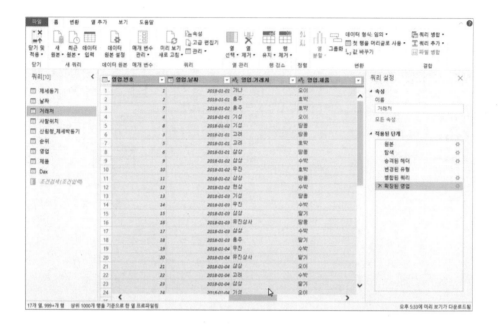

⑥ 팝업 창에서 [집계]를 클릭하면, 다양한 집계 함수가 나오는데 계산하고자 하는 열 필드를 체크한다.

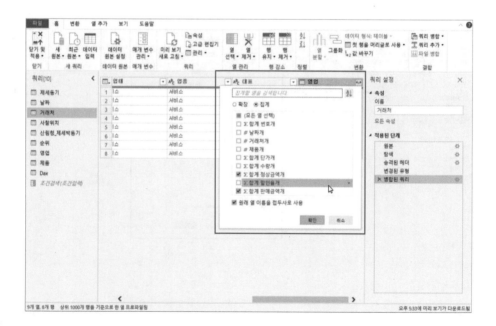

⑦ 각 거래처별 결과 값으로 요약되어 합계 및 개수를 요약할 수가 있다.

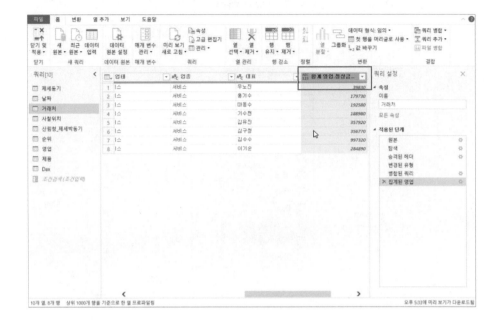

⑧ [쿼리 추가]를 선택한다.

⑨ 동일한 쿼리 이름이 [거래처], [거래처(2)], [거래처(3)]이 있는데, 쿼리 [거래처]의 열의 데이터를 [거래처(2)] 전체 추가를 하고자 한다.

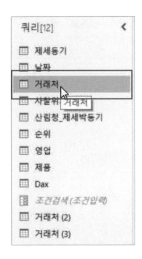

⑩ [추가]에서 추가할 테이블을 [거래처(2)]를 선택하고 버튼 [확인] 클릭한다.

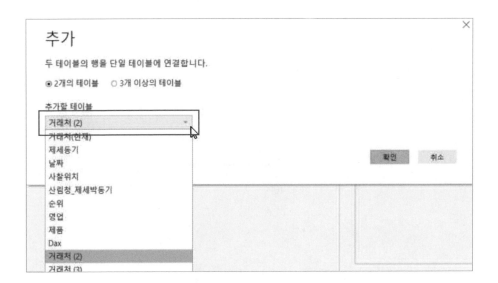

⑪ 쿼리 [거래처(2)] 데이터 전체가 쿼리 [거래처]로 추가된 것을 확인할 수가 있다.

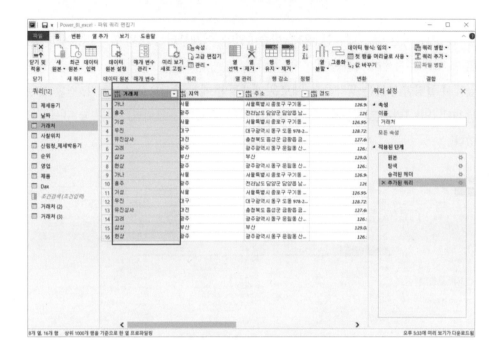

Tip

부서별 동일한 입력 테이블로 구성되어 있다면, 모든 부서는 각자의 데이터에 입력을 하지만 파워 BI에서 결합을 통해서 모든 부서의 데이터를 통합 분석할 때 사용한다.

5.2. 파워 쿼리의 [변환] 메뉴

앞에는 기본적인 리본 메뉴인 [홈]을 학습하였다. 이제부터는 파워 쿼리 리본메뉴 [변환]에 대해서 자세히 학습한다.

앞에서 설명한 부문은 생략하고, 새로운 개체들만 예제 중심으로 소개한다. 변환 메뉴는 [표], [열], [텍스트], [숫자], [날짜 및 시간], [구분 열], [스크립트] 그룹으로 구성되어 있다.

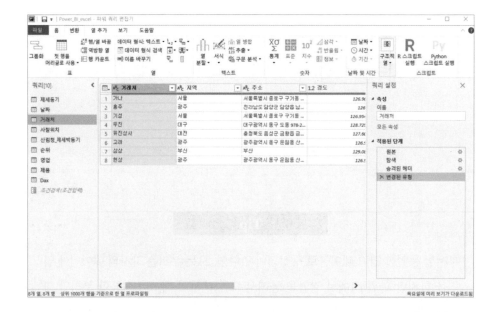

1. [표] 그룹

[그룹화] 및 [첫 행을 머리글로 사용]은 앞에서 설명하였기 때문에 생략한다.

[행/열 바꿈]

쿼리 [거래처] 선택한 후에 [행/열 바꿈]을 클릭한다.

행렬 데이터가 크로스 변경된 것을 확인할 수가 있고, 열이름이 Column(1)로 시작한다. [쿼리 설정]의 적용된 단계에서 [행/열을 바꾼 테이블]을 삭제하면, 이전 단계인 [변경된 유형]으로 변환된다.

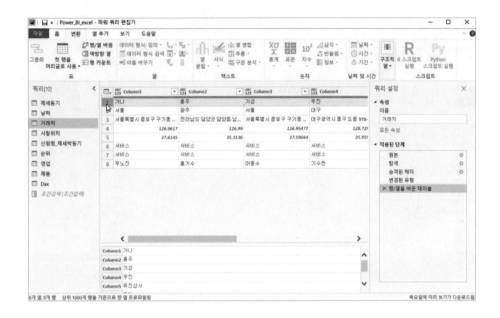

[역방향 열]

행의 레코드 전체를 위아래를 변환된 것을 확인할 수가 있다. 우측 [쿼리 속성] 창에 적용된 단계의 이름은 [반전된 행 수]라고 표시된다.

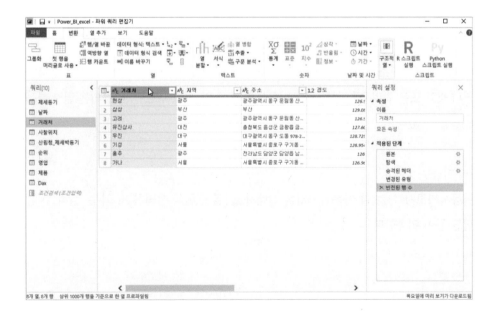

[행 카운트]

전체 행의 개수를 보여준다.

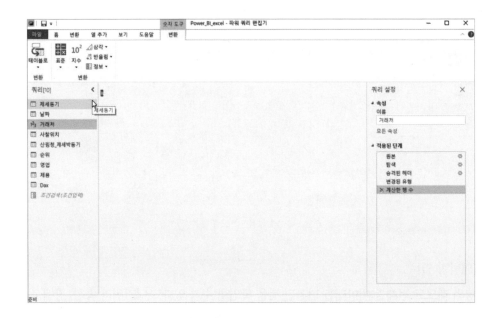

2. [열] 그룹

앞에서 [데이터 형식 바꾸기], [데이터 형식 검색]을 설명하였다.

[이름 바꾸기]를 소개한다. 변경하고자 하는 열/쿼리의 이름을 [이름 바꾸기]를 선택하거나 필드 또는 쿼리 [열 이름] 등을 더블클릭 혹은 F2 키를 누르면, 해당되는 열 이름을 변경할 수 있다.

[열 이동]

이동시키고자 하는 열 이름 [지역]을 선택하고 [열이동]을 선택하면, 좌우, 상하, 처음 필드 등이 이동한다.

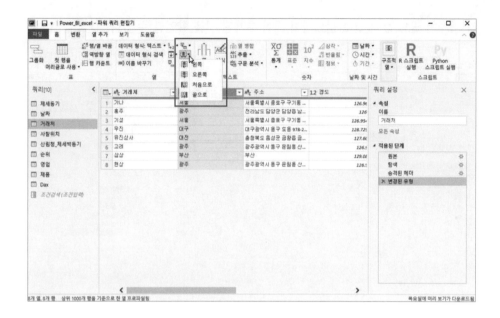

[피벗 열]

필드 [거래처] 열을 선택하고 [피벗 열]을 선택한다.

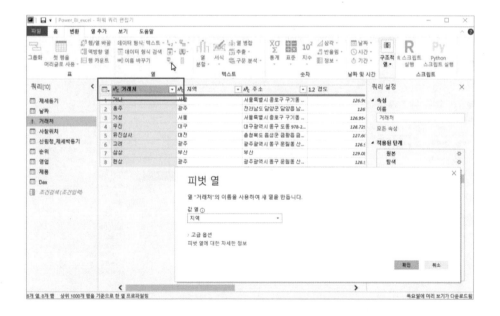

각 거래처 필드 값이 열로 필드명이 되어 추가된 것을 확인할 수 있다.

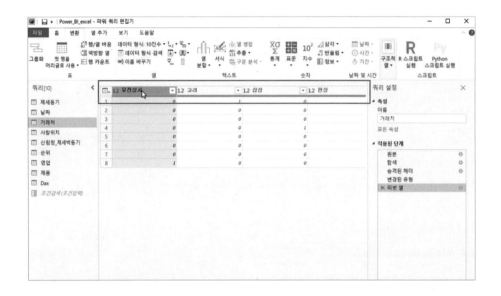

3. [텍스트] 그룹

[서식]

쿼리 [순위]의 열 [반]을 선택한 후에 [소문자] 클릭하면 행의 레코드 전체가 소문자로 변경된다.

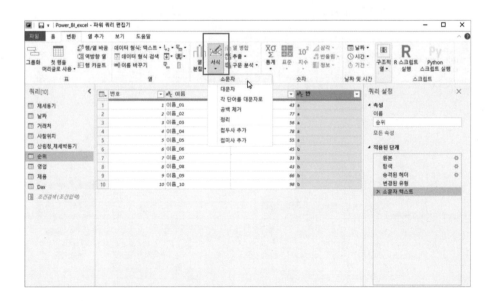

대문자로 변경할 수도 있으며, 첫째 열 텍스트 마디 시작을 대문자로 지정할 수도 있다. 그리고 데이터의 좌우 공백을 제거하는 [공백 제거]의 기능도 있다. [정리]는 인쇄할 수 없는 단어를 제거한다.

열 이름 [반]의 행 데이터 앞에다 "OB_"라고 추가할 때는 [접두사]를 선택하고 값을 입력하면, [반] 행의 전체 데이터에 "OB_"가 추가된다.

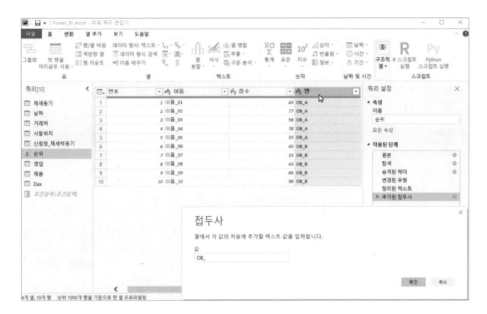

쿼리 [순위]를 선택한 후에 [홈] - [쿼리] - [고급 편집기]를 보면, M Code로 작성된 리스트를 확인할 수가 있다. 이런 M Code를 처음부터 학습이 어렵지만, 자세히 보면, 변경된 히스토리 내용이 저장되는 것을 확인할 수 있다. [접미사]는 각 레코드 행 데이터 끝에 추가시킬 수가 있다.

[열 병합]

가져온 데이터를 하나의 열로 만들 때, 사용한다. 예를 들어, 열 이름 [반]과 열 이름 [이름]을 하나로 통합하고자 하면 먼저 열을 이동한 후에 좌측 Shift키를 누르고 열 [반], [이름]을 선택한 후에 [열 병합]을 클릭한다. [열 병합] 속성 창에서 [콜론]이나 [탭]을 선택하고 확인을 클릭한다.

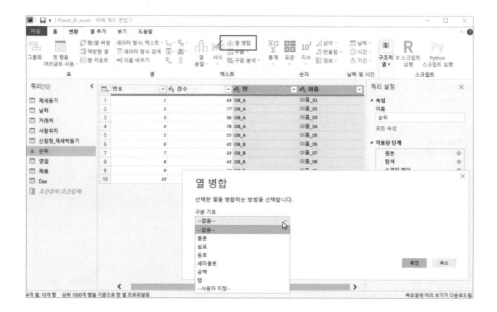

열 이름 [병합됨]이라는 새로운 필드로 [반]과 [이름]이 통합되어 열이 추가된다.

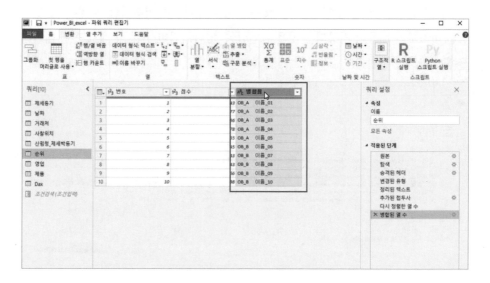

[추출]

[추출]은 [길이]부터 [구분기호 사이 텍스트]까지 다양한 기능이 있다.

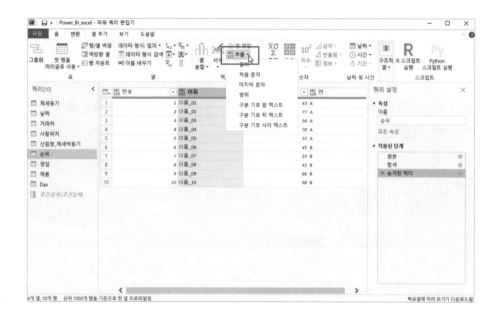

[길이]를 클릭하면, 해당 열의 텍스트 문자 길이를 보여준다. 이름을 선택한 후에 [추출] - [길이]를 선택하면 열 이름 [이름]의 문자 길이 각 레코드 길이만큼 보여준다.

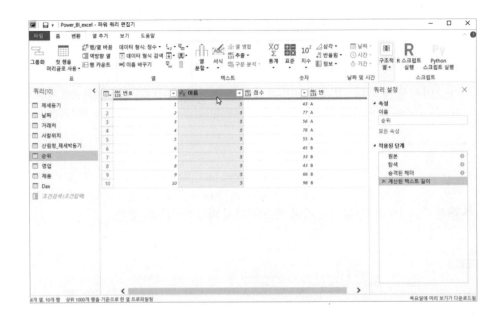

[처음 문자 추출]은 개수를 지정하면 문자 개수를 "3"이라고 지정하면, 지정 문자 수의 개수만 보여준다.

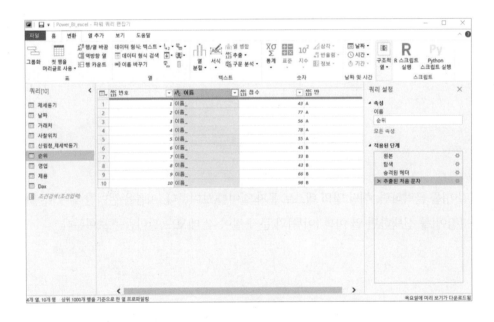

특히 [범위]를 지정할 수도 있다. 시작 인덱스 "3", 그리고 문자수 "2"라고 입력하고 확인 버튼을 클릭한다.

각 [열]의 데이터를 중간 시작하여 특정 데이터로 만들어서 시각화 데이터로 사용할 때, 유용한 도구라 할 수 있다.

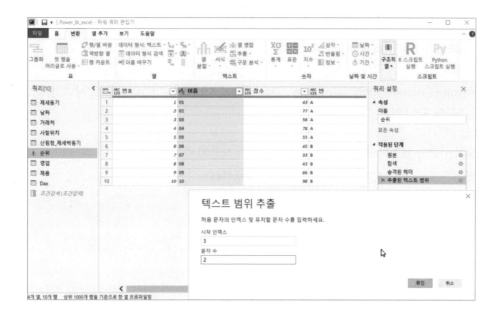

[구분 기호 앞 테스트]는 열 이름 [이름]의 구부기호에 "_"를 선택하고 확인하면, "_" 앞 자리 데이터만 추출된다.

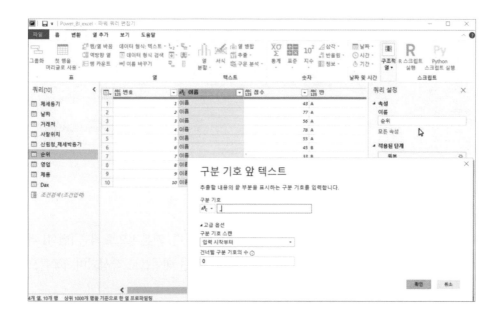

이외 XML 구문 분석이라고 있는데, XML 스키마 데이터의 구문 및 JSON은 테이블 작성 SQL 구분 여부를 체크하여 적정 데이터 구성 여부를 검토할 수가 있다.

예를 들면,

```
DECLARE @json NVARCHAR(MAX)
SET
@json='{"name":"John","surname":"Doe","age":45,"skills":["SQL","C#","MVC"]}';
SELECT * FROM OPENJSON(@json);
```

SQL구문을 실행하여 적정 여부를 검토하는데 사용되지만, 본 저서는 시각화 데이터에 맞추다 보니, 이 부문은 인터넷 검색으로 대체한다.

4. [숫자] 그룹

쿼리 [영업]을 가지고 [숫자] 그룹에 대해서 설명한다.

[통계]를 보면, [합계], [최소값], [최대값] 등등 [고유 값 카운트]까지 다양한 기능이 있다.

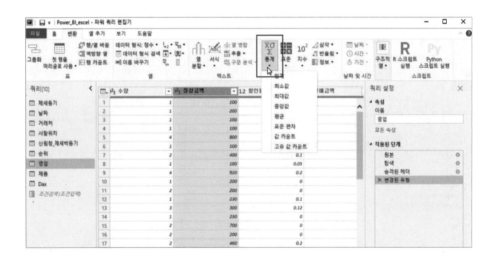

열 이름 [정상금액]을 선택하고 [통계] - [합계]를 클릭한다. 기본적으로 좌측 [변화] 리본메뉴의 상황 탭이 보여지면서, [테이블로]를 선택하면 테이블로 작성되며, [목록으로] 선택하면 목록으로 작성된다.

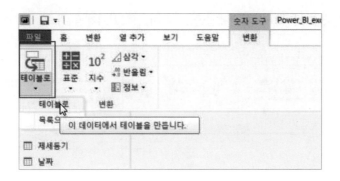

결과 값으로 계산 숫자를 기준으로 [추가], [곱하기], [나누기] 등을 하거나, 지수를 통하여 값을 구할 수도 있다. [추가], [나누기], [곱하기], [백분율] 등까지 다양한 기능이 있다. 백분율이 선택된 열 기준으로 백분율을 계산, 혹은 지정된 값 기준으로 백분율을 계산한다.

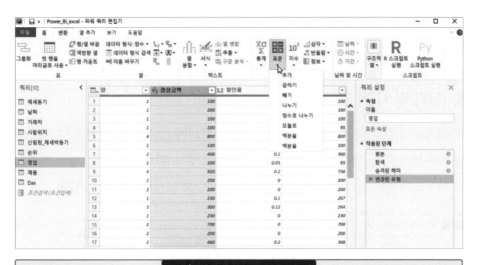

Tip

[표준] 단추에 있는 메뉴를 보면 '추가', '곱하기', '빼기' … '모듈로', '백분율', '백분율'이라고 되어 있는데, 끝부분의 두 가지 메뉴는 '백분율', '백분율'이 아니라 각각 '열 백분율', '지정 백분율'로 변경되어야 올바르다.

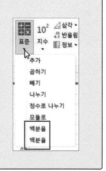

[지수]는 [절대값], [거듭제곱], [제곱근], [지수], [로그], [계승값] 등으로 변환한다.

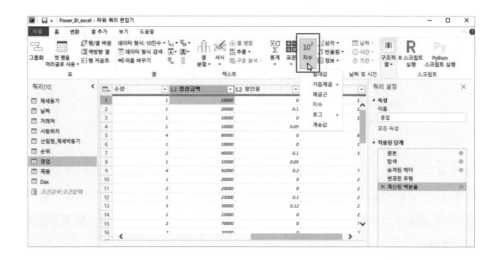

기타로 [삼각], [함수 및 반올림], [정보] 등이 있다. 이 부분은 수학적 계산에서 필요한 데이터이기 때문에 생략한다.

5. [날짜 및 시간] 그룹

[날짜 및 시간] 그룹은 [날짜, 시간, 기간]으로 구분되어 있다. [년, 월, 분기, 주, 일, 가장 이른 날짜, 가장 늦은 날짜] 등으로 변환할 수가 있다. 파워 쿼리의 M Code 방식으로 바꾸는 방식보다, 유저 입장에서 보면 Dax 함수로 변경하는 것이 더 쉽다.

날짜 타입을 년으로 변경해 보자. 쿼리 [영업]의 열 [날짜]를 선택하고, [날짜] - [년] - [년]을 선택하면, 날짜가 년으로 변경되지만, 모든 시각화 데이터에 맞추어서 날짜를 새로운 필드에 추가한 후에 [년/월/일/주]의 열을 만들기 보다는 Dax 함수로 계산해서 만드는 것이 더 쉽다.

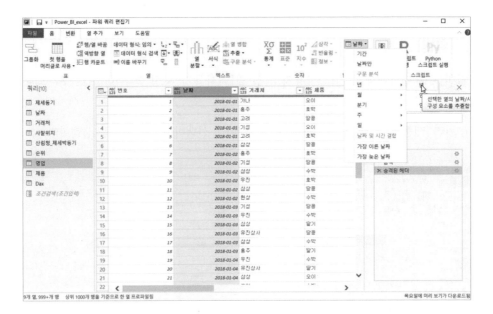

뒤에 Dax 함수를 통해서 다양한 유형의 새롭게 열 필드를 추가하는 것을 학습할 계획이다.

Tip

구조적 열이나 [스크립트] 그룹의 [R 스크립트 실행], [Python 스크립트 실행]의 기능이 있지만, 파워 BI를 이용한 시각화에 맞추다 보니 해당 학습은 인터넷 검색으로 대체한다. 그리고 파이선이나 R을 설치한 후에 해당 스크립트를 연결해야 시각화 차트로 활용할 수 있다.

5.3. 파워 쿼리의 [열 추가] 메뉴

파워 쿼리 [열 추가] 메뉴는 [일반], [텍스트에서], [숫자에서], [날짜에서] 등으로 구성되어 있다.

1. [일반] 그룹

[일반] 그룹은 [예제의 열], [사용자 지정 열], [사용자 지정 함수 호출]로 구분되어 있다.

① 쿼리 [제품]을 선택한 후에 예제의 열 [제품]을 선택하고 [모든 열]을 선택한다.

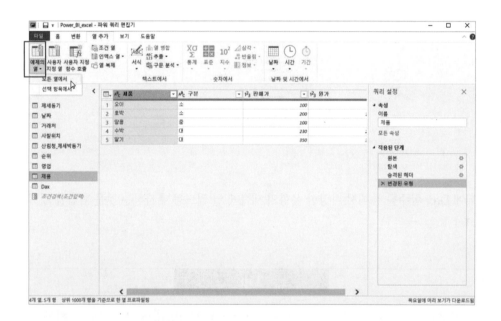

② 테이블 상단에 예제의 열 추가 및 [열1]에다가 마우스 우측을 더블 클릭하고, 리스트 중에 [원가]를 선택하면 [열1]은 [원가-복사]된 금액이 자동으로 추가한 후에 확인 버튼을 클릭한다. 만약에 [선택 항목에서]를 선택하면, 마우스로 선택된 열 이름 내에서만 작성할 수가 있다.

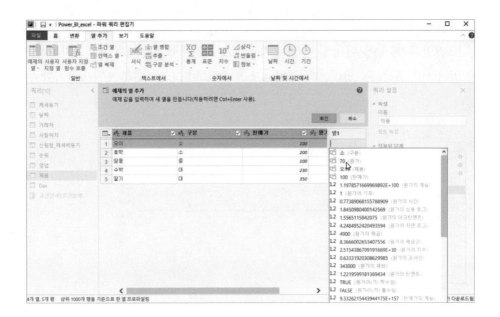

③ [사용자 지정 열]을 선택하고 [새 열 이름] 및 사용 가능한 열의 필드를 선택 클릭해서 [새 열]을 추가한다.

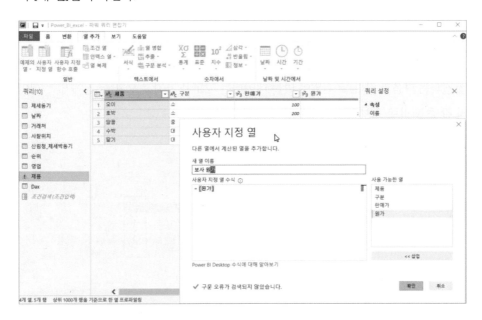

나머지 하나는 [사용자 지정 함수]를 각 행에 정의된 [사용자 지정 함수]를 호출해서 사용하는 방법이 있지만, M Code로 작성된 사용자 지정 함수를 사용방법을 몰라도 될 듯하다.

[조건열 추가]

① [조건열 추가] 창에서 [새 열 이름]을 지정하고, 조건에 들어갈 이름 및 연산자, 값 등을 입력하며, 출력값을 입력한다. 그리고 조건열에 연속적으로 다른 조건을 추가할 수 있다.

② 결과는 다음과 같다. 조건열에 맞는 데이터는 "20"을 가지고 오고, 조건에 없는 데이터 값을 Null로 표시된다.

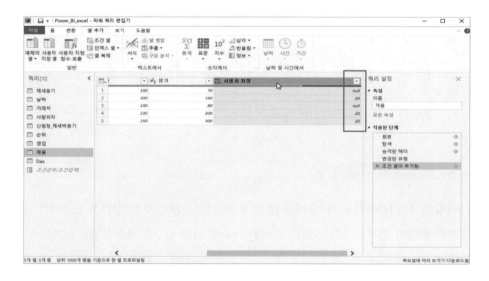

[인덱스 열]

① [인덱스 열]은 선택된 쿼리 [제품]에 중복이 안 되는 키, 즉 인덱스를 0부터 시작 혹은 1부터 지정할 수 있다.

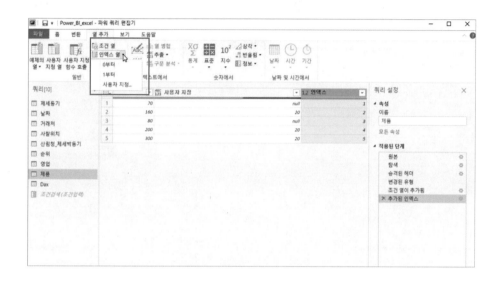

② 그리고 [사용자 정리] 인덱스를 선택하면, [시작 인덱스]를 "10"으로 지정할 수가 있으며, [증분]을 정할 수 있다.

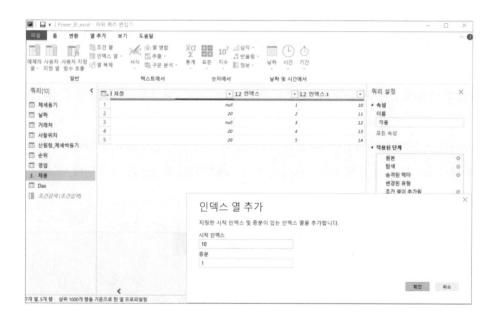

③ 열 [필드]를 선택한 후에 [열 복제]를 클릭하면, 열 [필드]가 똑 같이 복제가 된다.

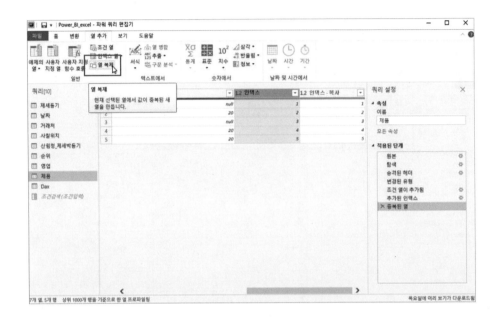

기타 [테스트에서], [숫자에서], [날짜 및 시간에서]의 기능은 앞에서 설명하여 생략한다.

5.4. 파워 쿼리의 [보기] 메뉴

[보기] 메뉴에 있는 [레이아웃], [데이터 미리 보기], [열], [매개변수], [고급편집기], [쿼리 종속성]에 대해서 알아보도록 한다.

앞에서 소개한 [쿼리 설정]은 속성 및 적용된 단계를 확인할 수가 있다. [적용된 단계]를 통해서 원하는 쿼리의 형태를 선택해서 시각화의 데이터로 사용할 수가 있다. 혹은 새롭게 만들어서 추가 변경할 수 있다.

Tip
[쿼리 설정]은 데이터 미리보기의 체크 화면으로 이동하는 것이 좋을 듯하다.

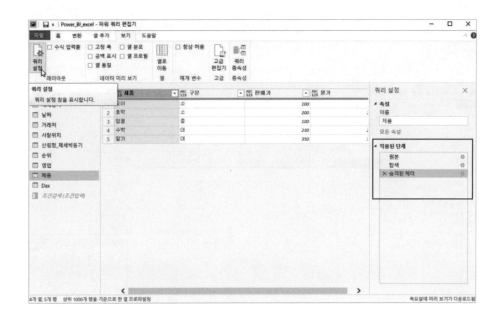

만약 [적용된 단계]에서 원본을 클릭하면, 엑셀 기본 파일 경로를 수정할 수도 있으며,
파일 열기 형식을 이용하여 다른 파일로 대체할 수도 있다.

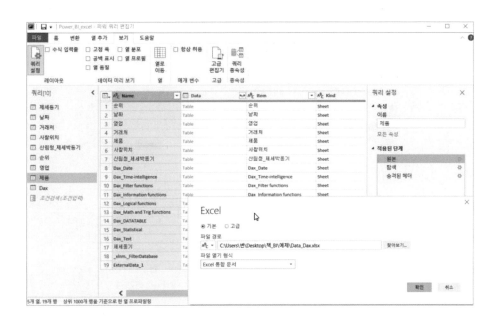

혹은 적용된 단계의 리스트를 우측 클릭하면 설정 변경부터 속성 값까지 모두 수정할 수가 있다.

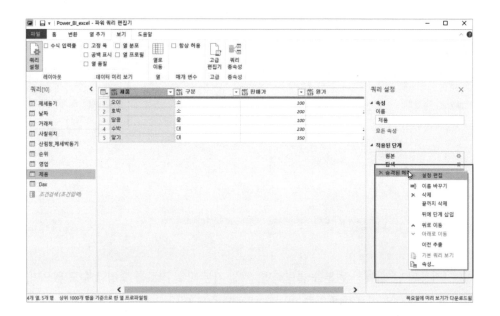

설정 편집을 할 수도 있다.

이름을 변경하거나, 적용된 단계를 삭제 [아래까지 모두]할 수도 있다. 그리고 파워 BI 데이터 [적용 단계]를 이동시킬 수 있으며, 경우에 따라서는 중간 적용단계를 삭제함으로써 에러가 발생할 수 있어 조심해야 한다.

단계 속성 창은 적용된 단계에 대한 설

명을 작성할 수 있다.

보기 그룹은 앞에서 소개한 내용을 보여주기 위한 설정을 조정하는 그룹이라 할 수 있으며, [데이터 미리보기] 그룹에서 [고정폭, 공백 표시, 열 품질, 열분포, 열 프로필]을 클릭하면 쉽게 이해가 가는 관계로 생략을 한다. [열] 그룹을 앞에서 설명을 하였고, 고급 편집기 및 쿼리 종속성도 앞에서 소개한 관계로 설명을 생략을 한다.

도움말 메뉴는 [단계별 학습], [설명서], [지원], [커뮤니티], [샘플] 등의 항목이 있는데, 각자 학습 자료로 사용할 것을 권한다.

제6장
Dax 함수

6.1. Dax 기본

'Power BI Desktop'의 DAX(Data Analysis Expressions)는 계산식을 만들어서 데이터 시각화로 분석까지 해결하는데 목적이 있다.

Dax는 [모델링] - [계산] 그룹의 [새 측정값] 혹은 [새 열]을 추가해서 함수식을 만들 수가 있다. 엑셀의 함수와 같은 것이 파워 BI의 함수라 할 수 있다.

엑셀 원본 혹은 파일, SQL에서 수식을 모두 만들어서 사전에 정리한 후에 함수 계산 없이 작성하는 것은 어렵다. DAX 함수는 엑셀 함수 수준과 비슷하여 접근이 어려운 것은 사실이다.

앞에서 소개한 엑셀 예제 중심으로 다양한 Dax 함수를 마스터할 것이다. 그런 연유로 엑셀 함수와 비슷하다라고 단정하지 않고, 하나씩 풀어보고자 한다.

Dax가 파워 BI에서 많이 사용되는가?

뒤에 소개한 예제는 Sum 정도만 사용하였는데, 처음부터 높은 수준의 Dax 함수를 배우기는 어렵다.

그럼 주로 어디에 사용되는가?

Dax 함수는 날짜별 누계 및 진척도를 계산할 때 많이 사용되지만, 뒤에 소개한 마법사의 기능으로 어느 정도 문제를 해결할 수가 있기 때문에, 이런 함수가 있구나 정도만 이해해도 뒷 부문을 학습하는데 별 문제가 없다.

특히 시각화 데이터의 검색 조건에는 타임시리얼 날짜 분석이 제일 많다. 년/월/일 누계, 순위 등과 같이 시각화 데이터에 맞추어서 예시 중심으로 학습하다 보면, 쉽게 학습이 가능하다.

전년/월 대비와 같은 함수가 Dax에도 포함되어 있다.

함수를 암기하기 보다는 어떻게 목적의 대상에 맞추어서 학습할 것을 권하며, 예제의 사용방법에 익숙하다 보면 각자의 시각화 데이터에 적용할 수 있다. 그러면 엑셀 함수를 잘 모르는데 파워 BI 학습과 함수 Dax를 배울 수 있을까? 고민할 것이 없다. 새롭게 시작한다고 생각하고 엑셀 함수를 잘 몰라도 시각화 데이터베이스화를 하는데 아무 문제가 없다. 함수에 막히는 것 보다, 테이블 즉 관계형 구성에서 이해 부족으로 파워 BI 학습에 어려움이 따르게 된다. 저자의 경험을 보면, 많은 파워 BI의 예시를 확보하는 것이 학습하는데 도움이 된다. 파워 BI의 도움말 예시를 처음부터 이해하기는 어렵다. 파워 BI의 도움말 예시를 이해하려면 기본적인 수준 이상이 되어야 하기 때문이다.

이 책에서는 기본적인 Dax 함수를 중심으로,
1. 영업 판매 관리
2. 생산 설비 관리
를 나눠서 Dax 함수를 적용하여 파워 BI를 학습한다. 먼저 도움말 설명 순서에 맞추어서 Dax 함수를 예제를 설명한다.

다시, 왜? Dax 함수를 배워야 할까? 그것은 시각화 데이터를 구축하는데 데이터 원본만 가지고 해결할 수가 없기 때문이다. 예시 중에 영업 테이블/쿼리를 보면, 가격 * 단가 = 함수로 만들어서 관리를 해야 정확한 계산이 되지, 만약 가격 * 단가 = 값으로 작성한다면, 파워 BI에서는 Dax 함수로 총금액을 계산한다. Dax 함수로 데이터를 정확하게 계산하기 위해서는

1. 파워 쿼리에서 각 쿼리의 행/열 성격(형식)이 정확하게 지정되어 있어야 한다. 즉, 숫자, 문자, 날짜 타입이 정확하게 작성된 후에 Dax 함수를 시작해야 한다. 행 원본 데이터가 혼합이 되어 있다면, Dax 함수로 정확한 값 계산이 어렵다.

2. 테이블이 주로 관계형 테이블 형식으로 연결되기 때문에, 일대다, 다대다 등, 외부 조인 등이 정확하게 관계 설정되어 있어야 참조 계산이 가능하다.

3. 특히 날짜 함수에 대한 정확한 [년/월/일/주/시/분] 등이 작성되어 있어야 데이터 시각화를 보다 쉽게 작성할 수가 있다.

Dax 기본 학습을 시작한다.

2가지 종류가 있는데 하나는 [새 측정값]과 또 하나는 [새 열]로 구분된다. 차이점이 무엇인지 정확하게 이해하고 진행하고자 한다.

먼저 [새 열]을 클릭하면, 새로운 [열]이 추가된다. 함수식에다

가져온 값 = '순위'[점수] 라고 입력한 후에 엔터를 누른다.

가져온 행 값의 데이터가 텍스트 형식을 숫자 타입으로 변경을 해줘야 한다.

이때 [서식] – [데이터 형식]에서 텍스트에서 정수 혹은 10자리수를 선택해주면, 데이터 값이 우측 숫자 형식으로 변환되어 정렬된다.

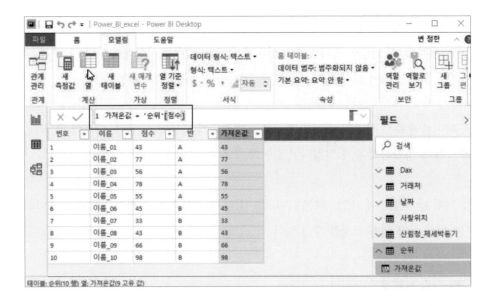

[새 열]은 쿼리/테이블에 함수식을 이용해서 새롭게 필드를 추가하는 방식이다. [새 측정값]은 시각화 데이터 화면에서, 데이터를 분석하기 위해서 요약 데이터를 정리하다 보면, [년, 월, 일, 제품] 그룹별로 정리를 해서 데이터를 계산할 때, [측정값]을 이용할

수 있다.

이 경우에 2가지 방법을 혼합해서 사용할 수가 있다.

[새 열]은 쿼리에 삽입하여 데이터를 계산할 때 사용하는 방법이고, [새 측정값]은 데이터를 "총합계, 총개수, 총분산, 평균값" 등과 같이 요약 그룹화할 때 사용하는 함수다. [측정값]은 보고서의 보기 화면이나 데이터 보기 화면의 필드에서 측정값이 계산될 때만 보여 진다.

1. Date and time functions

1. CALENDAR: 새 측정값으로 단일 날짜 차이를 계산

   Date_01 = CALENDAR (DATE (2005, 1, 1), DATE (2015, 12, 31))

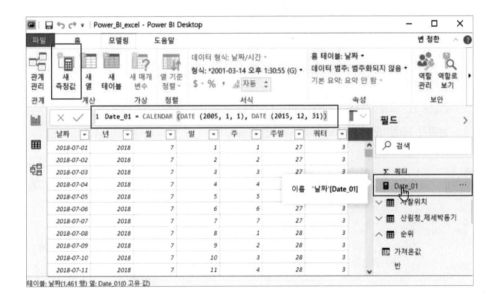

2. CALENDARAUTO: 최종 마지막 날짜를 계산

   CALENDARAUTO([fiscal_year_end_month])

3. DATE: 날짜 만들기
   DATE(2009,7,8)

4. DATEDIFF: 날짜 차이 구하기 년/월/일 차이를 구하기
   DATEDIFF(MIN(Calendar[Date]), MAX(Calendar[Date], second))
   DATEDIFF(MIN(Calendar[Date]), MAX(Calendar[Date], minute))
   DATEDIFF(MIN(Calendar[Date]), MAX(Calendar[Date], hour))
   DATEDIFF(MIN(Calendar[Date]), MAX(Calendar[Date], day))
   DATEDIFF(MIN(Calendar[Date]), MAX(Calendar[Date], week))
   DATEDIFF(MIN(Calendar[Date]), MAX(Calendar[Date], month))
   DATEDIFF(MIN(Calendar[Date]), MAX(Calendar[Date], quarter))
   DATEDIFF(MIN(Calendar[Date]), MAX(Calendar[Date], year))

5. DATEVALUE: 텍스트를 날짜 타입으로 변경
   DATEVALUE("8/1/2009")

6. DAY: 날짜
   Date_02 = IF(DAY('날짜'[날짜])=10,"promotion","")
   날짜가 10일이면 "Promotion" 아니면 빈 값으로

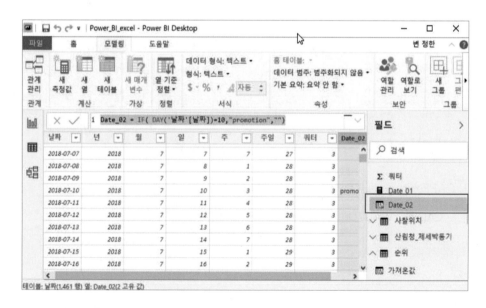

7. EDATE: 3개월 후

date_03 = EDATE('날짜'[날짜],3)

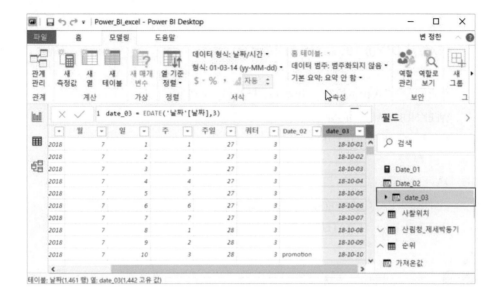

8. HOUR: 시간

Date_04 = HOUR('날짜'[날짜])

9. MINUTE: 분

MINUTE('날짜'[날짜])

10. MONTH: 월

MONTH('날짜'[날짜])

11. SECOND: 초

SECOND ('날짜'[날짜])

12. TIME: 시간

TIME([intHours],[intMinutes],[intSeconds])

13. TIMEVALUE: 시간(텍스트를 시간으로)

    TIMEVALUE("20:45:30")

14. TODAY: 오늘

    YEAR(TODAY())-1963 : 년도 차이 계산

15. WEEKDAY: WEEKDAY([HireDate]+1)/요일 계산

    WEEKNUM: WEEKNUM('날짜'[날짜]) : 52주중 계산

    YEAR : YEAR(TODAY()) : 년도 계산

16. DATESBETWEEN

    2018년 = CALCULATE(SUM('영업'[판매금액]), DATESBETWEEN('날짜'[날짜],
    DATE(2018,1,1),DATE(2018,12,31)))

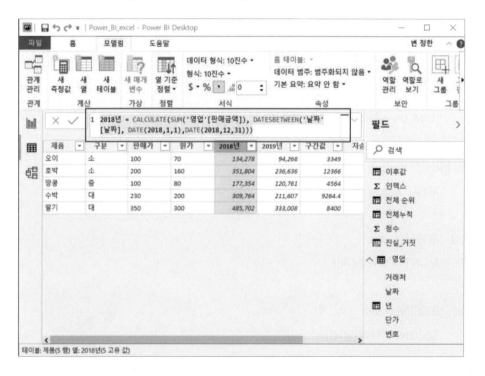

17. DATESBETWEEN

    2019년 = CALCULATE(SUM('영업'[판매금액]), DATESBETWEEN('날짜'[날짜],
    DATE(2019,1,1),DATE(2019,12,31)))

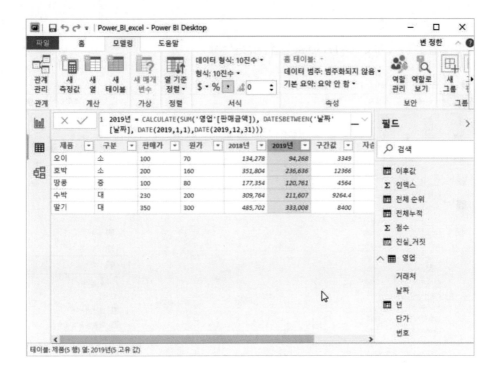

18. DATESINPERIOD: 2019년 8월1일부터 8월 10일까지 영업 판매금액 총합계

    구간값 = CALCULATE(SUM('영업'[판매금액]),DATESINPERIOD('날짜'[날짜].[Date],
DATE(2019,08,1),10,day))

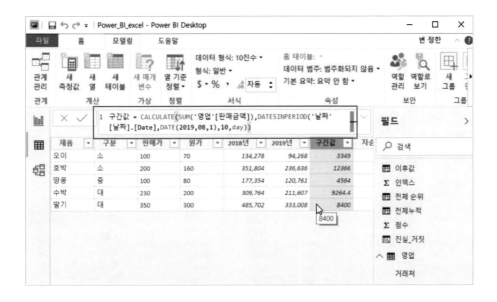

19. SUM: 합계 계산

영업합계 = CALCULATE(SUM('영업'[정상금액]))

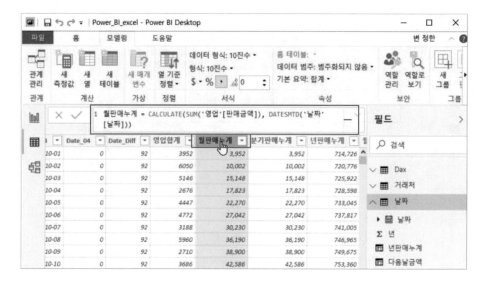

20. DATESMTD: 월별 누계 계산

월판매누계 = CALCULATE(SUM('영업'[판매금액]), DATESMTD('날짜'[날짜]))

21. DATESQTD: 분기 누적 계산

분기판매누계 = CALCULATE(SUM('영업'[판매금액]), DATESQTD('날짜'[날짜]))

22. DATESYTD: 년 누계 계산

년판매누계 = CALCULATE(SUM('영업'[판매금액]), DATESYTD('날짜'[날짜]))

23. ENDOFMONTH: 월 마지막 일 계산

월마지막날 = ENDOFMONTH('날짜'[날짜].[Date])

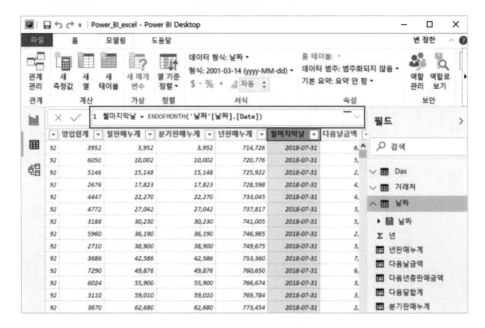

24. NEXTDAY: 다음날 합계

다음날합계= CALCULATE(sum('영업'[정상금액]),NEXTDAY('영업'[날짜]))

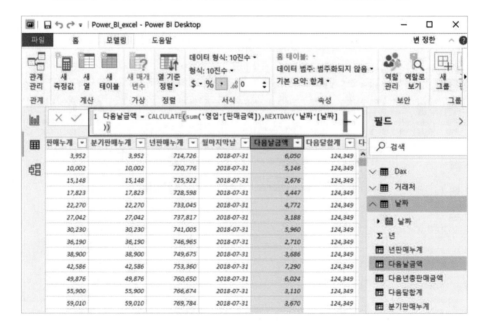

25. NEXTMONTH: 다음달 합계

다음달합계 = CALCULATE(SUM('영업'[판매금액]), NEXTMONTH('날짜'[날짜]))

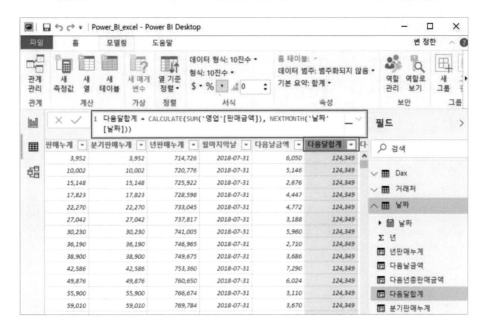

26. NEXTYEAR: 다음 년도 계산

다음년총판매금액 = CALCULATE(SUM('영업'[판매금액]), NEXTYEAR('날짜'[날짜]))

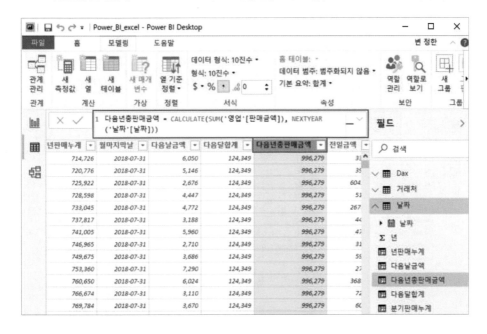

27. PREVIOUSDAY: 전일 계산

전일금액 = CALCULATE(SUM('영업'[판매금액]), PREVIOUSDAY('날짜'[날짜]))

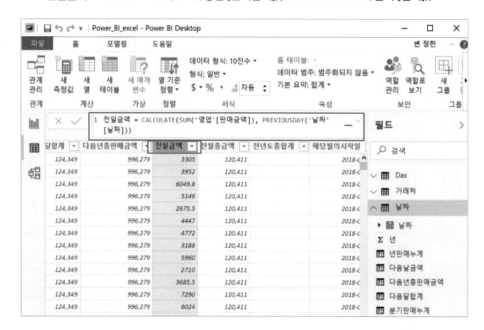

28. PREVIOUSMONTH: 전월 계산

전월총금액 = CALCULATE(SUM('영업'[판매금액]), PREVIOUSMONTH('날짜'[날짜]))

29. PARALLELPERIOD: 전년도 계산

전년도총합계 = CALCULATE(SUM('영업'[판매금액]),
PARALLELPERIOD('날짜'[날짜],-1,year))

30. STARTOFMONTH: 월의 시작일

해당월의시작일 = STARTOFMONTH('날짜'[날짜].[Date])

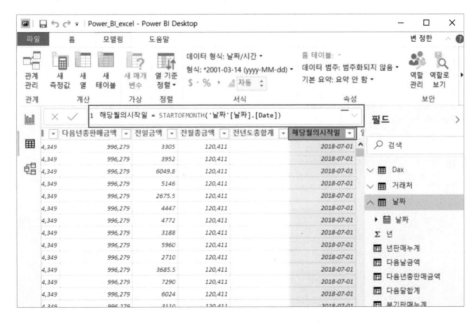

31. TOTALMTD: 일 합계

일합계 = TOTALMTD(SUM('영업'[판매금액]),'날짜'[날짜].[Date])

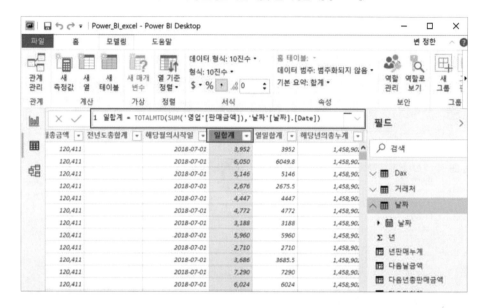

일합계 = TOTALYTD(SUM('영업'[판매금액]),'날짜'[날짜].[Date]) 작성된 경우에는 년 합계를 구할 것 같지만, 실제 계산을 해보면, 일 합계 날짜의 합계 계산

32. ALLEXCEPT: 다른 년도 제외하고 해당 년 계산

해당년의총누계 = CALCULATE(SUM('영업'[판매금액]), ALLEXCEPT('날짜', '날짜'[년]))

33. ALLNOBLANKROW: 필드의 고유 값 개수 계산

다른지역총개수 = COUNTROWS(ALLNOBLANKROW('거래처'[지역]))

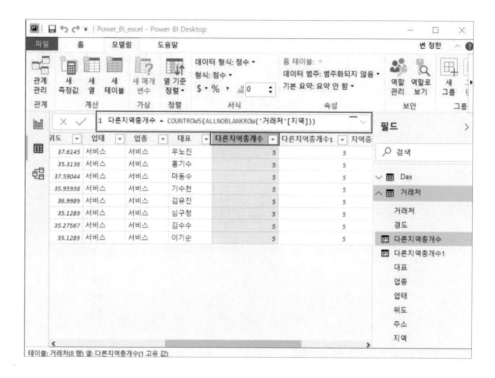

ALL은 고유 값 개수를 계산

다른지역총개수1 = COUNTROWS(ALL('거래처'[지역]))

FILTERS로 고유 값의 개수를 계산

지역중복제거 = COUNTROWS(FILTERS('거래처'[지역]))

34. ISNUMBER: 숫자 타입여부를 검토

텍스트여부1 = IF(ISNUMBER('거래처'[거래처]), "Is number", "Is Not number")

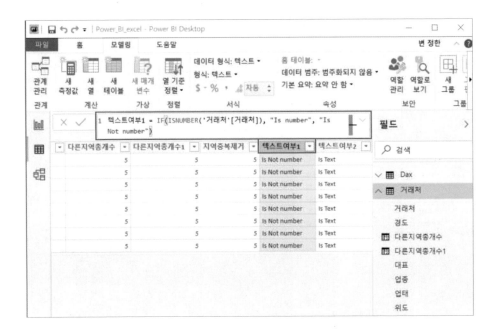

35. ISTEXT: 문자 타입 여부 검토

텍스트여부2 = IF(ISTEXT('거래처'[지역]), "Is Text", "Is Non-Text")

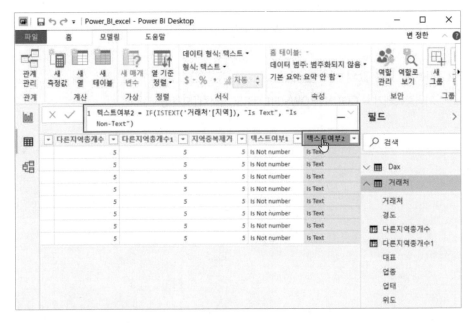

36.SWITCH: 선택된 데이터 숫자/문자를 특정 문자로 표시

SWITCH_월 = SWITCH('날짜'[월], 1, "January", 2, "February", 3, "March", 4, "April"

, 5, "May", 6, "June", 7, "July", 8, "August"

, 9, "September", 10, "October", 11, "November", 12, "December"

, "Unknown month number")

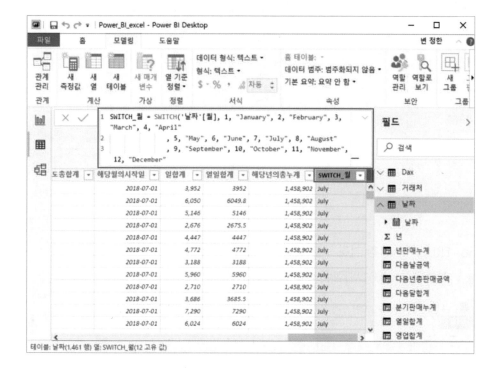

37. AND: 조건문 계산

가정문_and = IF(AND('순위'[점수] > 80, '순위'[전체 순위] < 10), "제외", "포함")

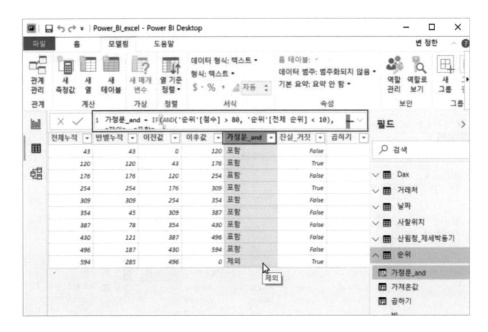

38. TRUE/false: 참 거짓 구분 계산

진실_거짓 = IF('순위'[점수] >75, TRUE(), false())

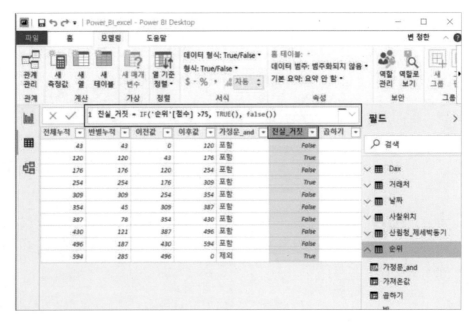

39. FLOOR: 소수 자리수 고정 계산

소수자리수 = FLOOR('사찰위치'[LONGITUDE],.5)

40. ROUND: 자리 수 반올림 계산

반올림_ROUND = ROUND('사찰위치'[LATITUDE],2)

41. ROUNDDOWN: 자리수 내림 계산

반올림_ROUNDdown = ROUNDDOWN('사찰위치'[LATITUDE],2)

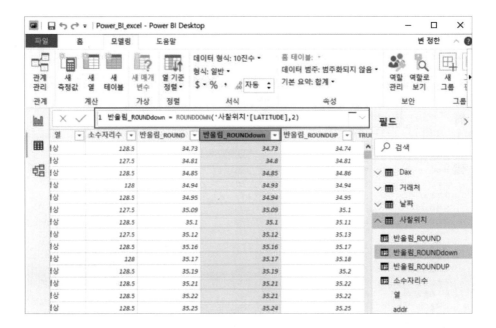

42.ROUNDUP: 자리수 올림 계산

반올림_ROUNDUP = ROUNDUP('사찰위치'[LATITUDE],2)

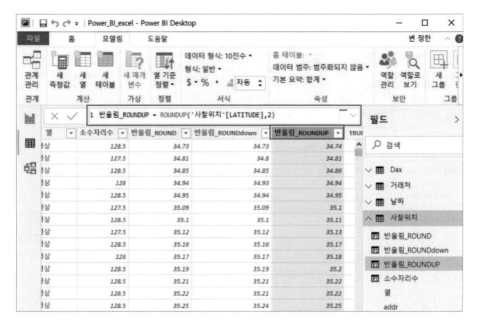

43. TRUNC: 정수 계산

TRUNC = TRUNC('사찰위치'[LATITUDE])

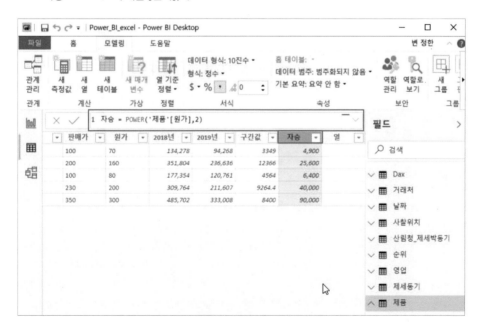

44.POWER: 자승 계산

자승 = POWER('제품'[원가],2)

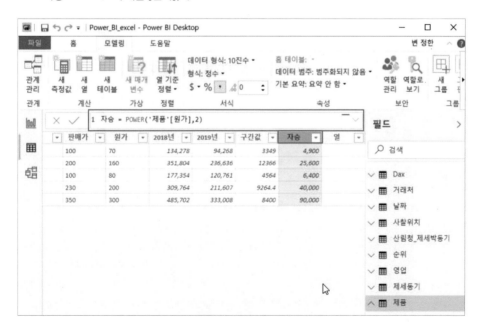

45. DataTable: 신규 테이블 작성

```
테이블 = DataTable("Name", STRING,
        "Region", STRING
        ,{
                {" User1","East"},
                {" User2","East"},
                {" User3","West"},
                {" User4","West"},
                {" User4","East"}
        }
)
```

46. UNION: 동일 필드 구성된 테이블/쿼리를 하나로 통합

통합테이블 = UNION('거래처', '거래처')

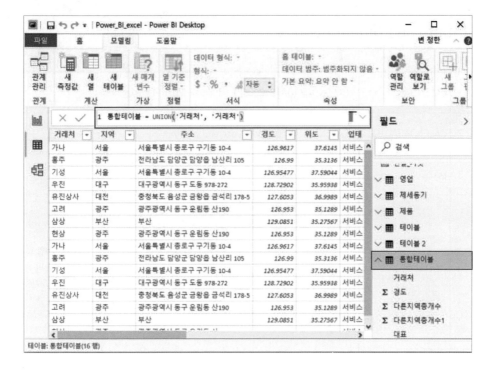

6.2. Dax 함수표

1. Date and time functions

번호	함수	예제	설명
1	CALENDAR	CALENDAR (DATE (2005, 1, 1), DATE (2015, 12, 31))	날짜 차이 구하기
2	CALENDARAUTO	CALENDARAUTO([fiscal_year_end_month])	최종 마지막날
3	DATE	DATE(2009,7,8)	날짜 구하기
4	DATEDIFF	DATEDIFF(MIN(Calendar[Date]), MAX(Calendar[Date], second)) DATEDIFF(MIN(Calendar[Date]), MAX(Calendar[Date], minute)) DATEDIFF(MIN(Calendar[Date]), MAX(Calendar[Date], hour)) DATEDIFF(MIN(Calendar[Date]), MAX(Calendar[Date], day)) DATEDIFF(MIN(Calendar[Date]), MAX(Calendar[Date], week)) DATEDIFF(MIN(Calendar[Date]), MAX(Calendar[Date], month)) DATEDIFF(MIN(Calendar[Date]), MAX(Calendar[Date], quarter)) DATEDIFF(MIN(Calendar[Date]), MAX(Calendar[Date], year))	연원일 및 추이 구하기
5	DATEVALUE	DATEVALUE("8/1/2009")	텍스트를 날짜로
6	DAY	IF(DAY([SalesDate])=10,"promotion","")	판매일이 10일이면 프로모션
7	EDATE	EDATE([TransactionDate],3)	3개월 후
8	EOMONTH	EOMONTH("March 3, 2008",1.5)	해당월 마지막 날짜
9	HOUR	HOUR("March 3, 2008 3:00 PM")	시간 구하기
10	MINUTE	MINUTE("March 23, 2008 1:45 PM")	분 구하기
11	MONTH	MONTH("March 3, 2008 3:45 PM")	월 구하기
12	NOW	NOW()+3.5	현재 날짜 시간 구하기
13	SECOND	SECOND('Orders'[TransactionTime])	초 구하기

14	TIME	TIME([intHours],[intMinutes],[intSeconds])	시분초
15	TIMEVALUE	TIMEVALUE("20:45:30")	텍스트 시간을 일반시간 변환
16	TODAY	YEAR(TODAY())-1963	오늘 구하기
17	WEEKDAY	WEEKDAY([HireDate]+1)	요일 숫자 계산
18	WEEKNUM	WEEKNUM('Employees'[HireDate])	52주중 주 계산
19	YEAR	YEAR(TODAY())	년도 계산

2. Time-intelligence functions

번호	함수	예제	설명
1	DATEADD	DATEADD(DateTime[DateKey],-1,year)	지정된 간격을 년도 차이 구하기
2	DATESBETWEEN	CALCULATE(SUM(InternetSales_USD[SalesAmount_USD]), DATESBETWEEN(DateTime[DateKey], DATE(2007,6,1), DATE(2007,8,31)))	구간의 합계산
3	DATESINPERIOD	CALCULATE(SUM(InternetSales_USD[SalesAmount_USD]),DATESINPERIOD(DateTime[DateKey],DATE(2007,08,24),-21,day))	구간의 합계산
4	DATESMTD	CALCULATE(SUM(InternetSales_USD[SalesAmount_USD]), DATESMTD(DateTime[DateKey]))	해당월 기준부터 해당일 사이 합계산
5	DATESQTD	CALCULATE(SUM(InternetSales_USD[SalesAmount_USD]), DATESQTD(DateTime[DateKey]))	해당 분기부터 해당일 사이 계산
6	DATESYTD	CALCULATE(SUM(InternetSales_USD[SalesAmount_USD]), DATESYTD(DateTime[DateKey]))	해당 연도부터 일 사이까지 계산

7	ENDOFMONTH	ENDOFMONTH(DateTime[DateKey])	해당월의 마지막 날짜
8	ENDOFQUARTER	ENDOFQUARTER(DateTime[DateKey])	해당분기의 마지막 날짜
9	ENDOFYEAR	ENDOFYEAR(DateTime[DateKey],"06/30/2004")	해당년의 마지막 날짜
10	FIRSTDATE	FIRSTDATE('InternetSales_USD'[SaleDateKey])	비어 있지 않은 첫번째 날짜
11	FIRSTNONBLANK	FIRSTNONBLANK('InternetSales_USD'[SaleDateKey])	식이 비어 있지 않은 열의 첫번째 값
12	LASTDATE	LASTDATE('InternetSales_USD'[SaleDateKey])	비어 있지 않은 마지막날짜
13	LASTNONBLANK	LASTNONBLANK('InternetSales_USD'[SaleDateKey],식)	식이 비어 있지 않은 마지막 값
14	NEXTDAY	CALCULATE(sum('영업'[정상금액]),NEXTDAY('영업'[날짜]))	다음날 합계 가져오기
15	NEXTMONTH	CALCULATE(SUM(InternetSales_USD[SalesAmount_USD]), NEXTMONTH('DateTime'[DateKey]))	다음달의 합계
16	NEXTQUARTER	CALCULATE(SUM(InternetSales_USD[SalesAmount_USD]), NEXTQUARTER('DateTime'[DateKey]))	다음 분기의 합계
17	NEXTYEAR	CALCULATE(SUM(InternetSales_USD[SalesAmount_USD]), NEXTYEAR('DateTime'[DateKey]))	다음년의 합계
18	OPENINGBALANCE MONTH	OPENINGBALANCEMONTH(SUMX(ProductInventory,ProductInventory[UnitCost]*ProductInventory[UnitsBalance]),DateTime[DateKey])	전달의 마지막날 금액
19	OPENINGBALANCE QUARTER	OPENINGBALANCEQUARTER(SUMX(ProductInventory,ProductInventory[UnitCost]*ProductInventory[UnitsBalance]),DateTime[DateKey])	전 분기의 마지막날 금액

20	OPENINGBALANCE YEAR	OPENINGBALANCEYEAR(SUMX(ProductInventory,ProductInventory[UnitCost]*ProductInventory[UnitsBalance]),DateTime[DateKey])	전 년도의 마지막날 금액
21	PARALLELPERIOD	CALCULATE(SUM(InternetSales_USD[SalesAmount_USD]), PARALLELPERIOD(DateTime[DateKey],-1,year))	전년도의 합계
22	PREVIOUSDAY	CALCULATE(SUM(InternetSales_USD[SalesAmount_USD]), PREVIOUSDAY('DateTime'[DateKey]))	전일 금액 합계
23	PREVIOUSMONTH	CALCULATE(SUM(InternetSales_USD[SalesAmount_USD]), PREVIOUSMONTH('DateTime'[DateKey]))	전월 금액 합계
24	PREVIOUSQUARTER	CALCULATE(SUM(InternetSales_USD[SalesAmount_USD]), PREVIOUSQUARTER('DateTime'[DateKey]))	전 분기 금액 합계
25	PREVIOUSYEAR	CALCULATE(SUM(InternetSales_USD[SalesAmount_USD]), PREVIOUSYEAR('DateTime'[DateKey]))	전년도의 합계
26	SAMEPERIODLAST YEAR	CALCULATE(SUM(ResellerSales_USD[SalesAmount_USD]), SAMEPERIODLASTYEAR(DateTime[DateKey]))	전년도 날짜의 합계 계산
27	STARTOFMONTH	STARTOFMONTH(DateTime[DateKey])	해당 월 시작일
28	STARTOFQUARTER	STARTOFQUARTER(DateTime[DateKey])	해당 분기의 시작일
29	STARTOFYEAR	STARTOFYEAR(DateTime[DateKey])	해당 년의 시작일
30	TOTALMTD	TOTALMTD(SUM(InternetSales_USD[SalesAmount_USD]),DateTime[DateKey])	해당일 합계값
31	TOTALQTD	TOTALQTD(SUM(InternetSales_USD[SalesAmount_USD]),DateTime[DateKey])	해당일 합계값
32	TOTALYTD	TOTALYTD(SUM(InternetSales_USD[SalesAmount_USD]),DateTime[DateKey])	해당일 합계값

3. Filter functions

번호	함수	예제	설명
1	ADDMISSINGITEMS		

2	ALL	=SUMX(ResellerSales_USD, ResellerSales_USD[SalesAmount_USD])/CALCULATE(SUM(ResellerSales_USD[SalesAmount_USD]), ALL(ProductCategory[ProductCategoryName]))	전체를 선택
3	ALLCROSSFILTERED		
4	ALLEXCEPT	CALCULATE(SUM(ResellerSales_USD[SalesAmount_USD]), ALLEXCEPT(DateTime, DateTime[CalendarYear]))	해당년도의 데이터를 제외 합계
5	ALLNOBLANKROW	// Countrows ALLNOBLANK of datetime = COUNTROWS(ALLNOBLANKROW('DateTime')) // Countrows ALL of datetime = COUNTROWS(ALL('DateTime')) // Countrows ALLNOBLANKROW of ResellerSales_USD =COUNTROWS(ALLNOBLANKROW('ResellerSales_USD')) // Countrows ALL of ResellerSales_USD =(('ResellerSales_USD'))	같은 종류별 총개수 환산
6	ALLSELECTED		
7	CALCULATE	(SUM('ResellerSales_USD'[SalesAmount_USD])) /CALCULATE(SUM('ResellerSales_USD'[SalesAmount_USD]) ,ALL('ResellerSales_USD'))	계산 공식
8	CALCULATETABLE	SUMX(CALCULATETABLE('InternetSales_USD', 'DateTime'[CalendarYear]=2006) , [SalesAmount_USD])	조건 합계 계산
9	CROSSFILTER function		
10	DISTINCT	EVALUATE DISTINCT({ (1, "A"), (2, "B"), (1, "A") })	테이블 구분 만들기
11	EARLIER	COUNTROWS(FILTER(ProductSubcategory, EARLIER(ProductSubcategory[TotalSubcategorySales])<(ProductSubcategory[TotalSubcategorySales]))+1	
12	EARLIEST		
13	FILTER	SUMX(FILTER('InternetSales_USD', RELATED('SalesTerritory'[SalesTerritoryCountry])<>"United States")	

14	FILTERS	COUNTROWS(FILTERS(ResellerSales_USD[ProductKey]))	해당 중복제거된 값의 개수

15	KEEPFILTERS	EVALUATE ROW(
		  "$$ in WA"
		    , CALCULATE('Internet Sales'[Internet Total Sales]
		        , 'Geography'[State Province Code]="WA"
		        )
		  , "$$ in WA and OR"
		    , CALCULATE('Internet Sales'[Internet Total Sales]
		        , 'Geography'[State Province Code]="WA"
		        || 'Geography'[State Province Code]="OR"
		        )
		  , "$$ in WA and BC"
		    , CALCULATE('Internet Sales'[Internet Total Sales]
		        , 'Geography'[State Province Code]="WA"
		        \|\| 'Geography'[State Province Code]="BC"
		        )
		  , "$$ in WA and OR ??"
		    , CALCULATE(
		        CALCULATE('Internet Sales'[Internet Total Sales]
		          ,'Geography'[State Province Code]="WA"
		          || 'Geography'[State Province Code]="OR"
		        )
		        , 'Geography'[State Province Code]="WA"
		        || 'Geography'[State Province Code]="BC"
		        )
		  , "$$ in WA !!"
		    , CALCULATE(
		        CALCULATE('Internet Sales'[Internet Total Sales]
		          , KEEPFILTERS('Geography'[State Province
		Code]="WA"
		           || 'Geography'[State Province Code]="OR"
		          )
		        )
		        , 'Geography'[State Province Code]="WA"
		        || 'Geography'[State Province Code]="BC"
		        )
		  )
			해당 값의
			그룹 합계
			표시

16	RELATED	SUMX(FILTER('InternetSales_USD' , RELATED('SalesTerritory'[SalesTerritoryCountry]) 〈〉"United States") ,'InternetSales_USD'[SalesAmount_USD])	관련 테이블 필드 연결하여 조건부 합계
17	RELATEDTABLE	SUMX(RELATEDTABLE('InternetSales_USD') , [SalesAmount_USD])	관련된 테이블의 필드 합계
18	VALUES	COUNTROWS(VALUES('InternetSales_USD'[SalesOrderNumber]))	행수 계산

4. Information functions

번호	함수	예제	설명
1	CONTAINS	CONTAINS(InternetSales, [ProductKey], 214, [CustomerKey], 11185)	특정 데이터 찾기 T /F 표시
2	CUSTOMDATA	IF(CUSTOMDATA()="OK", "Correct Custom data in connection string", "No custom data in connection string property or unexpected value")	특정 데이터 OK라면 문자표기
3	ISBLANK	IF(ISBLANK('CalculatedMeasures'[PreviousYearTotalSales]) , BLANK() , ('CalculatedMeasures'[Total Sales]-'CalculatedMeasures'[PreviousYearTotalSales]) /'CalculatedMeasures'[PreviousYearTotalSales])	비어있는 값을 표기
4	ISERROR	IF(ISERROR(SUM('ResellerSales_USD'[SalesAmount_USD]) /SUM('InternetSales_USD'[SalesAmount_USD])) , BLANK() , SUM('ResellerSales_USD'[SalesAmount_USD]) /SUM('InternetSales_USD'[SalesAmount_USD]))	에러가 나면 빈값으로 아니면 계산
5	ISEVEN	ISEVEN(number)	홀수는 F 짝수는 T

6	ISINSCOPE	DEFINE
		MEASURE FactInternetSales[% of Parent] =
		 SWITCH (TRUE(),
		  ISINSCOPE(DimProduct[Subcategory]),
		   DIVIDE(
		   SUM(FactInternetSales[Sales Amount]),
		   CALCULATE(
		   SUM(FactInternetSales[Sales Amount]),
		   ALLSELECTED(DimProduct[Subcategory]))
		   ),
		  ISINSCOPE(DimProduct[Category]),
		   DIVIDE(
		   SUM(FactInternetSales[Sales Amount]),
		   CALCULATE(
		   SUM(FactInternetSales[Sales Amount]),
		   ALLSELECTED(DimProduct[Category]))
		   ),
		  1
		) * 100
		EVALUATE
		 SUMMARIZECOLUMNS
		 (
		  ROLLUPADDISSUBTOTAL
		  (
		   DimProduct[Category], "Category Subtotal",
		   DimProduct[Subcategory], "Subcategory Subtotal"
		  ),
		  TREATAS(
		   {"Bike Racks", "Bike Stands", "Mountain Bikes", "Road Bikes",
		"Touring Bikes"},
		   DimProduct[Subcategory]),
		  "Sales", SUM(FactInternetSales[Sales Amount]),
		  "% of Parent", [% of Parent]
		)
		 ORDER BY
		  [Category Subtotal] DESC, [Category],
		  [Subcategory Subtotal] DESC, [Subcategory]
			스위치
			함수를
			통해서 T/F

7	ISLOGICAL	//RETURNS: Is Boolean type or Logical =IF(ISLOGICAL(true), "Is Boolean type or Logical", "Is different type")	T/F에 따라 문자 표시

		//RETURNS: Is Boolean type or Logical
		=IF(ISLOGICAL(false), "Is Boolean type or Logical", "Is different type")
		
		//RETURNS: Is different type
		=IF(ISLOGICAL(25), "Is Boolean type or Logical", "Is different type")	

8	ISNONTEXT	//RETURNS: Is Non-Text
		=IF(ISNONTEXT(1), "Is Non-Text", "Is Text")
		
		//RETURNS: Is Non-Text
		=IF(ISNONTEXT(BLANK()), "Is Non-Text", "Is Text")
		
		//RETURNS: Is Text
		=IF(ISNONTEXT(""), "Is Non-Text", "Is Text")
			조건문에
			따른
			문자표시

9	ISNUMBER	//RETURNS: Is number
		=IF(ISNUMBER(0), "Is number", "Is Not number")
		
		//RETURNS: Is number
		=IF(ISNUMBER(3.1E-1),"Is number", "Is Not number")
		
		//RETURNS: Is Not number
		=IF(ISNUMBER("123"), "Is number", "Is Not number")
			조건문 숫자
			여부에 따라
			문자

10	ISODD	ISODD(number)	짝수면 T, 홀수면 F
11	ISONORAFTER	FILTER(Info, ISONORAFTER(Info[Country], "IND", ASC, Info[State], "MH", ASC))	필드별 내림 오름 차순

12	ISTEXT	//RETURNS: Is Text
		=IF(ISTEXT("text"), "Is Text", "Is Non-Text")
		
		//RETURNS: Is Text
		=IF(ISTEXT(""), "Is Text", "Is Non-Text")
		
		//RETURNS: Is Non-Text
		=IF(ISTEXT(1), "Is Text", "Is Non-Text")
		
		//RETURNS: Is Non-Text
		=IF(ISTEXT(BLANK()), "Is Text", "Is Non-Text")
			텍스트 여부
			조건문

| 13 | LOOKUPVALUE | LOOKUPVALUE(Product[SafetyStockLevel], [ProductName], " Mountain-400-W Silver, 46") | 엑셀의 Vlookup 같음 |
| 14 | USERNAME | USERNAME() | 컴퓨터 이름 및 성이름 표시 |

5. Logical functions

번호	함수	예제	설명
1	AND	IF(AND(SUM('InternetSales_USD'[SalesAmount_USD]) 〉SUM('ResellerSales_USD'[SalesAmount_USD]) , CALCULATE(SUM('InternetSales_USD'[SalesAmount_USD]), PREVIOUSYEAR('DateTime'[DateKey])) 〉CALCULATE(SUM('ResellerSales_USD'[SalesAmount_USD]), PREVIOUSYEAR('DateTime'[DateKey]))) , "Internet Hit" ."" ,) =IF(AND(10 〉 9, -10 〈 -1), "All true", "One or more false"	가정문의 AND 조건
2	FALSE	IF(SUM('InternetSales_USD'[SalesAmount_USD]) 〉200000, TRUE(), false())	False 표기
3	IF	IF([Calls]〈200,"low",IF([Calls]〈300,"medium","high")) IF([StateProvinceCode]= "CA" && ([MaritalStatus] = "M" || [NumberChildrenAtHome] 〉1),[City])	가정문 and / or 조건
4	IFERROR	IFERROR(25/0,9999)	가정문 에러
5	IN	Filtered Sales:=CALCULATE ([Internet Total Sales], 'Product'[Color] IN { "Red", "Blue", "Black" })	해당되는 내용만 찾아서 계산
6	NOT	NOT([CalculatedColumn1])	필드가 아님

번호	함수	예제	설명

7	OR	IF(OR(
		CALCULATE(SUM('ResellerSales_USD'[SalesAmount_USD]),
		'ProductSubcategory'[ProductSubcategoryName]="Touring
		Bikes") 〉 1000000
		
		,
		CALCULATE(SUM('ResellerSales_USD'[SalesAmount_USD]),
		'DateTime'[CalendarYear]=2007) 〉 2500000
		   )
		 , "Circle of Excellence"
		  ""
		  )
			가정문 OR
			조건

8	SWITCH	SWITCH([Month], 1, "January", 2, "February", 3, "March", 4,
		"April"
		   , 5, "May", 6, "June", 7, "July", 8, "August"
		   , 9, "September", 10, "October", 11, "November", 12,
		"December"
		   , "Unknown month number")
			해당 월에
			따라 문자료
			표기

9	TRUE	IF(SUM('InternetSales_USD'[SalesAmount_USD]) 〉200000, TRUE(), false())	참 값

6. Math and Trig functions

번호	함수	예제	설명
1	ABS	ABS([DealerPrice]-[ListPrice])	절대값
2	ACOS	ACOS(-0.5)*180/PI()	역코사인
3	ACOSH	ACOSH(10)	하이퍼블릭 코사인
4	ASIN	DEGREES(ASIN(-0.5))	
5	ASINH		
6	ATAN		
7	ATANH		
8	CEILING		

9	COMBIN		
10	COMBINA		
11	COS		
12	COSH		
13	CURRENCY		
14	DEGREES		
15	DIVIDE	DIVIDE(5,0,1)	
16	EVEN	EVEN(1.5)	가까운 정수로
17	EXP		
18	FACT	FACT([Values])	자승
19	FLOOR	FLOOR(InternetSales[Total Product Cost],.5)	소수 반올림 자름
20	GCD		
21	INT		정수
22	ISO.CEILING		
23	LCM		
24	LN		
25	LOG		
26	LOG10		
27	MROUND		
28	ODD	ODD(2)	홀수 올림
29	PI		
30	POWER	POWER(5,2)	5의 2자승
31	PRODUCT		
32	PRODUCTX		

33	QUOTIENT		
34	RADIANS		
35	RAND		
36	RANDBETWEEN		
37	ROUND	ROUND(21.5,-1)	
38	ROUNDDOWN	ROUNDDOWN(31415.92654, -2)	
39	ROUNDUP	ROUNDUP([Values],-1)	
40	SIGN		
41	SQRT	SQRT(25)	루트
42	SUM	SUM(Sales[Amt])	합계
43	SUMX	SUMX(FILTER(InternetSales, InternetSales[SalesTerritoryID]=5),[Freight])	필터 합계
44	TRUNC	TRUNC(-8.9)	정수 -8로 표시됨

7. DATATABLE

번호	함수	예제	설명

1	DATATABLE	DataTable("Name", STRING,
		      "Region", STRING
		      ,{
		          {" User1","East"},
		          {" User2","East"},
		          {" User3","West"},
		          {" User4","West"},
		          {" User4","East"}
		      }
		   )
			테이블 만들기

2	ERROR	DEFINE MEASURE DimProduct[Measure] = IF(SELECTEDVALUE(DimProduct[Color]) = "Red", ERROR("red color encountered"),	에러

		SELECTEDVALUE(DimProduct[Color])) EVALUATE SUMMARIZECOLUMNS(DimProduct[Color], "Measure", [Measure]) ORDER BY [Color]	
3	EXCEPT	Except(States1, States2)	중복 안되는 것
4	GENERATESERIES	EVALUATE GENERATESERIES(1, 5)	행으로 1 ~5 작성됨
5	GROUPBY	GROUPBY (Sales, Geography[Country], Product[Category], "Total Sales", SUMX(CURRENTGROUP(), Sales[Price] * Sales[Qty]))	그룹 요약 쿼리
6	INTERSECT	Intersect(States2, States1)	행의 데이터 중복된 것만 찾음
7	ISEMPTY	EVALUATE ROW("Any countries with count 〉 25?", NOT(ISEMPTY(FILTER(Info, [Count]〉25)))	빈데이터만 찾음
8	ISSELECTEDSMEASURE		
9	NATURALINNERJOIN		
10	NATURALLEFTOUT ERJOIN		
11	SELECTEDSMEASURE		
12	SELECTEDSMEASU REFORMATSTRING		
13	SELECTEDSMEASU RENAME		
14	SUMMARIZECOLU MNS	SUMMARIZECOLUMNS ('Sales Territory'[Category], 'Customer' [Education], FILTER('Customer', 'Customer'[First Name] = "Alicia"))	

15	Table Constructor (DAX)		
16	TREATAS		
17	UNION	UNION(UsaInventory, IndInventory)	테이블 통합

18	VAR (DAX)	YoY% = VAR Sales = SUM(SalesTable[SalesAmount])
		
		VAR SalesLastYear =
		  CALCULATE (SUM (SalesTable[SalesAmount]),
		SAMEPERIODLASTYEAR ('Calendar'[Date]))
		
		  return if(Sales, DIVIDE(Sales – SalesLastYear, Sales))
			변수선언

8. Statistical functions

번호	함수	예제	설명

1	ADDCOLUMNS	ADDCOLUMNS(ProductCategory,
		    , "Internet Sales",
		SUMX(RELATEDTABLE(InternetSales_USD),
		InternetSales_USD[SalesAmount_USD])
		    , "Reseller Sales",
		SUMX(RELATEDTABLE(ResellerSales_USD),
		ResellerSales_USD[SalesAmount_USD]))
			컬럼 추가

2	APPROXIMATEDISTINCTCOUNT		
3	AVERAGE	AVERAGE(InternetSales[ExtendedSalesAmount])	평균
4	AVERAGEA	AVERAGEX(InternetSales[ExtendedSalesAmount])	조건부 평균
5	AVERAGEX	AVERAGEX(InternetSales, InternetSales[Freight]+ InternetSales[TaxAmt])	조건부 평균
6	BETA.DIST		베타분포
7	BETA.INV		카이스 케어
8	CHISQ.INV		카이스 케어 분포
9	CHISQ.INV.RT		
10	CONFIDENCE.NORM		

11	CONFIDENCE.T		
12	COUNT	COUNT([ShipDate])	개수
13	COUNTA	COUNTA('Reseller'[Phone])	개수
14	COUNTAX	COUNTX(FILTER(Product,RELATED(ProductSubcategory[English ProductSubcategoryName])="Caps", Product[ListPrice])	조건부 개수
15	COUNTBLANK	COUNTBLANK(Reseller[BankName])	빈 개수
16	COUNTROWS	COUNTROWS(RELATEDTABLE(ResellerSales))	테이블의 행의 수
17	COUNTX	COUNTX(FILTER(Product,RELATED(ProductSubcategory[English ProductSubcategoryName])="Caps", Product[ListPrice])	조건부 개수
18	CROSSJOIN		
19	DATATABLE		
20	DISTINCTCOUNT		
21	DISTINCTCOUNTNOBLANK		
22	EXPON.DIST		
23	GENERATE	GENERATE(SUMMARIZE(SalesTerritory, SalesTerritory[SalesTerritoryGroup]) ,SUMMARIZE(ProductCategory , [ProductCategoryName] , "Reseller Sales", SUMX(RELATEDTABLE(ResellerSales_USD), ResellerSales_USD[SalesAmount_USD])))	
24	GENERATEALL		
25	GEOMEAN		
26	GEOMEANX		
27	MAX	Max([TotalSales], [TotalPurchases])	
28	MAXA	MAXA([TransactionDate])	
29	MAXX		
30	MEDIAN		
31	MEDIANX		
32	MIN		

33	MINA		
34	MINX		
35	NORM.DIST		분산
36	NORM.INV		분산
37	NORM.S.DIST		분산
38	NORM.S.INV		분산
39	PERCENTILE.EXC		
40	PERCENTILE.INC		
41	PERCENTILEX.EXC		
42	PERCENTILEX.INC		
43	POISSON.DIST		
44	RANK.EQ	RANK.EQ(Students[Test_Score], NationalScores[Test_Score])	점수 비교
45	RANKX	RANKX(ALL(Products), SUMX(RELATEDTABLE(InternetSales), [SalesAmount]))	순위
46	ROW	ROW("Internet Total Sales (USD)", SUM(InternetSales_USD[SalesAmount_USD]), "Resellers Total Sales (USD)", SUM(ResellerSales_USD[SalesAmount_USD]))	행의 데이터 표시
47	SAMPLE		
48	SELECTCOLUMNS	SELECTCOLUMNS(Info, "StateCountry", [State]&", "&[Country])	컬럼 텍스트 표시
49	SIN		
50	SINH		
51	STDEV.P		
52	STDEV.S		
53	STDEVX.P		
54	STDEVX.S		
55	SQRTPI		
56	SUMMARIZE		
57	T.DIST		
58	T.DIST.2T		

59	T.DIST.RT		
60	T.INV		
61	T.INV.2t		
62	TAN		
63	TANH		
64	TOPN		
65	VAR.P		
66	VAR.S		
67	VARX.P		
68	VARX.S		
69	XIRR		
70	XNPV		

9. Text functions

번호	함수	예제	설명
1	BLANK	IF(SUM(InternetSales_USD[SalesAmount_USD])= 0 , BLANK() , SUM(ResellerSales_USD[SalesAmount_USD])/SUM(InternetSales_ USD[SalesAmount_USD]))	빈값 계산
2	CODE	CODE("A")	유닉스를 10진수로
3	CONCATENATE	EVALUATE DISTINCT(SELECTCOLUMNS(DimDate, "Month", COMBINEVALUES(",", [MonthName], [CalendarYear])))	컬럼 값을 구분자 통합 필드
4	CONCATENATEX	=[Product abbreviation] & "-" & [Product number]	
5	CONTAINSSTRING	CONCATENATEX(Employees, [FirstName] & " " & [LastName], ",")	
6	CONTAINSSTRINGE XACT		
7	EXACT	EXACT([Column1],[Column2])	같으면 T 다르면 F
8	FIND	FIND("BMX","line of BMX racing goods")	찾기

9	FIXED	FIXED([PctCost],3,1)	위치 고정
10	FORMAT	FORMAT(12345.67, "General Number") FORMAT(12345.67, "Currency") FORMAT(12345.67, "Fixed") FORMAT(12345.67, "Standard") FORMAT(12345.67, "Percent") FORMAT(12345.67, "Scientific")	
11	LEFT	CONCATENATE(LEFT('Reseller'[ResellerName],LEFT(Geography Key,3))	좌로 자르기
12	LEN	LEN([AddressLine1])+LEN([AddressLin2])	문자 길이
13	LOWER	LOWER('New Products'[ProductCode])	소문자로 변환
14	MID	=MID('Reseller'[ResellerName],5,1)) MID([ResellerName,5])	중간시작 자르기 변환
15	REPLACE	REPLACE('New Products'[Product Code],1,2,"OB")	특정 자리 문자 변환
16	REPT	REPT([MyText],[MyNumber])	특정문자 주기 반복
17	RIGHT	RIGHT('New Products'[ProductCode],2)	오른쪽부터 문자 자르기
18	SEARCH	SEARCH("n","printer")	좌측부터 문자 위치 자리 찾기
19	SUBSTITUTE	SUBSTITUTE([Product Code], "NW", "PA")	특정 문자 바꾸기
20	TRIM	TRIM("A column with trailing spaces. ")	빈공간 제거
21	UNICHAR	UNICHAR(65)	유니코드 변환
22	UPPER	UPPER(['New Products'[Product Code])	대문자로 변환
23	VALUE	VALUE("3")	텍스트를 숫자타입 으로

6.3. Dax 함수 응용

1. 쿼리 [순위] 인덱스 키 추가하기

[파워 쿼리] - [열 추가] - [인덱스 열]에서 1번부터 추가되는 인덱스 번호를 추가한다.

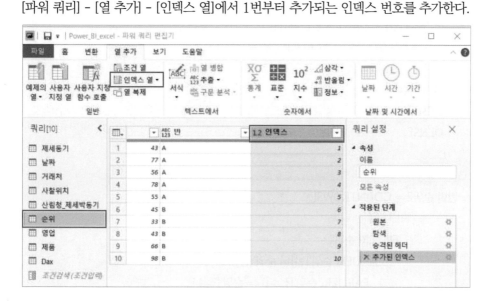

2. 쿼리 [순위] : 점수 기준으로 전체 순위를 계산

전체 순위 = RANKX('순위','순위'[점수],,ASC,Dense)

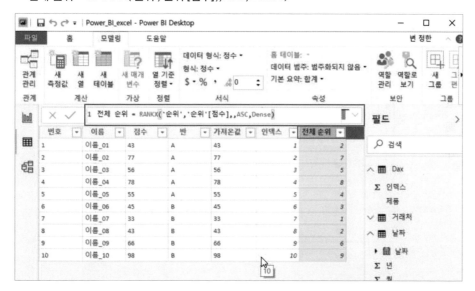

3. 쿼리 [순위] : 점수 기준으로 반별 순위를 계산

```
반별순위 = RANKX (
    FILTER (
        ALL ( '순위' ),
        '순위'[반] = EARLIER ( '순위'[반] )
        -- && '순위'[점수] = EARLIER ( '순위'[점수] )
            ),
    '순위'[점수],,
    DESC,
    DENSE
    )


반별 순위2 = COUNTROWS(
        FILTER(
            FILTER('순위',
                EARLIER('순위'[반])='순위'[반]),
                    EARLIER('순위'[점수])<='순위'[점수]
            )
            )
```

4. 쿼리 [순위] : 반별 번호 계산

```
반별번호 = RANKX (
    FILTER (
        ALL ( '순위' ),
        '순위'[반] = EARLIER ( '순위'[반] )
        -- && '순위'[점수] = EARLIER ( '순위'[점수] )
            ),
    '순위'[인덱스],,
    ASC,
    DENSE
    )
```

5. 쿼리 [순위] : 전체 누적 계산

```
전체누적 = CALCULATE (
    SUM ( '순위'[점수] ),
    ALL ( '순위' ),
    '순위'[번호] <= EARLIER( '순위'[번호]))
```

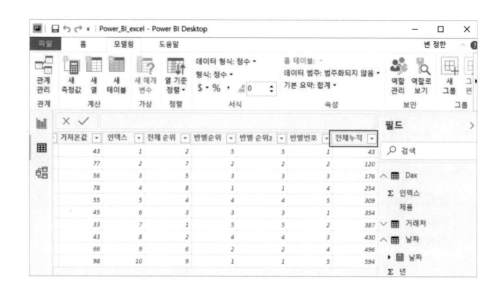

6. 쿼리 [순위] : 반별 누적 계산

반별누적 = CALCULATE(SUM('순위'[점수]),
    FILTER('순위',
    '순위'[인덱스] <= EARLIER('순위'[인덱스])
        && '순위'[반]=EARLIER('순위'[반])))

7. 쿼리 [순위] : 이전 점수 계산

이전값 =
IF(ISBLANK(LOOKUPVALUE('순위'[전체누적],'순위'[인덱스],'순위'[인덱스]-1)),0,LOOKUP
VALUE('순위'[전체누적],'순위'[번호],'순위'[번호]-1))

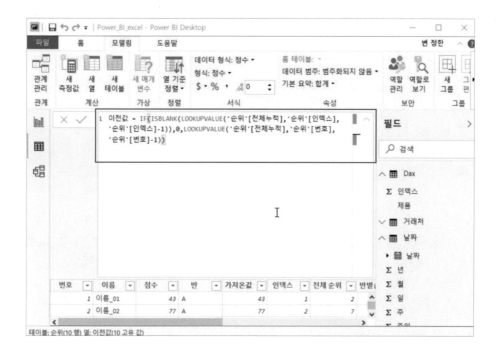

8. 쿼리 [순위] : 이후 점수 계산

이후값 =
IF(ISBLANK(LOOKUPVALUE('순위'[전체누적],'순위'[인덱스],'순위'[인덱스]+1)),0,LOOKUP
VALUE('순위'[전체누적],'순위'[번호],'순위'[번호]+1))

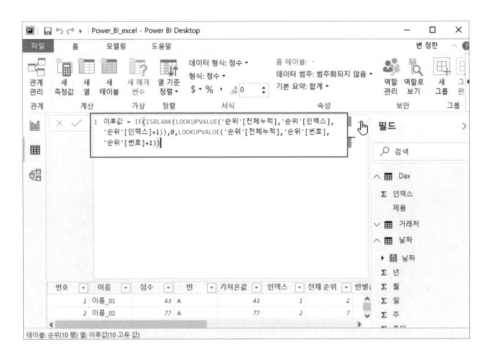

지금까지 파워 쿼리에서 작성된 Dax 응용 함수를 학습하였다.
다음 장에는 파워 BI 시각화 예제 중심으로 파워 메뉴를 자세히 학습한다.

제7장
파워 BI 메뉴 및 시각화

7.1. 파워 BI의 메뉴

시각화 학습자는 누구인가?

실무 경험이 없다면, 업무의 이해도가 낮아 파워 BI로 시각화 차트를 작성하는데 어려움이 있다. 그렇다고 해서 전문적인 시각화 개체는 아니더라도 일반적인 시각화를 학습하는데 파워 BI 만큼 빨리 습득할 수 있는 것도 없다.

앞으로 예제 중심으로 메뉴를 자세히 소개하며, 중복된 내용은 최대한 줄여서 설명하고자 한다.

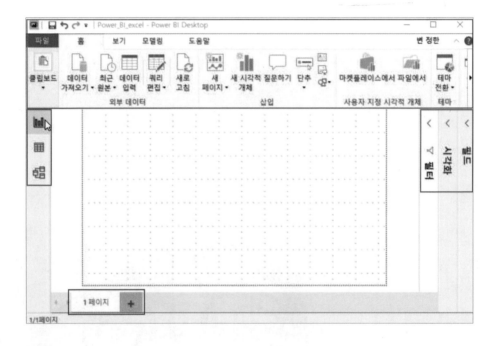

파워 BI는

상단, 리본 메뉴 [파일], [홈], [보기], [모델링], [도움말]로 구성되어 있다.

중간, 좌측에는 [보고서], [데이터], [모델] 아이콘이 위치해 있다.

중간, 우측에는 [필터], [시각화], [필드] 패널 구성되어 있다.

아래는, 보고서의 페이지를 "+" 아이콘으로 추가/삭제할 수가 있다.

먼저 메뉴부터 단계별로 알아보자.

1. [파일] 메뉴

[파일] 메뉴는 옵션 이외에는 대부분 다른 MS 프로그램 메뉴 구성과 비슷하다.

[저장] 및 [다른 이름으로 저장] 등은 MS의 많은 제품에서 사용되며, [PDF 변환] 등과 같은 새로운 개념까지 모두 설명하다 보면, 내용만 늘어질 수가 있어, 처음 파워 BI를 접하는 유저 위주로 기본 메뉴만 설명한다.

먼저 파워 BI [파일] – [옵션] 부문에서 중요한 내용만 소개한다.

처음 옵션을 열었을 때, 엑셀 옵션과 비슷할 것이라고 생각할 것이다. 예상 외로 MS Office의 구성과는 매우 다르다는 것을 느낄 것이다. 옵션을 몇 번 읽다 보면, 그러나 별 차이가 없음을 알 것이다.

따라서 처음부터 옵션 왼쪽 탭 창에 [데이터]부터 [보고서] 설정까지 기능이 있지만, 몇 가지 중요한 것만 다루고 넘어가고자 한다.

파워 쿼리 작성하기 전에 [레이아웃], [데이터 미리보기] 및 [매개 변수], [수식]이 기본적으로 체크되어 있으며, [파워 쿼리]가 파워 BI 학습하는 데 많은 도움을 준다. 특히 [R 스크립트]는 [통계분석] 시각화에 유용한 도구로 사용되는 [스크립트]를 옵션에서 추가 입력/선택해서 사용하는 부문으로 전문가의 영역이라 생략하고 넘어가도록 한다. 외국의 사례를 보면, 이외 [Matlab] 통계 분석과 연결해서도 전문적인 통계 계량 모델링 작업결과를 시각화 데이터베이스로 연결할 수 있다.

[Python 스크립트]는 자바로 작성되어 전문적인 데이터베이스 시각화 작성할 때 사용된다.

[보안] 창을 보면 데이터 승인에 대한 보안을 강화한 것을 확인할 수가 있다. 각 보안 등급을 통해서 데이터 시각화 데이터를 컨트롤하고자 하는데 목적이 있으며, 이 부분도 개발자 영역이므로 일단 넘어가고자 한다.

국가별 설정: 파워 BI는 다 국어 버전으로 설치 후에도 국가 언어별로 메뉴를 변경할 수 있다.

이외 [현재 파일] 그룹이 있는데 [데이터 로드]하는 방법부터 [자동복구]까지 다양한 기능을 지원하고 있다. 해당 옵션을 시각화 차트의 목적에 맞추어서 적절하게 변경해서 사용할 것을 권하며, 옵션 부문은 학습 목적에 맞추어 필요에 따라 수정해 가면서 배울 것을 권한다. 처음부터 모든 내용 학습 단계로 진행하다 보면, 파워 BI 학습에 실증이 날 수가 있으며, 각자의 목적에 맞추어서 시각화 차트를 학습하면서 기능 문제를 해결하거나 옵션을 찾아 변경해주는 학습 방법을 권한다. 파워 BI의 수많은 기능을 외울 수도 없거니와 수년간 지속적인 업그레이드되는 관계로, 메뉴 또한 계속 변할 것으로 예상되며, 자신의 목적에 맞추어서 옵션을 찾아서 학습한다.

2. [홈] 메뉴의 [삽입] 그룹

4장에서 [데이터 가져오기] 및 [데이터 입력], [쿼리 편집]을 자세히 소개를 하였다.

① 새로 고침
쿼리편집의 [새로 고침]과 파워 BI의 [새로 고침]은 다르다. 쿼리 편집의 새로 고침은 쿼리 원본 기준의 [새로 고침]이며, 파워 BI의 [새로 고침]은 파워 쿼리 기준의 [새로 고침]이 된다.
[새로 고침]을 클릭하면, 전체 [쿼리편집]이 [새로 고침]되어, [쿼리편집]에서 최신 쿼리로 갱신되며, 경우에 따라서는 [쿼리편집]에서 데이터 연결을 새롭게 해줘야 해주는 경우도 있다.

특히, 쿼리의 [데이터 가져오기]의 레코드의 량이 많다면, 처리속도가 늘어진다. 매번 [새로 고침]을 하는데 많은 시간이 소요되는 것을 감안하여 파워 BI로 시각화 차트로 작성할 쿼리를 지정하거나 적정 [새로 고침] 데이터양을 사전에 수준을 결정한다. 파워 BI에서 엑셀 데이터를 가져와서 시각화 데이터로 사용하려면 적정 데이터 행의 수를 지정하여 [새로 고침]을 해야 할 것이다. 만약 100만 행의 데이터를 읽어 온다면, 시각화 데이터 처리속도에 많은 시간이 소요될 것이다. 따라서 파워 BI에 적정 데이터 결과값만 가져와서 시각화 한다. 특히 모든 원본 데이터를 가져오는 것 보다 요약된 [쿼리/뷰어]의 데이터 쿼리를 가지고 시각화 차트로 만든다.

시각화 차트의 목적에 맞추어서 데이터의 행의 개수까지 검증한 후에 사전 데이터 처리를 한다.

② [새 페이지]

아래 새로운 페이지 보고서가 추가되며, [페이지 복사하기]는 선택된 보고서를 동일한 내용으로 새로운 페이지로 복제된다.

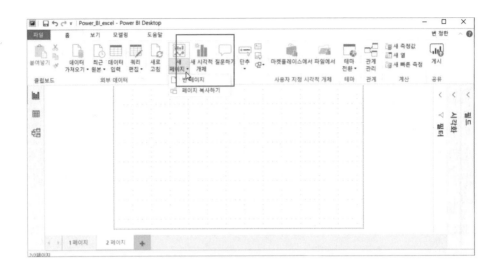

③ [새 시각적 개체]

[새 시각적 개체]는 우측 [시각화] - [개체]가 보고서 본문에 추가된다.

파워 BI의 메인이라 할 수 있는 시각화 [개체]는 나중에 자세히 소개할 것이다.

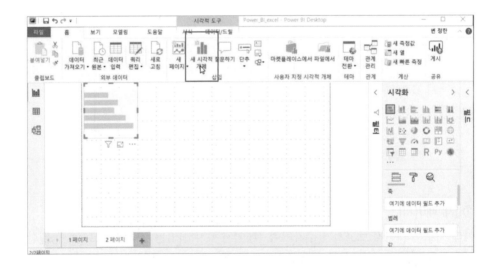

④ [단추]

[단추]는 대시보드 페이지의 화면 이동 버튼으로 사용한다. 예제와 같이 보고서가 [1페이지], [2페이지], [3페이지]가 있는 데 현재 선택된 보고서 [2페이지]라고 한다.

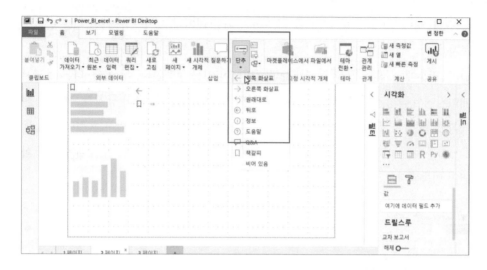

특정 페이지로 이동하는 이동 버튼을 만들어보자. 먼저 각 페이지를 책갈피 이름으로 지정하기 위해서 상단 리본메뉴 [보기] – [책갈피]를 체크하면 우측 중간에 책갈피 패널 선택하는 리스트가 보여진다.

먼저 [1페이지]를 선택한다. 이후 리본메뉴 [보기] – [책갈피] 창을 선택하고 개체 [책갈피]의 [체크]를 클릭한다. 현재 선택된 페이지에서 책갈피 이름 "책갈피1"라고 지정한다. 현재 페이지 책갈피 이름은 "책갈피 1"이라고 인식이 된다.

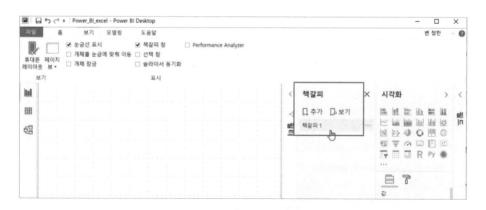

Tip

책갈피를 만드는 이유는 버튼을 클릭해서 해당 페이지로 이동하기 위함이다. 따라서 책갈피 이름을 [생산, 금융, 평가] 등과 같이 페이지 이름으로 지정하면 이해하기 쉽다.

[책갈피] 창에서 이름 "책갈피1"을 클릭하면 해당 페이지로 이동하는 [단추]를 만들어 보자.

먼저, 리본메뉴 [홈] - [단추] - [책갈피]/[빈페이지]를 선택한다. 두 번째, 다른 보고서 페이지에서 작성된 [책갈피]를 마우스로 선택한 후에 우측 [시각화] 창에서 [작업]을 선택하고 "책갈피"를 선택한다. 실행 방법은 책갈피 이름을 단순 클릭하는 것이 아니라, Ctrl키를 누른 상태에서 "책갈피1"을 클릭하는 것이다. 그러면 보고서 [1페이지]로 화면이 이동된다.

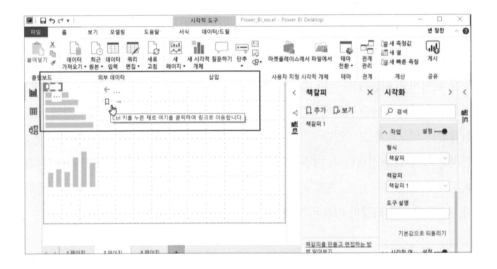

이외 버튼 기본 유형으로 "↑, ←, →" 등 다양한 기능 [버튼] 유형을 만들 수가 있다. 이외에도 텍스트를 추가할 수 있는 [테스트 상자], 이미지를 추가하는 [이미지], "사각형, 타원, 선, 삼각형, 화살표"의 [세이프]가 있다.

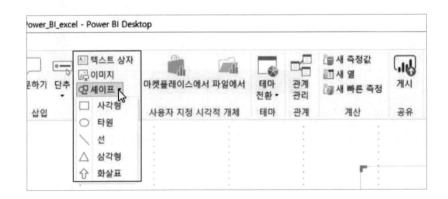

기타로 [사용자 지정 시각적 개체]에서는 [마켓 플레이스에서], [파일에서]로 구분되어
[시각적 개체]를 다른 웹 사이트 및 개발된 파일을 참조해서 새롭게 등록해서 사용할 수
도 있다.

[테마] – [테마전환]은 [기본값, 도시공원, 전기, 고대비, 최종 테마 갤러리] 등에서 해당
페이지의 색상을 다양하게 변경한다. 혹은 테마 가져오기의 테마 갤러리 웹 사이트를
통해서 다운로드해서 사용한다.

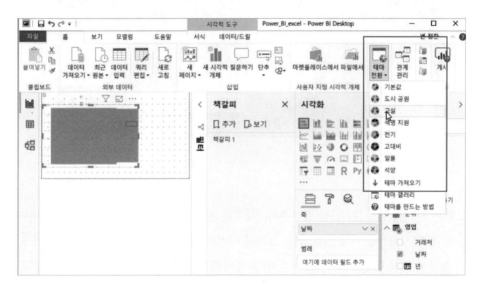

[모델] 그룹에서 [관계관리]는 모델의 관계설정을 한다. 모든 테이블/쿼리는 관계형 데
이터베이스로 구성되어 있다. 데이터베이스의 관계형을 얼마나 이해하냐에 따라서 파
워 BI의 시각화 차트 확장 능력 여부가 결정된다.

Tip

관계형 모델을 이해하기 위해서 파워 BI의 관계를 설정하기 보다는 MS SQL에
서 테이블 및 쿼리의 관계 설정 학습을 권한다. 데이터를 작성하는데 개발 작업
의 50% 이상이 관계 설정이라 할 수 있다. 복잡한 관계 설정은 처음부터 어렵지
만, 예제로 작성된 테이블/쿼리 관계를 잘 이해하면, 복잡한 쿼리도 쉽게 작성할
수가 있을 것이다. 되도록 모든 관계 설정은 서버 등과 같은 원본에서 처리하고,
파워 BI에서는 시각화 차트에 맞추어서 연결해 주는 관계로만 학습한다.

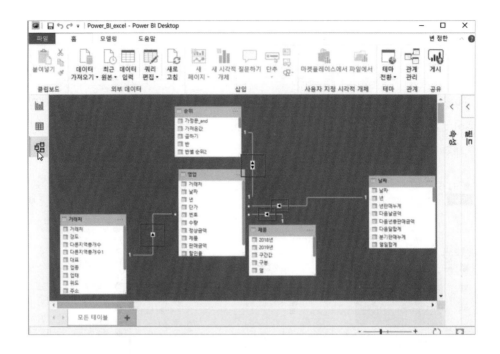

모델은 테이블 연결 [관계]를 보여주며, [새로운 관계] 관리를 만들거나, 자동 검색하여
동일한 필드 이름을 자동 연결한다. 그러나 이름이 다르다면 잘못된 연결이 될 수가 있
기 때문에 항상 연결을 확인하고 [관계]를 수정해줘야 한다. [관계 관리]에서 활성화된
쿼리를 더블 클릭해서 쿼리 [영업] - [제품]간 [관계]를 편집할 수 있다. 그리고 [관계]를
삭제/편집할 수 있다.

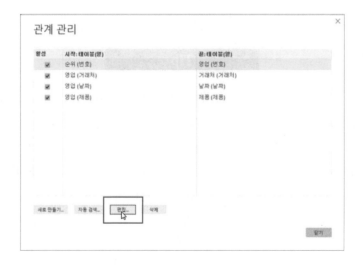

[관계편집]은 테이블 [영업], 필드 [제품]과 테이블 [제품]의 필드 [제품]과 연결된 상태를 보여주며, 변경하는 방법은 각 필드를 마우스로 선택하면 각 쿼리간 선택된 필드로 연결된다.

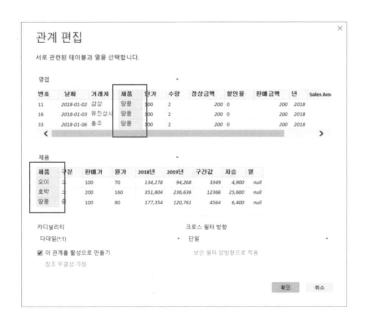

[계산] 그룹은 [새 측정], [새 열], [새 빠른 측정]으로 구성되어 있다. 이 부분은 시각화 데이터 개체를 설명할 때 자세히 소개할 것이며, 특히 [새 열]은 Dax 함수로 설명하였다. [새 측정]은 보고서상에 계산된 요약 값으로 [평균, 합계, 분산] 등과 같이 요약 계산 Dax 함수로 작성한다.

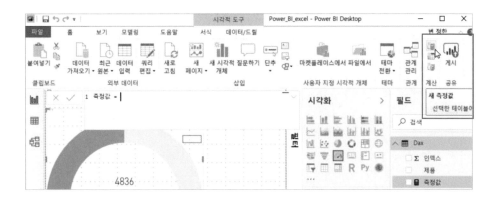

[새 열]은 데이터에 Dax 함수로 추가하는 것으로 앞에서 설명하였다.

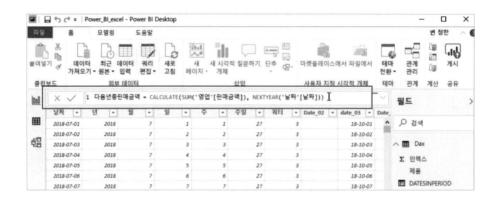

[새 빠른 측정]은 함수식의 다양한 계산 방식을 선택한다.

다양한 파워 BI 시각화를 사용하다 보면 자주 작성하는 것이 요약 평균, 합계, 개수 등을 계산하는 것인데, 매번 Dax 함수로 수동 작성하는 것이 아니라 엑셀 마법사 기능처럼 다양한 예시를 [빠른 측정]처럼 선택 조합하여 사용할 수 있는 기능이다.

오른쪽 필드 창에서 [기준 값] 및 [범주]를 마우스 드래그앤 드롭 방식으로 선택한다.

작성된 Dax 계산식을 복사하여 편집해서 새로운 Dax 계산 함수로 사용한다.

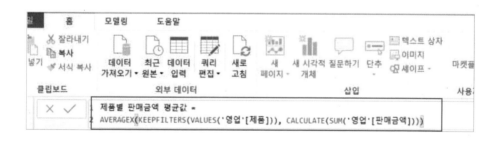

이외 리본 메뉴의 [게시]는 앞에서 설명했으며, 웹 게시 서비스를 설명할 때 다시 소개할 것이다.

⑤ [시각적 도구] 상황 메뉴

보고서 시각화 [개체]를 선택하면, 리본 메뉴 오른쪽에 [시각적 도구]에 [서식], [데이터/드릴] 메뉴가 나타난다.

[상호 작용] 그룹에는 시각적 [개체]간 서로 선택하여 반응하는 [상호 작용 편집]이 있다. 파워 BI에서 시각화 [데이터 상호 작용]은 매우 중요하다. 시각화 A 개체를 선택하면 시각화 [B, C, D, E] 개체가 반응하도록 하는데 사용하며, 경우에 따라서 A 개체를 선택하면 [B, C, D] 개체만 반응할 때 사용한다. 다음 예와 같이 파이 그림 개체를 선택하고 [시각적 상황 탭]에서 [상호 작용을 편집] 선택한다.

페이지 시각화 개체가 좌측에는 파이, 오른쪽에는 꺾은선 그래프가 있다고 해보자. 왼쪽 개체 파이의 일부 내용을 선택하면, 오른쪽 꺾은선 그래프도 반응을 하도록 한다. 기본적으로 각 시각화 개체간 상호 작용이 되도록 기본적으로 체크되어 있지만 수정 편집해서 사용할 수 있다.

한번 편집해 보자! 왼쪽 시각화 파이 개체를 디자인 선택하고, 리본메뉴 [서식 상황] 탭에서 [상호 작용 편집]을 선택한다.

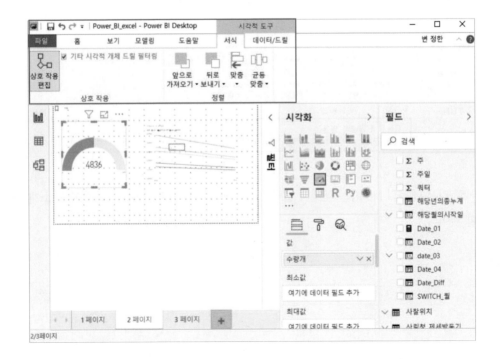

파이 개체를 기준으로, 우측 시각화 [꺾은선 차트]를 선택하고, 그림처럼 우측 상단에 "없음"을 체크하면 서로 상호 작용하지 않아서 상호작용이 중지된다. 즉 체크 유무에 따라 시각화 개체가 상호 작용 유무를 지정한다.

다시 상호 작용을 지정하려면, "없음" 좌측에서 필터를 선택하면 [상호작용]이 다시 적용된다. 모든 시각화 개체 간의 [상호작용]을 컨트롤 제어할 수가 있다. [상호작용]은 뒤에서도 예제에서 자세히 설명한다.

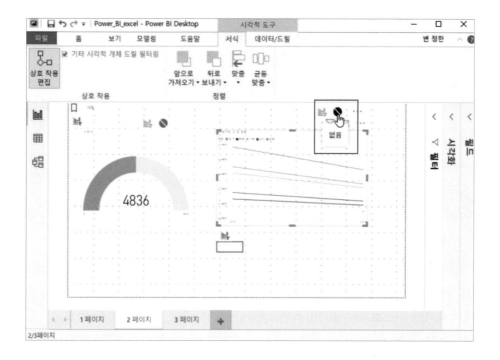

이외 기능으로, [앞으로 가져오기] 및 [뒤로 보내기]는 겹치는 개체 순서를 정렬 기능은 웹 레이아웃의 기능처럼 시각화 [개체]를 정확하게 행렬로 맞출 때 사용한다. 특히 [왼쪽 맞춤]부터 시작하여 [아래쪽 맞춤]이 가능하며, 균등 맞춤으로 [가로], [세로] 맞춤이 가능하다.

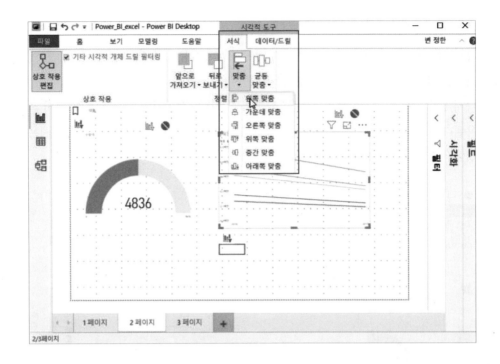

앞/뒤 혹은 정렬 맞춤은 시각화 데이터베이스화를 하는데 중요하며, 되도록 마우스 클릭 이동 맞춤보다는 [균등/정렬 맞춤, 레이아웃] 기능을 사용할 것을 권한다.

[데이터 드릴] 상황 탭에 대해서 살펴보자. 예를 들어 날짜의 계층 구성이 [년/월/일] 형태의 각 계층 구조로 되어 있다고 하자. 날짜만 선택한 후에, [년]의 데이터를 보고자 할 때는 [다음 수준 표시], [다음 수준 확장], 다시 월의 데이터를 보고자 할 때 [다음 수준 표시]를 클릭하여 세부 데이터 날짜별로 데이터를 확인할 수 있다. 만약 이런 기능이 없다면, 시각화 계층 날짜 [년/월/일]의 시각화 데이터를 모두 개별적으로 만들어야 하는 번거로움이 있게 된다. 이 기능은 필드 [날짜] 하나로 계층구조로 통합하여 보여주는데 의미가 있다. 그리고 [드릴업/다운]은 상/하위 계층 구조 이동을 표시한다.

이와 같은 필드 [날짜] 유형이 제일 많이 사용되며, 유사한 적용 대상은 제품을 '대/중/소' 분류로 만들 때, 혹은 우편번호를 '시/군/구'로 할 때에도 사용된다. 일반적으로 데이터를 필터링하기 위해서 조건부 필드의 필터링을 모두 작성해야 하겠지만, 파워 BI는 필드의 계층구조의 [데이터 드릴] 기능으로 [다음/수준/확장], [드릴 업/다운] 로드를 이용해서 통합된 필드로 시각화 차트를 상호 분석하는데 많은 도움이 된다.

3. [보기] 메뉴

① 보기

파워 BI 서비스를 이용하여 앱에 게시를 하려면, [스마트 폰]에 맞추어서 데이터를 시각화 하는 것이 필요하다. 각 보고서 별로 휴대폰 레이아웃을 이용하여 적정한 위치로 레이아웃을 만든다.

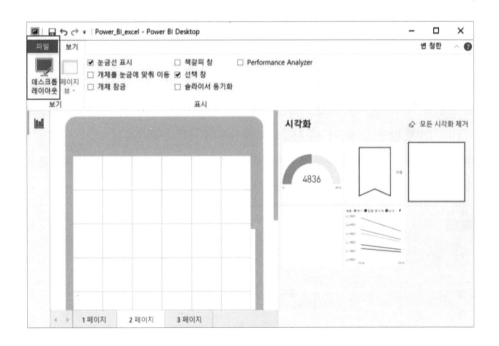

앞에서 작성된 것은 인터넷 웹 기반에서 보여지는 화면이다. 800×600과 같이 선택할 수가 있다. 그러나 핸드폰은 시각화 차트를 한 화면에서 보기가 어렵다. 따라서 각 시각화 개체를 스마트폰에 맞추어서 각 보고서 페이지를 새롭게 레이아웃에 맞추어 디자인할 수가 있다.

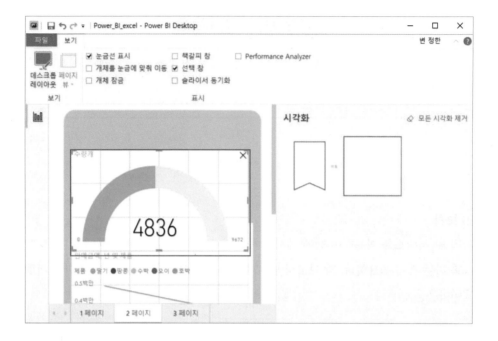

② 표시

[눈금선 표시]는 보고서에 가로 및 세로 눈금을 보여주는 기능이다. [개체를 눈금에 맞춰 이동]을 체크하면, 마우스로 드래그할 때 눈금선에 자동으로 맞춰 시각화 개체가 배치된다. [개체 잠금]을 체크하면 시각화 개체를 이동시키지 못한다.

[책갈피] 창을 체크하면 앞에서 소개한 우측에 책갈피 패널이 표시되어 책갈피 작업을 할 수가 있다.

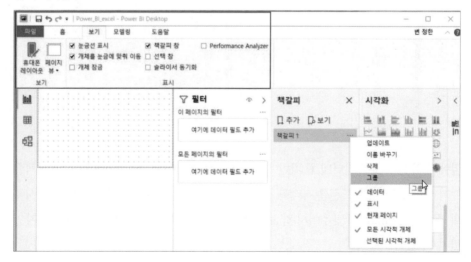

[책갈피]는 해당 보고서로 이동할 때 사용하며, 이름변경 및 표시, 모든 시각적 개체 등으로 사용할 수가 있다. [책갈피]를 좌측 Shift/Ctrl를 선택 클릭 그룹화하여 [책갈피] 리스트를 그룹화할 수도 있다.

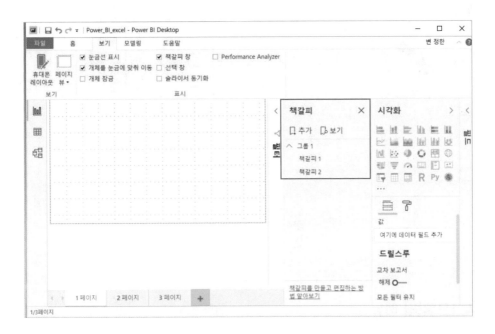

[선택 창]은 선택된 보고서 내의 시각화 개체 이름 리스트를 보여준다. 각 개체들의 레이어 순서를 오름/내림으로 지정할 수 있으며, 특정 시각화 개체 [숨기기]를 체크함으로써 해당 개체가 보고서에서 안보이도록 설정할 수 있다.

각 페이지의 개체들을 동기화 설정하는 것이 [슬라이서] 기능이다. [슬라이서]를 선택해서 날짜 혹은 년도, 제품과 같이 그룹을 만든 후에 연결된 모든 보고서와 동기화를 하고자 할 때는 [슬라이서 동기화]를 체크하면, 전체 보고서의 시각화 개체까지 동기화된다. [슬라이서 동기화] 리스트에 페이지의 동기화/동기화 중지를 체크함으로써 선택된 보고서만 [슬라이서 동기화]를 한다.

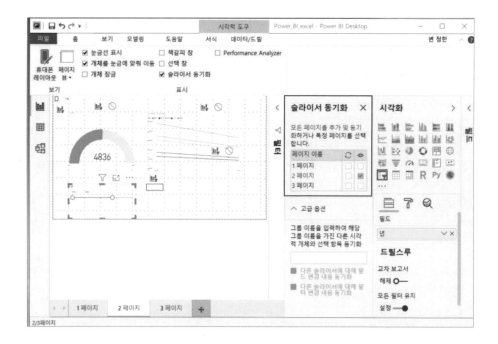

4. [모델링] 메뉴

관계 그룹 [관계 관리]는 모델링을 편집한다.

① 보안

[보안] 그룹에는 [역할관리]/[역할로 보기]가 있다.

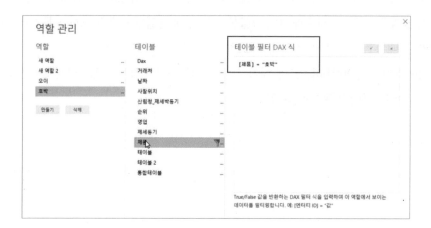

이 기능은 파워 BI 서비스를 이용하여 게시자간 공유를 하는데, 특정 공유자는 제품 "오이"만 보도록 하고 혹은 다른 특정 공유자는 제품 "호박"만 보이도록 할 때 사용한다.

게시 공유자간 구분해서 [역할관리]를 설정할 수 있다. 오이 그룹과 호박 그룹을 파워 BI 웹 서비스에서 공유자 이메일을 지정하면, 조건부 데이터만 필터링 공유 그룹을 지정할 수가 있으며, 이 부분은 웹 검색을 하면 자세히 나와 있어 생략한다.

[그룹]은 [새 그룹]/[그룹 편집]으로 구분된다. 쿼리의 열 [날짜]를 별도의 테이블로 만들고자 한다면 쿼리 [날짜]를 선택한 후에 [새 그룹]을 클릭한다. 날짜를 2개월 당 새로운 그룹으로 필드를 저장한다.

결과값은 1월~2월 일 데이터는 2018년1월이라고 데이터가 추가되며, 3월~4월은 2018년 3월이라고 표시가 된다. 즉, 데이터가 2개월로 나눠서 분할해서 새로운 필드 그룹으로 통합되어 추가된다.

[달력] 그룹의 [날짜 테이블로 표시]를 클릭하면, 해당 데이터 테이블이 날짜 테이블로 작성된다.

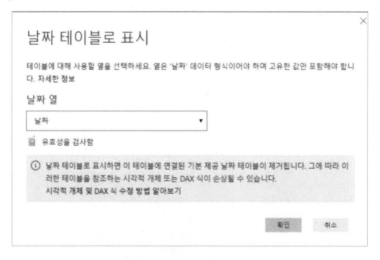

지금까지 간략하게 파워 BI의 메뉴를 학습하였다.

Tip

[날짜 테이블로 표시] 기능을 사용할 때 [기본값으로 지정]하면, 해당 데이터 쿼리의 열 필드의 모두 데이터는 삭제되고, 저장된 [날짜 타입] 형식으로만 저장된다.

5. 메인 메뉴

좌측 첫 번째에 위치한 [보고서]를 클릭하면 우측으로 시각화 기본 패널인 [필터], [시 각화], [필드]가 나타난다.

좌측 두 번째로 [데이터]는 우측 [필드] 패널로만 구성되어 보여준다.

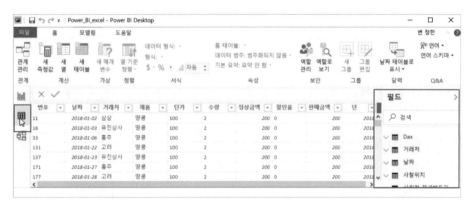

좌측 세 번째로 [모델]은 관계형 구성으로 [속성] 및 [필드] 패턴으로 구성되어 있다.

각 [메인 메뉴] 선택에 따라 상단 [리본 메뉴]와 우측 [메뉴 패널] 구성이 모두 달라지는 것을 확인할 수가 있다.

① 필터

첫 번째 줄의 [필터]를 클릭하면 감추어지며, 오른쪽 눈모양을 클릭하면 필터 기능을 중지/가능 여부를 선택할 수가 있으며, "〉"하면 필터 메뉴가 숨겨지며, "〈"하면 [필터] 메뉴가 나타난다.

[이 시각적 개체의 필터]는 해당 보고서 [거래처]와 같이 모든 보고서에 필터링 되며, 마우스로 거래처를 선택했을 때 거래처 옆의 열쇠 잠금 아이콘은 거래처를 수정하지 못하게 하며, 눈 모양 아이콘은 [필터 숨기기]가 된다.

[이 페이지의 필터]는 해당 보고에서만 필터가 되는 [필드]를 연속 순으로 추가할 수 있다. 그리고 필드 순으로 [날짜], [제품] 등과 같이 추가할 수 있다.

날짜 필터 형식에서 [고급 필터링]을 선택하면, 날짜, 시/분을 선택할 수 있다.

만약에 필터링 형식 [상대 날짜 필터링]을 선택하면, 다음 값 일 경우 항목 표시로 [지난], [일] 및 [오늘 포함] 체크 여부를 할 수가 있다.

필터링 패널은 2가지로 나눠진다. 하나는, 선택된 현재 보고서에만 적용되는 필터링이고, 다른 하나는 전체 보고서에 적용되는 필터링으로 구분된다. 이들의 선택에 따라 조건 필터링 된다는 것만 이해를 하면 된다.

Tip

대부분의 데이터를 필터링 조건이 필수적이지만, 조건 필터링 없이 시각화에서 [슬라이서]나 [상호작용]을 통해서 조건부 검색 필터링을 만든다.

---

② 시각화

파워 BI를 학습한다고 하는 것은 "시각화"를 말하는 것으로 해석할 정도로 제일 중요한 부문이다.

세부 메뉴는 나중에 학습하고 시각화 메뉴 구성 정도만 학습한다.

먼저 맨 위에는 시각화 차트를 만드는 아이콘들이 30여 종류가 제공되며, 사용자 정의를 통해서 새롭게 시각화 개체를 가져오기/다운로드 및 만들어서 사용할 수가 있다.

시각화 개체는 기능상 [필드], [서식], [분석]으로 구분된다. [필드]는 테이블/쿼리 열의 [필드]를 선택해서 [값]을 선택/입력하는 화면이다. 선택된 필드의 값에 따라서 시각화 차트로 보여준다.

시각화 [서식]은 보여지는 차트를 시각화하는 디자인 작업 창으로, 레이블부터 제목까지 다양한 디자인 서식을 작성할 수 있는데 시각화 개체에 따라 [서식]이 다르다. 시각화 [분석]은 쿼리의 시각화 [필드]의 차트를 분석하는 도구 옵션이다.

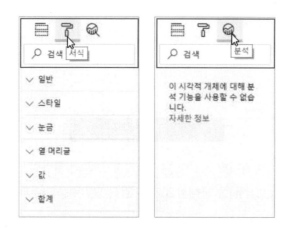

데이터 시각화를 위해 시각화 개체로 데이터 표현도 좋지만, 선택된 개체를 잘 포장하는 시각화 차트로 디자인 서식 작업도 중요하다. 즉, 삼박자 [필드] 구성, [서식] 에디터, [분석]이 잘 통합되어야 좋은 결과를 얻을 수 있다.

③ 필드
[필드]는 쿼리의 열 이름(필드)뿐 아니라, 필드 개체 그룹 및 Dax로 작성된 함수 필드까지 보여준다. [필드]는 시각화 데이터를 위한 쿼리 유형의 [필드] 집합이라 할 수 있다. 보고서에서 선택된 필드는 "노란색"으로 체크되어 어떠한 시각화 개체에 참조 참조되는지 알 수 있다. 보고서 페이지의 시각 [게이지] 개체를 선택하면, 우측 [필드]에는 선택된 필드 리스트가 테이블/쿼리 순으로 적용 유무에 따라 노란색 체크로 확인한다.

7.2. 파워 BI 시각화

파워 BI의 화면 구성은 다시 소개하면 다음과 같다.

① 좌측에 위치한 세 아이콘은 [보고서] 패널, [데이터] 패널, [모형] 패널 아이콘이다.

② 중간 시각화 개체를 입력하는 것은 페이지 혹은 보고서 본문/메인이라고 할 수 있다.

③ 우측 [필터] 패널, [시각화] 패널, [필드] 패널이라고 한다.

④ 맨 아래는 시각화 페이지를 추가/삭제한다.

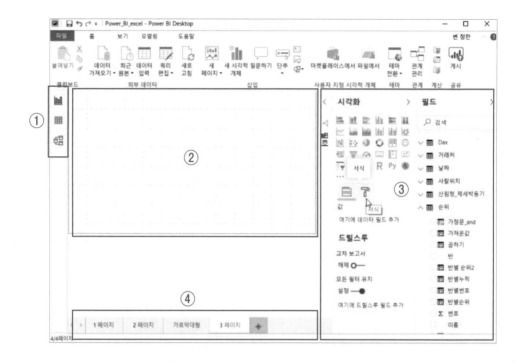

보고서 메인 화면에 시각화 개체를 추가하는 과정은 다음과 같다.

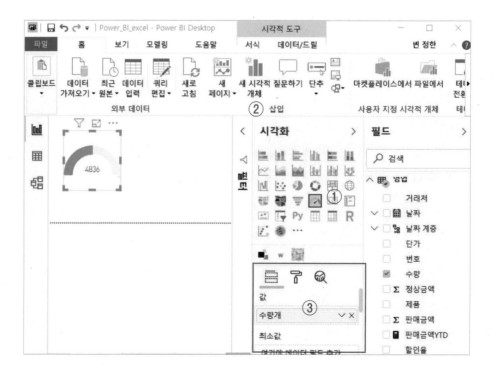

① [보고서] 우측 패널의 [시각화] 개체를 선택한다.

② 선택한 시각화 개체를 마우스로 클릭하거나 메뉴 [홈] – [삽입] – [새 시각적 개체]를 클릭한다.

③ [필드] 패널에서 필드를 선택 체크 혹은 마우스 드래그 앤 드롭으로 [필드] 값을 입력한다.

시각화 차트의 [필드], [서식], [분석] 옵션은 다음과 같다.

① 시각화 [필드]는 시각화 데이터를 선택 추가할 수 있으며, [축], [범례], [값], [도구설명]으로 구성, [드릴스루] 그룹은 [교차 보고서], [모든 필터 유지]를 해지하거나 선택할 수 있다.

② [서식]은 시각화의 디자인을 수정할 수가 있으며, 제목, 배경, 가로/세로 배율, 일반, 테두리, 도구설명, 시각적 머리글 등 디자인한다.

③ [분석]은 데이터의 시각화 유형에 따라서 다양한 분석을 할 수가 있다. 즉 [필드]의 값을 분석하기 위해서 다양한 상수 등을 지정한다.

시각화 개체 아래에는 ①번은 시각화 [필드], ②번은 시각화 [서식], ③번은 시각화 [분석]으로 구성되어 있다.

1. 시각화 개체 구성

① 시각화 [필드]는 [값] 및 [드릴스루]로 구성되어 있다. [드릴스루]는 뒤에 자세히 소개한다.

② 시각화 [서식]은 [페이지 정보, 페이지 크기, 배경, 맞춤, 화면, 창, 카드] 등 지정한다.

③ 시각화 [분석]은 시각화 개체에 따라 데이터를 분석할 수 있는 추세 및 상수 선을 표시할 때 사용하며, 뒤에 예제로 자세히 소개하였다.

중요한 것은 시각화 개체를 선택함에 따라서 시각화 [필드], [서식], [분석]이 모두 다르다는 것이다. 시각화 개체 [가로형 막대]를 선택하면 [필드] 목록에는 [축, 범례, 값, 도구설명] 등이 보이지만, [게이지]를 선택하면 [필드] 목록에는 [값, 최소값, 대상 값] 등과 같이 다르게 나타날 뿐만 아니라 서식 및 분석까지 모든 시각화 개체마다 다른 속성으로 되어 있다. 각 보고서 페이지의 이름을 변경할 수가 있다.

이제부터 시각화 개체 [필드]부터 학습을 시작한다. 시각화 [필드] – [도구 설명]은 매우 유용한 도구로 차트의 내용을 자세히 설명하기 위해서 시각화 차트와 연관된 필드를 [도구 설명]에 추가한다. 차트 막대/선 등을 마우스 좌표 값을 선택하면, 차트 [도구모음]에 지정된 다양한 필드 값들이 시각화 데이터로 나타난다.

[도구 설명]에 추가된 필드는 시각화 개체의 필드를 설명한 행으로 [도구 설명]은 차트 위에서 마우스로 시각화 개체 차트 선이나 막대를 선택하면 해당 좌표 값의 기준으로 필드 값을 보여주며, 팝업 창으로 기본 필드뿐 아니라 [도구 설명]에 추가된 필드 [이름] 및 [점수], [순위]를 보여준다.

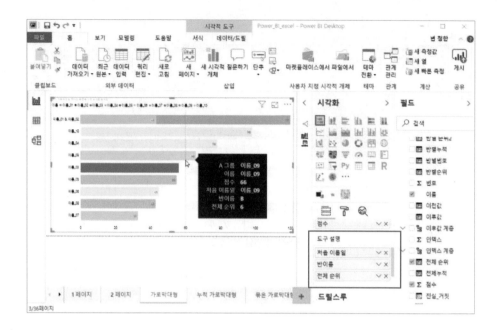

서식 [페이지 크기] 형식은 보고서 크기를 지정한다. "16:9, 4:3, Letter, 도구 설명, 사용자 지정" 등이 있다. [서식] – [페이지형식] – [도구 설명]은 차트의 선이나 막대를 선택하면, 다른 페이지에 게시된 시각화 차트가 팝업 창으로 데이터 값에 맞추어서 표시된다.

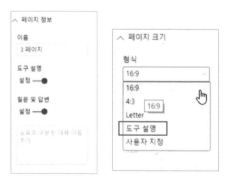

예제 생산관리에서 자세히 소개한다.

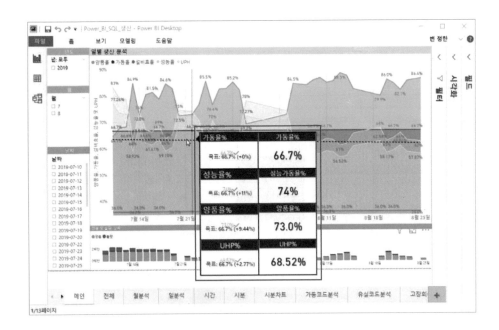

서식 [페이지 배경]은 보고서의 배경 [색], 투명도 %, 이미지를 수정한다. 서식 [페이지 맞춤] 위쪽, 중간을 선택한다. 서식 [배경 화면]은 배경 색 및 투명도, 혹은 이미지를 추가한다.

서식[필터 창]은 차트의 배경 색, 투명도, 글꼴, 제목 텍스트 크기를 지정한다.

서식[필터 카드]는 차트의 형식, 배경색, 투명도, 테두리, 글꼴, 텍스트 크기 등을 설정한다.

Tip

시각화 보고서 [서식]에 대해서 학습하였다. 그러나 한번에 시각화 개체의 [필드], [서식], [분석]을 완벽한 이해가 안될 것이며, 예제 중심으로 반복 학습할 것을 권한다.

[시각화] 패널에 있는 [가로 막대형 차트] 개체부터 학습을 시작한다.

2. 시각화 차트

① 가로 막대형 차트

먼저, "+" 클릭해서 새로운 보고서를 만든다.

두 번째, 시각화 [가로 막대형 차트] 개체를 클릭한 후에 시각화 개체 크기를 상하/좌우로 조정한다.

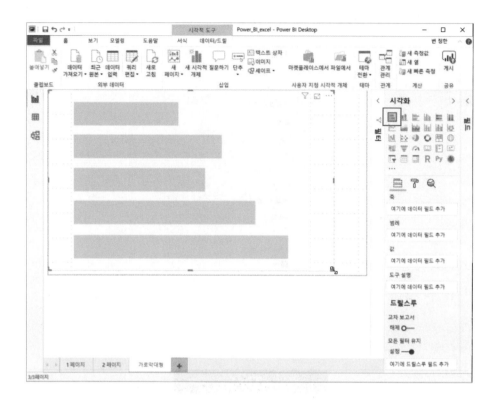

예제 테이블/쿼리 [순위] 그룹의 필드를 시각화 개체로 설명한다.

① 시각화 [필드]

시각화 [필드]에는 축, 범례, 값, 도구 설명 및 [드릴스루]를 설정한다.

- [축] : 필드 [이름],
- [범례] : 차트의 좌측 상단 리스트 [이름]
- [값] : 필드 [점수]를 선택 추가한다.

시각화 [필드]에 다른 필드를 추가하려면 필드를 마우스로 선택한 후에 필드 좌측 체크
박스를 체크하거나 혹은 마우스로 서식화 [필드] 값을 드래그 앤 드롭으로 끌어서 시각
화 필드로 추가하면 된다. 선택된 필드 패널의 [순위] – [필드] 이름은 노란색으로 체크
박스를 선택한다.

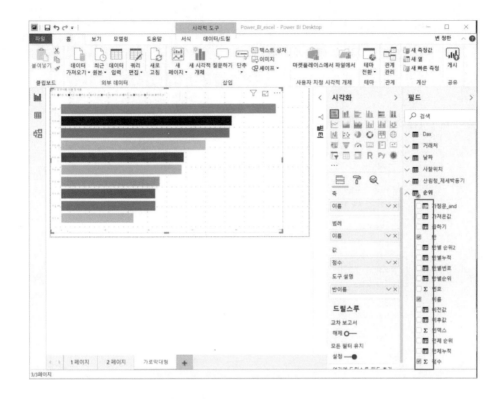

Tip

시각화 개체의 각 필드를 선택한 후에 마우스로 필드 패널에서 필드를 체크하여
추가하는 것이 편한지, 혹은 필드 패널에서 마우스 드래그 앤 드롭으로 시각화
[필드]로 추가하는 것이 편한지는 각자 판단에 따라서 사용하겠지만, 체크보다
는 실수가 적은 드래그 앤 드롭을 권한다.

시각화 [필드]의 축 [이름]의 속성은 다음과 같다.
[축]에서 필드 [이름]을 마우스 오른쪽 클릭하면 나타나
는 메뉴는 다음과 같다.

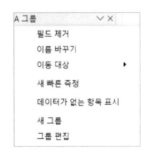

  - 필드제거 : 필드 [이름]을 삭제
  - 이름 바꾸기 : 필드 [이름]을 변경
  - 이동 대상 : [도구설명], [범례], [값]으로 이동
  - 새 빠른 측정 : 값을 계산하는 다양한 새로운 Dax 함수

- 데이터가 없는 항목표시 : 데이터 없는 항목으로 표시
- 새 그룹 : 필드 [이름]을 새롭게 그룹화
- 그룹 편집 : 작성된 필드 [이름]의 새로운 그룹을 편집

특히 축 [이름]을 여러 필드를 [새 그룹]으로 묶어서 시각화 차트를 만든다.

[새 그룹] 이름 "A & B"가 하나의 차트로 그룹화 차트 데이터로 변경된다.

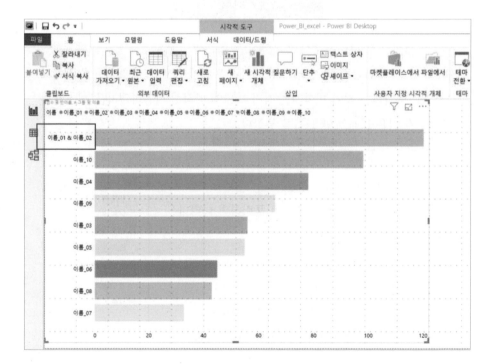

시각화 [범례]의 필드 [이름]을 마우스 오른쪽 클릭한다. [필드 제거, 이름 바꾸기, 이동대상, 새 바른 측정, 데이터가 없는 항목표시] 등 변경한다. 범례를 하나의 [새 그룹] 작성 방법은 앞에 설명한 [축]과 같다.

시각화 [필드]의 [값]의 필드 [점수]를 마우스 우측 클릭하면, 필드 제거, 이름 바꾸기 등을 한다. 값에 대해서 [합계, 평균, 최소값, 최대값, 개수, 표준편차, 분산, 중앙값, 다음 값 계산에는 값 없음 및 총합계의 100%] 등으로 구성되어 있다.

값을 "총합계의 백분율" 계산하면, 필드의 전체 값 데이터를 100% 기준으로 각 필드 [이름]별 % 비중 %를 보여준다. 시각화 차트 [서식]의 구성은 [일반, 범례, Y축, X축, 시각적 머리글] 등까지 구성되어 있다.

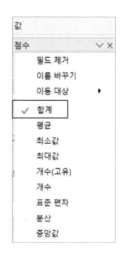

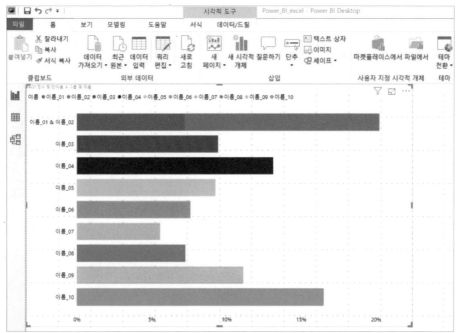

[도구 설명]의 필드 [반]을 마우스 오른쪽 클릭한다. [필드
제거, 이름 바꾸기, 필드 위치 변경하는 이동 대상, 첫 번
째 데이터만 표시할지 마지막, 개수(고유), 개수, 새 빠른
측정] 등 설정한다.

필터 창에 대해서 학습한다.

모든 필터 설정 "예"는 페이지별 [필터]의 시각적 개체의
필터, 페이지 필터, 다른 페이지 기능을 유지한다. 필터 창
이름의 오른쪽 눈 모양은 [필터 창] 숨기기 여부를 결정한
다. 각 패턴 창에 있는 ")" 숨기기, "⟨" 보이기 하며, 특히
필터의 눈모양은 필터 창 숨기기를 할 수 있다.

Tip
경험상, 특별한 상황이 아니라면 필터 창은 손댈 필 요가 없으며, 시각화 데이터를 선택하면 자동으로 생성되기 때문에 수정할 것이 없다.

특히 선택 차트의 속성 창에서 필터 마크는 앞에서 소개한 것과 같이 다른 차트와의 [상
호 작용]과 같이 될 연결되어 필터링 될 때, 차트 데이터가 필터링 된다.

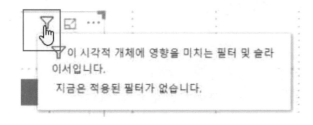

선택된 차트에서 상단 오른쪽 중간에 [포커스 모드]를 클릭하면, 즉 선택된 바 중심으로 데이터가 표현되며, 선택된 바 색상만 진하고, 나머지 바 색상은 흐릿하다. 필드 필터에서 다양한 정보를 확인할 수가 있으며, 선택된 차트만 시각화 분석이 가능하다. 원위치로 가려면 "〈보고서로 돌아가기"를 클릭한다.

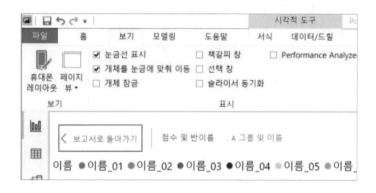

선택된 차트의 우측 상단의 추가 옵션 […]에서 데이터를 내보내기 : 데이터 CSV로 저장을 선택하여 필터링된 데이터를 파일로 저장할 수 있다.

차트를 삭제할 수도 있으며, [스포트라이트]에서 차트 내의 특정 차트 바를 선택하면, 선택된 바만 음영을 설정하여 다른 내용과 구분되게 할 수 있다.

내림/오름차순으로 정렬하는 기능이 제공되고, 새로운 정렬 기준을 설정하여 참조된 필드 기준으로 차트 축을 정렬할 수 있다. [정렬 기준]에서 월을 숫자 타입으로 만들어서 정렬할 수가 있다. 시각적으로 보이는 것은 영문 알파벳으로 정렬되지만, 실제 월의 숫자 타입을 선택해서 오름/내림차순으로 정렬한다.

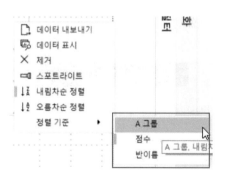

② 시각화 [서식]

시각화 [서식]은 디자인을 속성을 변경하는 기능이다. 서식은 [일반]부터 [시각적 머리글]까지 구성되어 있지만, 서식화 개체에 따라서 약간씩 다른 서식으로 표시된다.

서식 [일반]을 보면, [반응형, X위치, Y위치, 높이, 대체 텍스트]로 구성되어 있다. 반응형을 설정하면 각 차트 간의 반응을 해서 [상호 작용] 차트 변화를 확인할 수 있다. 그리고 각 시각화 개체를 [X, Y 좌표 시작 위치 설정, 너비] 등을 지정할 수 있다.

[범례]에서는 위치(위쪽, 아래쪽, 왼쪽, 오른쪽 등), 범례 이름, 색상, 글꼴, 텍스트 크기를 지정한다. 범례로 지정된 필드의 위치 및 이름 등을 변경할 수도 있으며, 범례의 배경색 및 크기 등을 지정할 수 있다.

[Y축]은 행의 데이터로 왼쪽, 색, 텍스트 크기, 글꼴, 최소 범주 너비, 최대 크기 %, 안쪽 여백 %를 변경한다.

Tip

무수한 서식 기능들이 있는데 하나씩 학습한다는 것은 매우 어렵다. 따라서 학습의 목적에 맞추어서 개별 서식을 수정하는 방향으로 학습을 권한다. 처음에는 이런 기능들이 있구나 정도만 학습하고, 나중에 생각날 때, 집중적으로 찾아서 해당 부문만 학습할 것을 권한다.

[데이터 색]은 각 차트 범례 필드의 데이터 색을 개별적으로 지정한다.

[데이터 레이어]는 표시 값의 색, 표시단위, 소수자리 수, 레이어 위치, 텍스트 크기 등 설정한다.

[그림 영역]에서 그림의 투명도 및 이미지를 첨부하면 배경색에 이미지를 추가할 수 있다.

[제목]에는 제목 텍스트를 수정, 자동 줄 바꿈, 글꼴 색, 배경색, 맞춤, 테스트 크기를 설정한다.

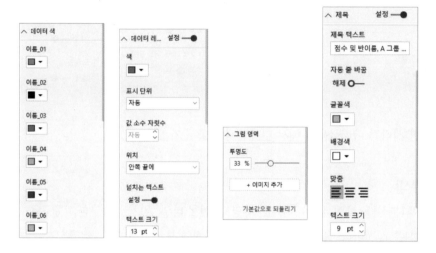

[배경]에는 배경 색 및 투명도 %를 설정한다.

[테두리]에는 테두리 색 및 반지름을 설정한다.

[도구 설명]에는 형식, 페이지, 레이블 색상, 값 색, 텍스트 크기, 텍스트 크기 등을 설정한다.

[시각적 머리글]은 배경색, 테두리, 투명도, 아이콘 색상, 드릴다운 아이콘 등을 지정한다.

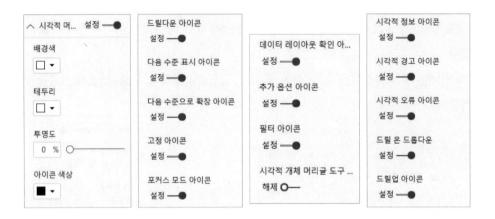

다양한 시각적 머리글을 통해서 디자인 수정할 수가 있다.

③ [분석]

시각화 [분석]을 보면, [상수 선, 값, 투명도, 선 스타일, 위치, 레이블]을 설정한다. [분석] 부분은 시각화 개체의 분석 목적이라 할 수가 있다. 데이터를 시각화 수준을 넘어서, 데이터 패턴을 분석할 수 있다.

[상수선1]이 값 60에 표시된 차트다. 뒤쪽 차트에 보면, 상수선 뿐 아니라, 추세선 등을 소개할 때 자세히 소개한다.

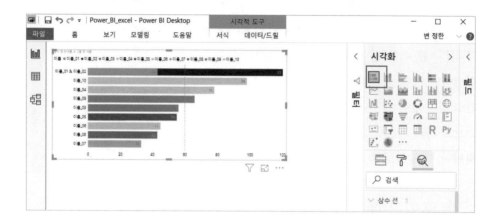

2. 누적 가로 막대형

앞에서 작성된 차트를 복사해서 [누적 가로 막대형]으로 변경한다. 보고서를 복사해서 다른 보고서에 붙여넣기 해서 시각화 개체를 [누적 가로 막대형]으로 변경하거나 다른 보고서에 시각화 개체만 복사해서 [누적 가로 막대형]시각화 개체로 변경한다.

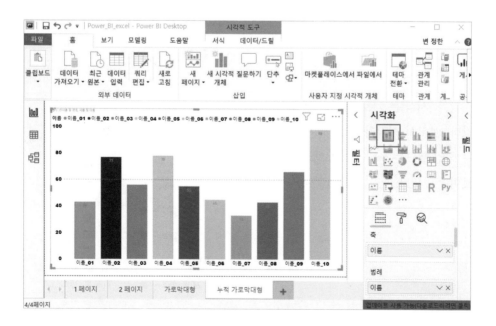

엑셀 중급 유저라면, 막대 차트를 보면, 별다른 어려움 없이 차트를 만들 수가 있다. 그런데 시각화 [필드]를 보면 [도구설명]에서 [순위] – [번호]를 추가한다. 왜 [도구설명]에 필드를 추가할까? 필드 [번호] 순으로 정렬하고자 하기 때문이다. 앞에서 소개한 영문 알파벳으로 월을 정렬하면 안 되는 것과 마찬가지라 할 수 있다.

만약 정렬 없이 해당 데이터를 정렬하고자 한다면, 기본적으로 범례 기준으로 좌측부터 높은 [점수] 순으로 정렬된다. 범례 가로 축 좌부터 이름_01, 이름_02 순서에 맞추어서 정렬하기 위해 필드 [번호]를 추가하고 정렬 순서를 [번호] 지정한다.

필드 [순서]에 맞추어서 정렬하는 방법을 학습한다. 먼저 선택된 차트 상단을 보면 추가 옵션[…] 클릭, 정렬 기준을 필드 [번호]를 오름차순으로 선택한다. 그러면 데이터가 [순위] – [번호] 순으로 정렬되어 차트가 작성된다.

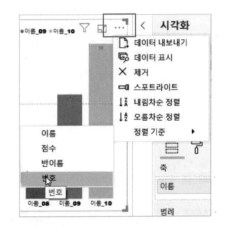

시각화 [서식]은 가로 막대형 차트와 같다. 보고서 시각화 개체 차트에 사용 중인 필드는 노란색으로 체크되어 보여주고 있다.

시각화 [분석]은 [가로 막대형 차트]와
같다.

상수선을 하나 더 [+추가] 클릭하고 값을 "80"이라고 지정
한다. 이름을 상한/하한이라고 해서 추가한 것을 확인할 수
있으며, "+" 클릭해서 상수선을 여러 개 추가할 수가
있다.

상한 80과 하한 60을 지정하면 차트는 다음과 같다.

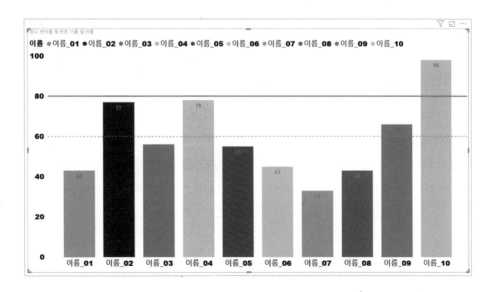

좌측 상단의 "←" 화살표를 Ctrl키를 누른 채 클릭하면 이전 보고서로 이동한다.

만약에 작성된 Dax 함수를 확인/수정하고자 한다면, 테이블로 가서 수정할 필요 없이, 바로 필드 [패턴]에서 Dax 함수로 작성된 필드 [이름]을 선택하고 함수식을 편집한다. 예로 [필드] 차에서 [순위] - [가정문_and]를 클릭하면 Dax 함수가 표시된다.

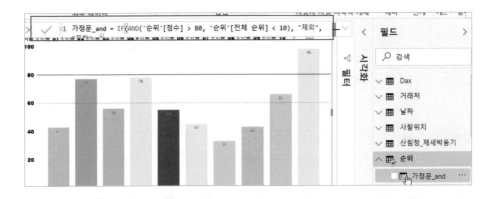

3. 묶은 가로 막대형

[묶은 가로 막대형] 차트는 데이터를 가로로 묶어서 보여준다. 다른 범례 그룹으로 만들어서, A/B반으로 선택해서 그룹 차트로 보여준다. 좌측 상단의 범례 필드 [반] "A, B"에서 원하는 반을 클릭하면 해당 반의 차트 내용만 보여준다. 축 [이름]에서 [반]으로 변경해 보자. 어떻게 변하는지 확인한다. 그러면, A/B 가로로 2개 막대 차트만 보인다.

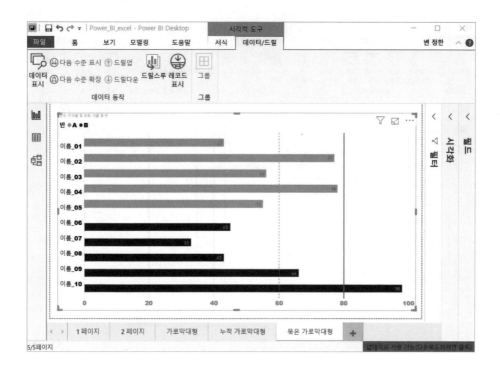

범례에 필드 [반]으로 설정한다.

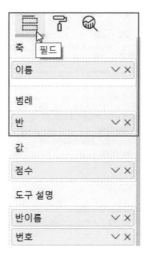

시각화 [서식]에서 데이터의 색을 변경해 보자. [서식] – [데이터 색]에서 반 "A"를 노란색, 반 "B"를 하늘색으로 변경해 보자.

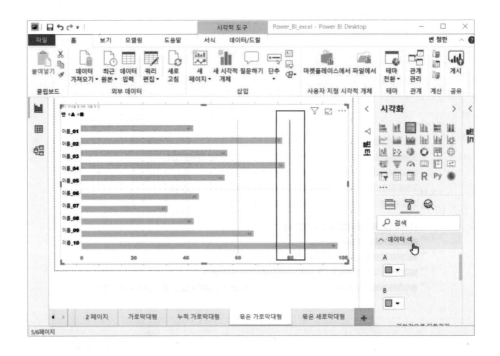

차트 배경색에 "태극기.JPG", 투명도를 80%로 만들어 보자.

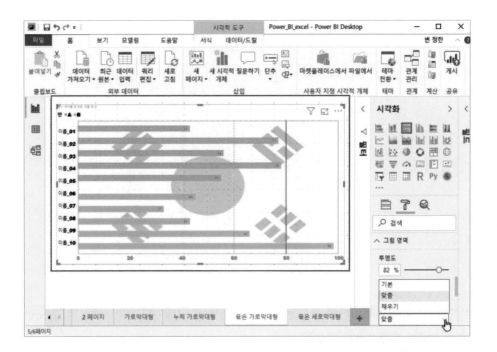

맞춤에는 '기본: 사진 원본 상태로 가져오기', '맞춤: 바 차트 그림만 채우기', '채우기: 전체 차트 영역 맞춤'이 가능하다. 차트 좌측 상단의 제목 크기를 15pt, 제목을 "반별 성적 현황", 제목 색상을 변경해 보자

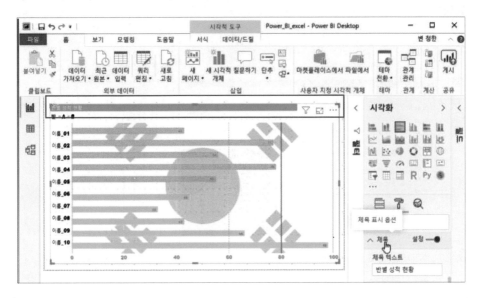

테두리 색상, 사각 모서리 등 곡선으로 만들어 보자. 반지름 30을 지정해 본다.

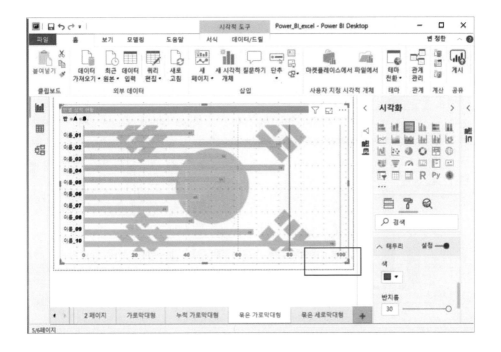

[서식] - [도구모음 색상]은 기본 검은색 레이블 색상으로 글자 색을 지정할 수 있다. 글자 크기만 15로 변경해 보자.

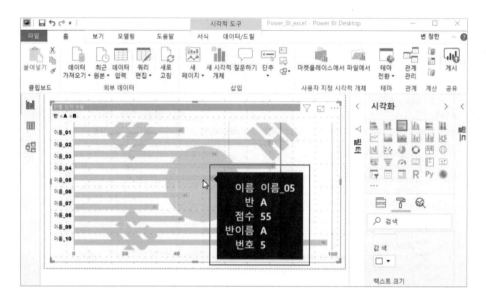

4. 묶은 세로 막대형

[묶은 가로 막대형] 보고서를 복사해서 만든 후에 [가로 막대형] 시트를 선택한 후에 시각화에서 [꺾은 세로 막대형] 차트를 선택하면, 해당 차트로 변경된다.

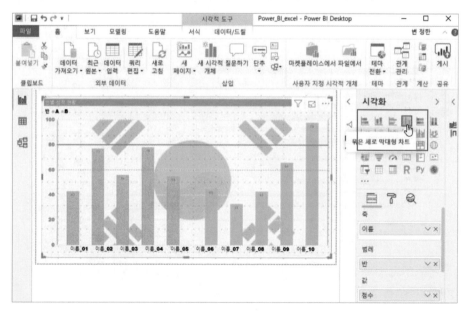

5. 100% 누적 가로 막대형

각 그룹 데이터를 100% 보고 퍼센트로 데이터 분석할 때 사용한다. 마우스로 선택된 도구설명 "반: B /이름: 이름_08/전체 누적의 비중 %"가 보여 진다. 개체 필드를 다음과 같이 설정한다.

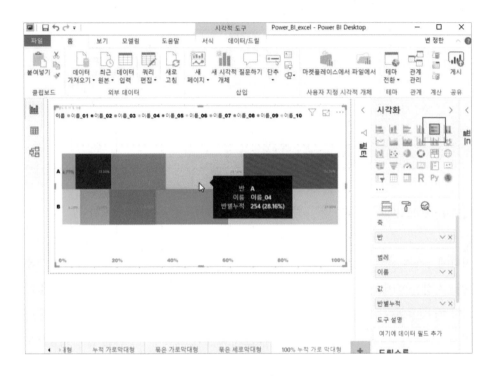

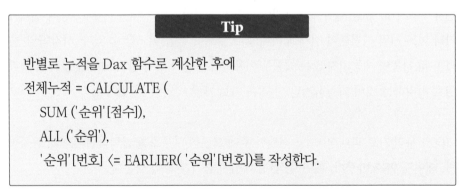

Tip
반별로 누적을 Dax 함수로 계산한 후에
전체누적 = CALCULATE (
SUM ('순위'[점수]),
ALL ('순위'),
'순위'[번호] <= EARLIER('순위'[번호])를 작성한다.

각 개별적 점수가 반별 내에 몇 % 차지하고 있는지를 확인한다.

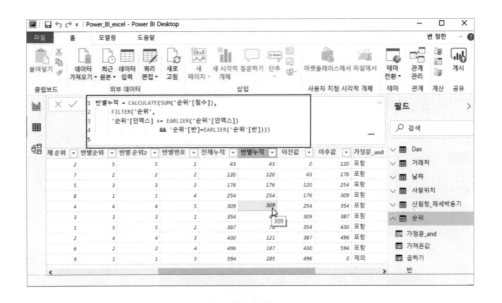

[순위] – [필드]에서는 '축: 반', '범례: 이름', '값: 점수' 등을 선택 입력한다.

어디에다가 누적 % 차트를 사용하는가? 누적 차트는 프로젝트 달성 혹은 제품을 그룹으로 지정한 후에 전체 그룹 중 차지하는 비중(%)을 볼 때, 혹은 프로젝트 진척률을 계산할 때 사용한다. 위에서 필드 [반]을 진척률로 봐도 될 것이다. [슬라이서]를 이용하여 날짜 구간을 지정하고, 차트를 상호 작용 누적 % 차트로 작성한다면 전체 비중으로 기간별 변화 추이를 분석할 수 있다.

전체 면적 100 % 중 얼마 혹은 1지역, 2지역, 3지역, ~~ 구역을 나누고, 공사 진척에 따라 어느 지역 진척률이 전체에 비해 좋다 나쁘다 등을 비교할 수 있다. 시각화의 [슬라이서] 기능이 제공되지 않는 엑셀을 이용한다면 날짜 및 구간의 데이터 입력 값을 배열로 처리하는 것이 가능하지만, 어려운 차트 개발 작업이 될 것이다.

"100% 누적 가로 막대형" 탭을 선택한 후에 오른쪽 마우스를 클릭하면 페이지 복사하기, 페이지 이름 바꾸기, 페이지 삭제, 페이지 숨기기 등이 나온다.

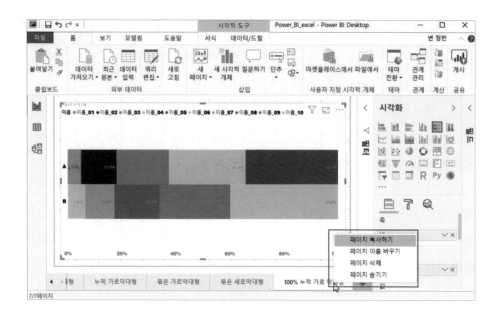

[페이지 복사하기]를 선택한 후에 복사본을 "100% 누적 세로 막대형"으로 변경한다.
복사본에서 차트를 선택한 후, 시각화 탭 창에서 "100% 누적 세로 막대형"을 선택
한다.

6. 100% 누적 세로 막대형

앞에 설명한 "100% 누적 가로 막대형"과 같다.

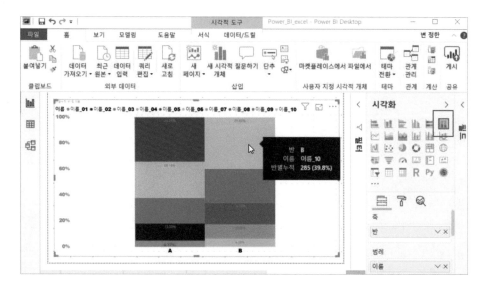

7. 꺾은 선형 차트

꺾은 선형 차트의 장점은 다음과 같다.

① 꺾은선형 차트는 개별 데이터 값을 나타내는 표식이 없다.

② 꺾은선형 차트는 시간의 흐름이나 일정 간격의 항목에 따른 추세를 표시한다.

③ 데이터 요소가 많고 데이터 요소를 표시하는 순서가 중요한 경우에 적합하다.

④ 항목이 많거나 값이 추정값인 경우에는 표식이 없는 꺾은선형 차트를 사용한다.

[꺾은선형 차트]는 선으로 구성된 차트, 타임 연속 데이터를 분석할 때 많이 사용한다. 페이지 하단에 새롭게 페이지를 추가 "+"를 클릭한다. 페이지 이름을 "꺾은 선형 차트"를 지정한 후에 시각화 개체에서 "꺾은 선형 차트"를 클릭한다. 다음 그림처럼 보고서에 기본으로 빈 "꺾은 선형 차트"가 추가된다.

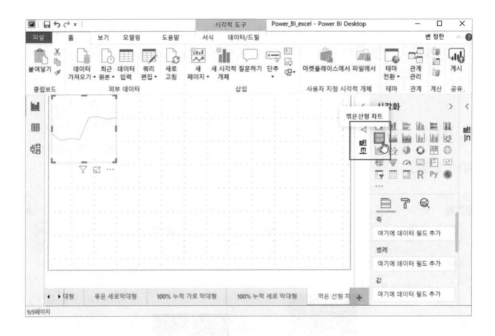

시각화 개체를 마우스 오른쪽 하단 꼭짓점으로 적정 크기로 조정한다.

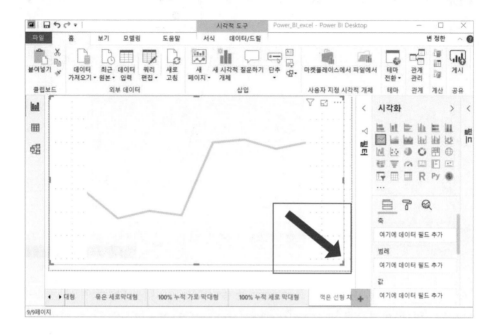

이번에는 필드 [영업] - [날짜]에 열로 Dax 함수를 이용하여 작성된 데이터를 이용하여 선형 차트를 만들어 보자. 필드 [영업] - [날짜] 계층을 클릭하면, 날짜는 [연도, 분기, 월, 일]로 계층이 만들어진다.

Tip
필드 [날짜]와 [날짜 계층]을 이해하기가 쉽지 않을 것이다. 날짜는 순수한 그 자체 필드지만, [날짜 계층] 그룹으로 지정하면, 날짜를 시각화 분석할 경우에 [년, 분기, 월, 일]로 각자 선택해서 분석할 있는 것이 파워 BI만의 기술이다.

다음 그림처럼 [드릴 모드] 켜짐 상태로 체크한다. 드릴다운/업으로 이동한 다음 "↓↓" 단추를 클릭하면, 년/분기/월/일 등 순차적으로 변경되어 데이터가 보여지는 것을 확인할 수가 있다.

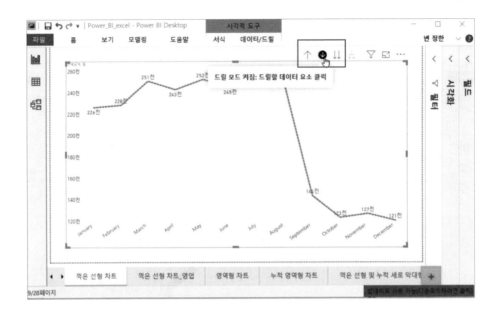

"계층 구조에서 한 수준 아래로 모두 확장"을 클릭하면 데이터가 확장되어 모두 보여
진다. 축 [년] 단위에서 한 번 클릭하면 계층 그룹별 [분기/월/일] 순차적으로 변경되어
확장되며, 드릴업을 하면 윗 단계로 이동한다. 이런 기능을 엑셀로 개발한다면, 개발
도 어려울 뿐 아니라, 각 차트로 년/월/일 별도로 개발해야 한다. 이와 같은 계층 구조
기능은 파워 BI의 장점이다.

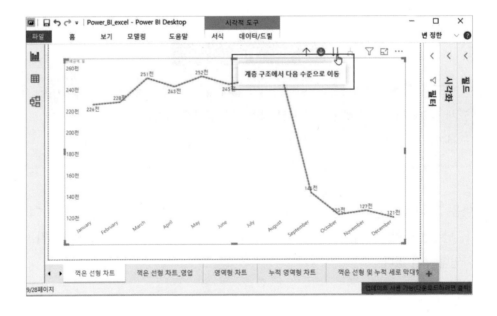

[필터]에서 축 [날짜 계층 구조]에서 "일"을 분석할 필요가 없다면, 계층 구조에서 일만 삭제해서 [연월/분기/월]만 분석할 수가 있다. 이와 같이 필드의 [계층 구조]는 편집이 가능하다.

선형 차트는 [서식] – [세이프]가 추가되어 있다. [스트로크 너비]는 선의 굵기, 그리고 [선 스타일]로 파선, 실선, 점선 등을 변경한다.

[날짜] – [일합계]는 데이터 [영업] – [판매금액]의 합계를 Dax 함수로 계산하였다. 값의 데이터를 [영업] – [판매금액]으로 변경해서 같은 결과값이 나오는지 확인한다.

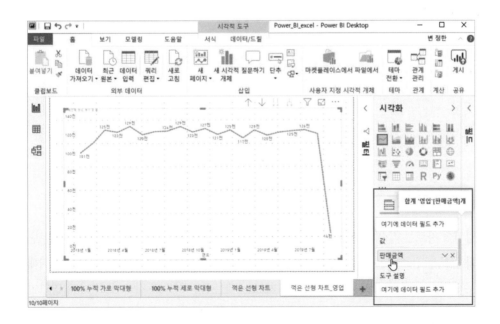

관계형으로 연결되어 있다면, 축은 [날짜] - [날짜], 값은 [영업] - [판매금액]을 입력해도 된다.

제품마다 판매금액 현황을 보기 위해서는 범례에 필드 [제품]을 입력한다. 제품별로 각 월별 판매금액 실적을 선형 차트로 보여준다.

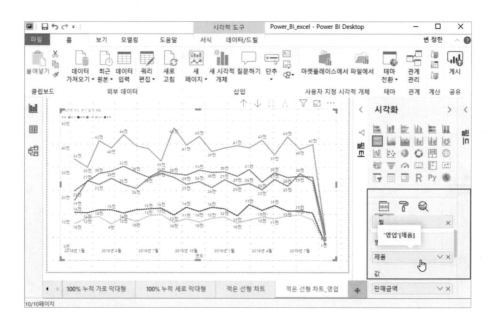

8. 영역형 차트

영역형 차트는 각 제품별 영역을 면적 높이로 표시한다. 영역형 차트는 시간에 따른 변화 규모를 강조하는 경우에 매우 유용하며, 전체에 대한 부분의 관계를 표시하기 위해 누적 영역형 차트도 사용한다. 영역형 차트는 꺾은선형 차트와 같으나 선 아래 영역이 색상 또는 패턴으로 채워진다.

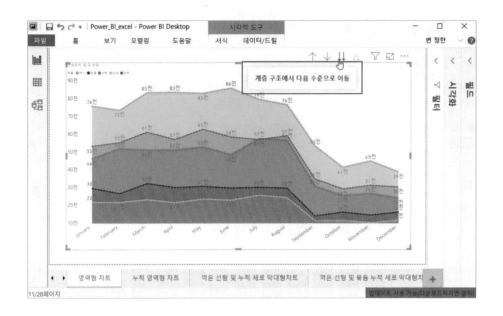

9. 누적 영역형 차트

누적 영역형 차트는 각 시점의 데이터를 모두 합계한 것이다. 범례에는 제품, 값의 영업 판매를 누계, 축은 날짜 기준으로 보여준다. 개별 데이터 값을 나타내는 표식이 있거나 없는 누적 꺾은선형 차트는 시간의 흐름이나 일정 간격의 항목에 따른 각 값의 기여도 추세를 표시한다.

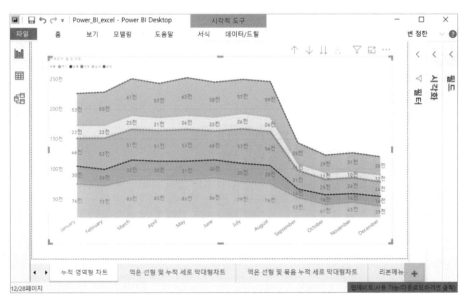

10. 꺾은 선형 및 누적 세로 막대형 차트

꺾은 선형 및 누적 세로 막대형 차트는 2개의 차트를 복합해서 보는 것이다. 다음 예는 날짜별로 제품별 막대 합계와 선형 판매금액을 복합 차트다.

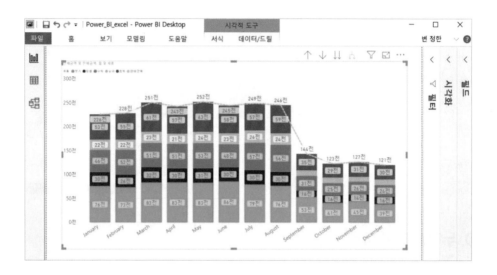

11. 꺾은 선형 및 묶음 세로 막대형 차트

열 계열은 삭제하고, 열 값에 [판매금액], 선형 값에 [판매금액]을 설정한 차트는 다음 과 같다.

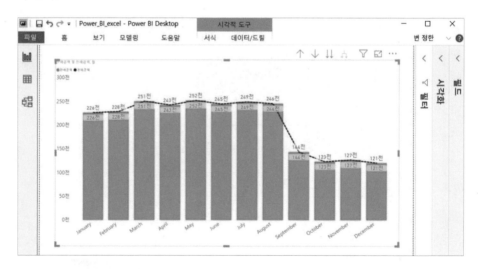

열 계열에 데이터 [제품]의 필드 [구분]을 입력한다.

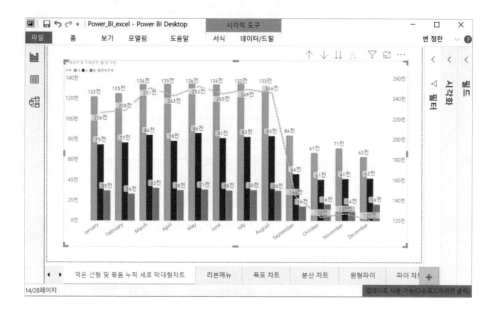

다음과 같이 시각화 필드를 지정한다. 축: [영업] – [날짜],
열 계열: [제품] – [구분], 열 값: [영업] – [판매금액], 꺾은선
형 값: [영업] – [판매금액] 등을 지정한다.

12. 리본 차트

리본 차트는 범례 [구분] 기준으로 리본형식으로 보여준다.
리본 차트를 사용하여 데이터를 시각화하고, 타입별 가장
높은 순위(가장 큰 값)를 가진 데이터 범주를 신속하게 검색
할 수 있다. 리본 차트는 각 기간에 가장 높은 범위(값)가
항상 위쪽에 표시되어 순위 변경 내용을 효과적으로 표시
한다.

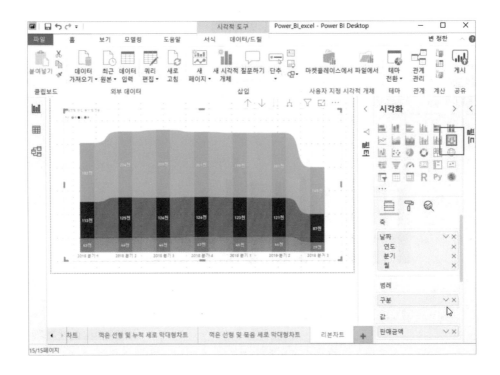

범례를 제품으로 변경한다. [서식] – [리본] 간격을 "5"로 지정한다.

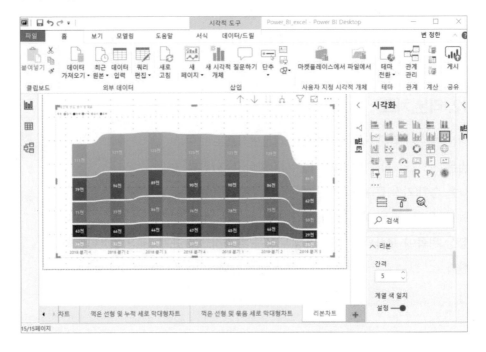

리본 차트의 서식 옵션을 통해 조정 작업을 수행할 수 있다. '간격'은 리본 간에 표시되는 공간을 조정하고, '계열 색 일치'는 계열 색과 리본 메뉴의 색을 지정하며, '투명도'는 기본값이 30 설정되어 있다. '테두리'는 리본의 위쪽 및 아래쪽에 배치할 수 있다.

13. 폭포 차트

폭포 차트는 파워 BI가 값을 더하거나 뺄 때의 누계를 보여주며, 각 값의 전후방, 양/음 증감 변화 어떻게 영향을 받는지 분석하는 차트다. 세로 막대는 색으로 증감 구분되는 것을 교량 차트라고도 하며, 시계열 또는 다른 범주에 걸쳐 측정값의 변화 분석, 회계상 계정 증감 분석, 월별 계정 잔고 증감 분석을 할 때 사용한다.

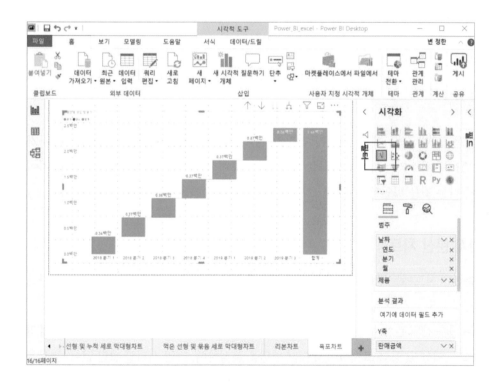

분석 결과에 필드 [영업] – [제품]을 입력하거나 혹은 [제품] – [구분]으로 변경해보면 제품 판매실적의 패턴을 시각적 확인이 가능하다.

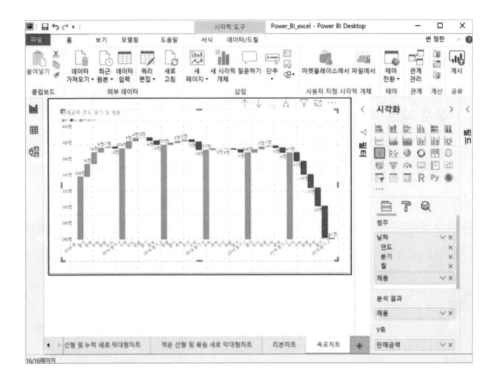

처음 [판매금액] 기준, 판매가 올라가다가 천천히 판매금액 낙차 폭이 유지되다가 2019년 감소되는 것을 확인할 수 있다. 전년 대비의 증감을 비교하더라도 시각적 차이가 나는 것을 확인할 수 있다.

14. 분산 차트

분산형 차트에는 항상 가로축을 따라 세로축의 다른 숫자 값 변화를 비교한다. 즉 차트에서 x 및 y 값의 교차점으로 만들어진다.

두 변수 간의 관계 분석, 얼마나 밀접한 관계가 있는지 등 선형 또는 비선형 추세, 클러스터, 이상 값 등을 표시하여 데이터 패턴을 분석하며, 타임 시리얼 관련 없이, 분산을 통해서 분석한다.

X 축 [영업] – [판매금액], Y축 [영업] – [정상금액]을 비교해 본다.

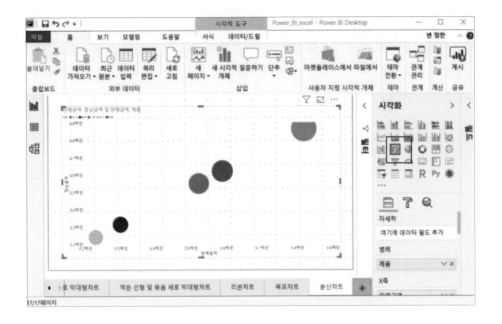

필드는 먼저 범례에서 제품을 지정하여 제품별 그룹 평가, X 축 판매금액, Y 축 정상금액 그리고 분산의 크기로 필드 [판매금액]을 지정한다. 그러면 분산 크기가 자동으로 비례해서 크기가 작성된다.

[서식] – [세이프]에서 버블 크기 및 표시 모양을 지정할 수 있다.

범주 레이블에서는 레이블 글자 색상 및 텍스트 크기를 지정할 수가 있다.

X축 상수선을 보면, 세로축을 500,000 지정, 투명도, 선 스타일, 위치 및 데이터 레이블, 값 표시 및 표시단위 등을 지정할 수 있다. Y축 상수선도 가로 축을 500,000 지정, 선 스타일 등 X 축 상수선과 설정이 같다.

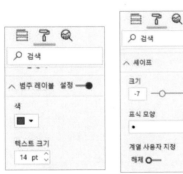

X 상수선과 같이 Y 상수 선 지정도 똑같다.

데이터 레이블 설정 색상 지정 및 텍스트 형식, 가로 위치, 세로 위치, 표시단위 등을 설정한다.

X, Y [상수 선] 지정 결과는 다음과 같다.

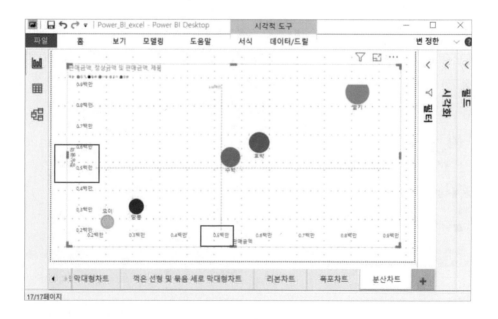

최소값 및 최대값을 다음과 같이 만든다.

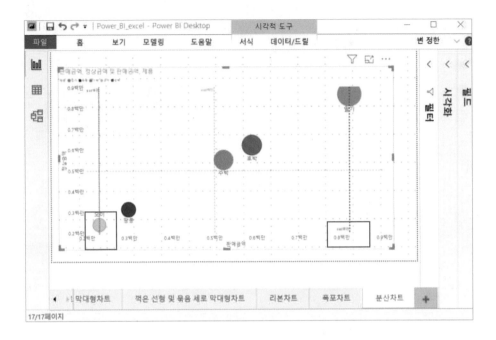

분석의 [최소]/[최대] 값 지정은 다음 그림의 왼쪽 2개와 같다. 분산에서 [평균 선], [중간 선]을 지정한다.

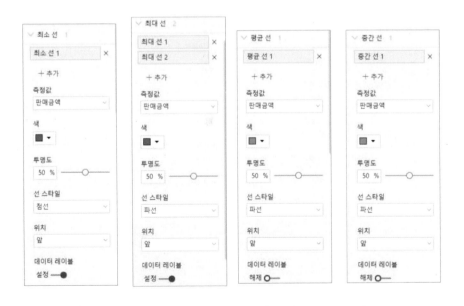

[평균 선], [중간 선]을 지정한 차트는 다음과 같다.

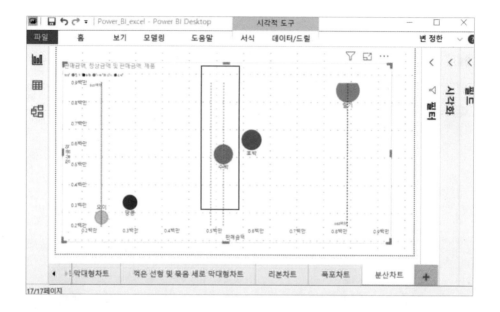

백분위 선을 지정한다.

백분위 선을 80% 지정한 분산 차트다.

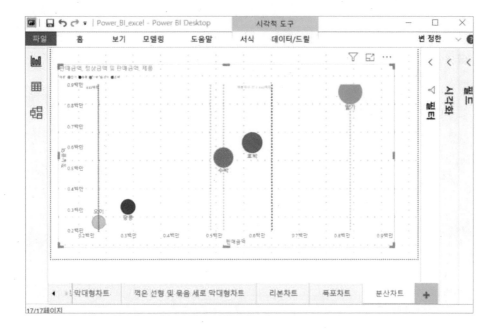

대칭 음영을 상위 음영, 하위 음영 및 투명도를 지정한다.

대칭 음영을 지정한 분산 차트는 다음과 같다.

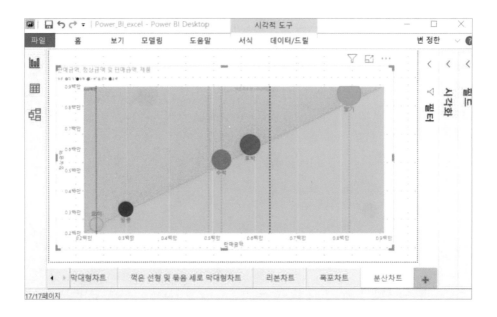

15. 원형 차트

전체 데이터 중 특정 데이터가 차지하는 비중을 볼 때 사용한다.

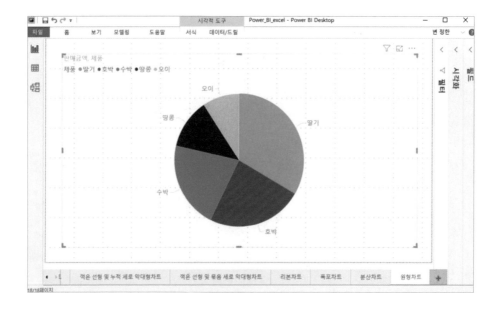

필드는 다음과 같이 설정한다. 범례에 [영업] – [제품], 값은 [영업] – [판매금액] 표시, 전체 데이터 중에 차지하는 비중을 원형으로 보여준다.

시각화 [서식] 등은 모두 앞에서 설명한 기본 차트와 같아서 생략한다.

16. 파이 차트

원형 차트와 유사하지만, 중간에 비어 있는 차트로 표현한다.

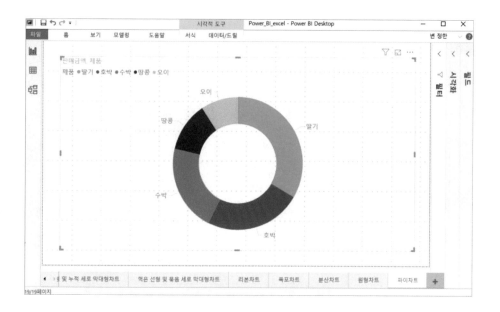

[서식] – [세이프]는 파이의 내부 반경 사이즈를 조정한다.

17. 트리 맵 차트

트리 맵은 사각 면적으로 값 필드 [판매금액] 사이즈 크기로 데이터를 분석할 수 있다. 트리 맵은 계층 데이터를 중첩된 사각형으로 표시하며, 계층의 각 수준을 더 작은 사각형으로 표시한다. 측정 값 기준으로 공간을 사각형 크기순으로 데이터가 큰 것은 좌 상단부터 제일 작은 데이터는 우 하단으로 정렬된다.

데이터 량이 많은 계층적 데이터를 체계적으로 표현할 때, 혹은 가로 막대로 수많은 데이터를 표현할 수 없거나, 전체 분산 비율을 표현, 크기 및 색 구분으로 데이터 시각화가 요구될 때 사용해서 향후 시각화 패턴을 추정할 수 있다.

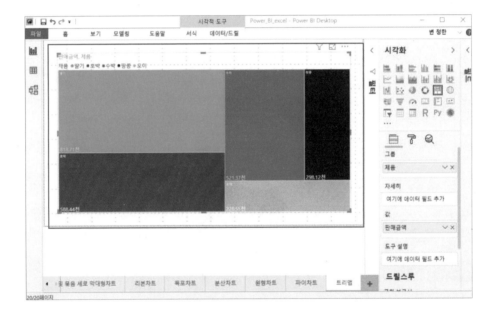

18. 맵

시각화 지도를 이용하여 영업 자료, 고객, 물류 등의 정보를 보여주면, 시각적 분석하는데 매우 유용하다. MS의 Bing 지도를 기준으로 작성된 맵의 활성화부터 학습한다. 지도의 위치는 위/경도로 구성되어 있다. 즉 X/Y 좌표의 위치에 따라 시작점으로 데이터를 해당 위치에 표현한다.

다음 예제와 같이 먼저 데이터 [국가코드]를 보자. 데이터 [국가코드]는 필드 [국가코드, 국가코드1, 국가명]으로 지정되어 있다. Bing Map에는 국가 코드별 위치가 텍스트 약어 2자리로 정의가 되어 있다. 관련 데이터는 구글에서 "국가코드"라고 검색하면 자세히 나와 있다.

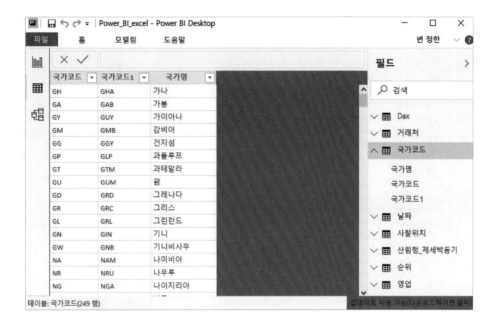

그리고 위경도의 데이터는 [거래처]에 경도 및 위도 필드로 입력되어 있다.

그리고 또 하나의 예제인 한국내의 심장 박동기 제세동기 위치는 다음과 같다고 가정
하자. 위경도 및 주소 및 관리자까지 자세히 나와 있다.

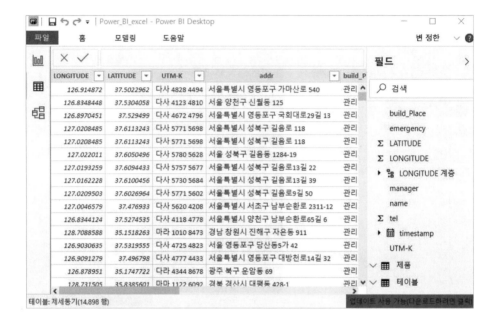

예제 데이터 [사찰 위치]는 전국 사찰의 위경도 정보도 다음과 같다고 가정한다.

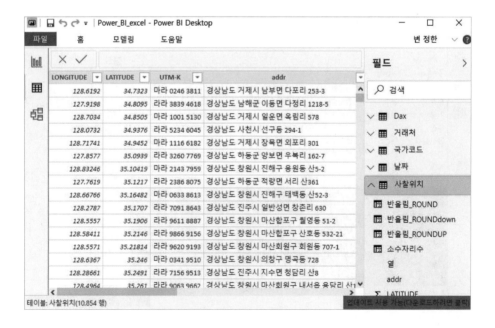

해당 지역코드 및 위경도를 가지고 학습을 진행한다. 다음 예제 중심으로 Map상에서 데이터를 시각화 차트화로 작성해 본다.

① 영업 판매관리
지도상에 거래처 기준으로 판매금액의 표시해 보자.

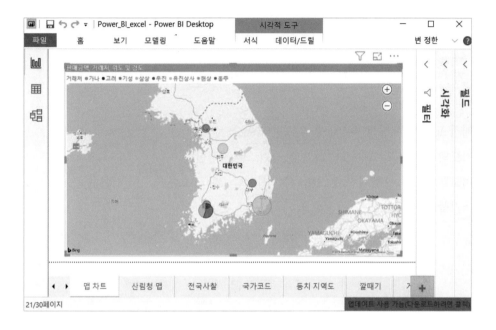

시각화 [필드] 구성은 다음과 같다.
범례 : [거래처], 위도: [위도], 경도: [경도], 크기: [판매금액]을 가져온다.

서식화 [서식]은 다음과 같다.
범례 위치 및 제목 설정, 색상 등을 지정한다.
데이터 즉 범례 기준의 거래처 색상을 지정한다.
범주 레이블 색상 및 텍스트 크기 등을 설정한다.

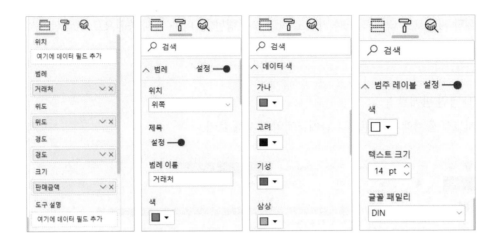

배경 표시 및 배경색, 투명도를 지정한다.

지도의 거래처 별 거품 모양의 기본 사이즈를 지정한다.

지도를 확대/축소할 수가 있으며, 혹은 시각화 개체의 오른쪽 "+, -" 확대/축소 단추를 추가할 수 있다.

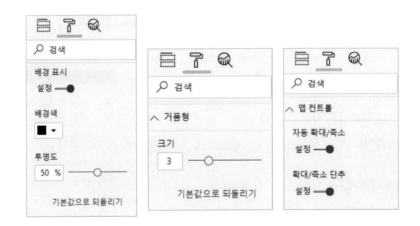

테마는 [도로, 항공, 어둡게, 밝게, 회색 조, 도로] 등으로 구분된다. 다음으로 많이 사용하는 것이 항공사진으로 변경해 보기 바란다.

제목 텍스트 및 글꼴 및 배경색을 지정한다.

기타로 가로/세로 비율, 일반, 테두리, 도구설명, 시각적 머리글 등을 수정한다.

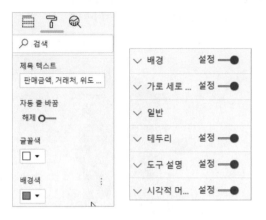

서울의 거래처 "가나"를 선택하면, 시각화 필드 [도구설정]하지 않아도 기본적으로 선택된 범례 및 위경도 및 판매 금액까지 표시가 된다.

지금은 해당 판매금액 전체가 보여지며, 슬라이서 구간을 이용해서 데이터를 상호 작용하면, 필터링 데이터로 검색할 수 있지만, 지금은 단순히 지도위에 데이터를 시각화 수준만 학습한다.

이제 다음 시트 전국 제세박동기를 만들어서 적용해 보자.

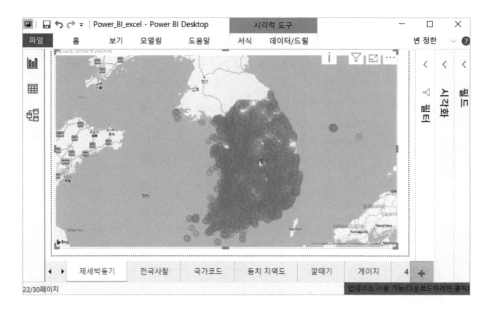

1만5천의 데이터 [위도, 경도, 크기 및 도구 설명]까지 추가된 제세 심장박동기의 전국 위치를 보여준다.

지도를 확대해 보면, 제세 심장박동기 위치를 확인할 수 있다. 이와 같은 공공 데이터를 파워 BI 없이 일반 앱으로 개발하는 것은 상당히 어려운 일이며, 지속적인 업데이트까지 고려한다면 난이도 높은 개발이다. 그러나 파워 BI 서비스를 통해서, 쉽게 개발하거나 데이터 업데이트가 가능하다.

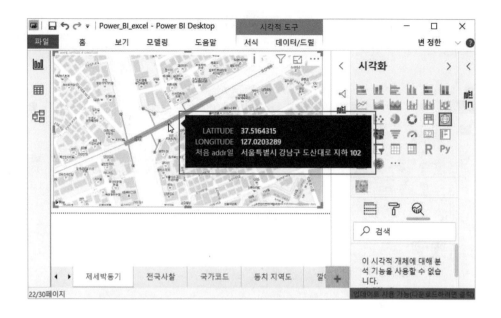

전국 사찰 맵을 이용하여 위경도 및 사찰 이름 및 위치 주소를 확인한다.

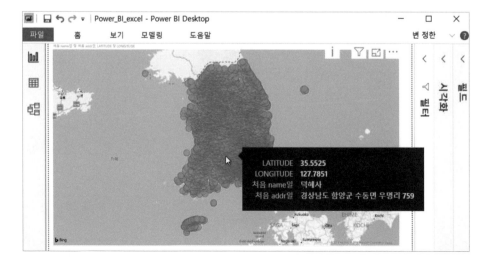

국가 코드의 Map은 다음과 같다. 위경도 지정하지 않고도 국가 코드만으로 각 국가의 위치를 확인할 수 있다.

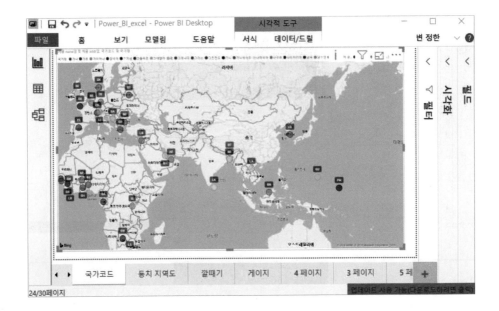

시각화 [필드]에는 위치 [국가코드], 위경도, 크기 없음 등을 지정한다.

Bing 지도를 가지고 등치 지도를 한국 내 전국 사찰 주소를 [시/군/구]로 분할하여 작성한다.

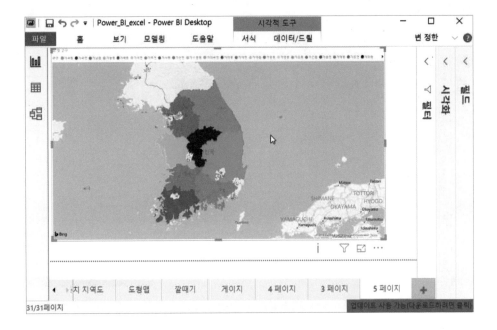

범례에 테이블 [전국사찰]의 위치 필드 [도], 범례 필드 [군구]를 추가한다.

특히 등치 지도는 각 지역을 음영지도로 표시한다.

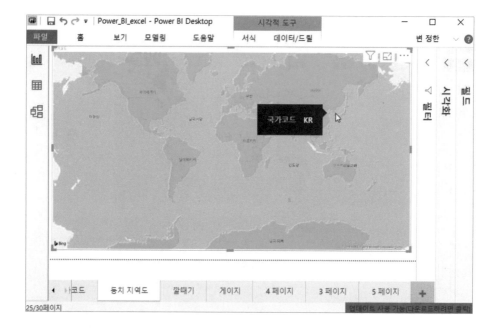

이런 부문은 자바스크립트의 JSON 파일로 음영색상을 만들어 사용한다.

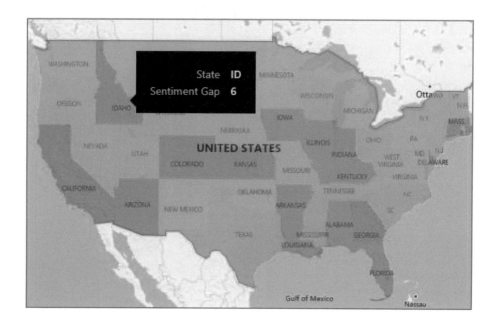

특히 도형 맵은 자체적으로 만들어서 사용할 수 있는 Map이다.

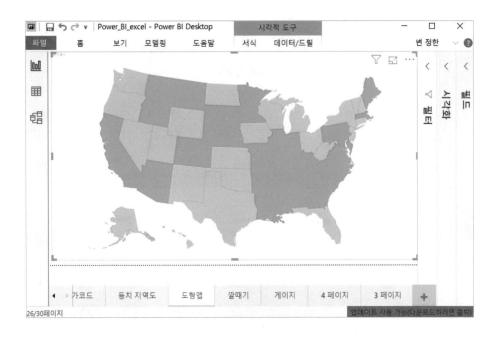

그리고 전국 시도별로 등치 지도를 만들어서 데이터를 시각화 하거나, 서울시 내의 각 구별 색상을 만들어서 데이터를 시각화한다. 시각화 맵은 MS 파워 BI에서 없어서 안될 감초지만, 기본 개념만 학습한다. 나중에 예제 중심으로 더 세부적으로 지도의 시각화를 학습한다.

Tip

강원도의 등치 지도는 위로 표시된다. 등치지도의 강원도는 지명 "강원도남"이라 지정하면 강원도의 대한민국 남쪽만 등치 지도로 표시된다.

미국 선거관련 작성된 예제를 참조해 봤다. 이렇게 시각화 맵을 통해서 데이터 분포 구조를 분석할 수 있다.

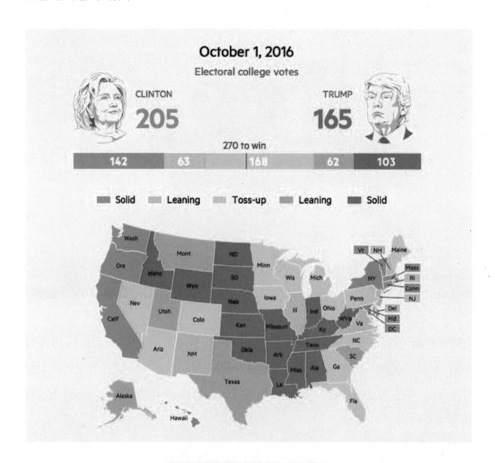

Tip

구글에서 "시각화 맵 Json" 혹은 "topo Json"을 검색하면 Map 스크립트를 만들어 주는 사이트도 있다.

19. 깔때기 차트

깔때기 차트는 맨 위쪽이 데이터가 큰 부문이며, 아래로 데이터가 작다. 거래처별 기준으로 판매금액이 큰 거래처는 위쪽으로 작업 업체는 아래쪽에 표시된다.

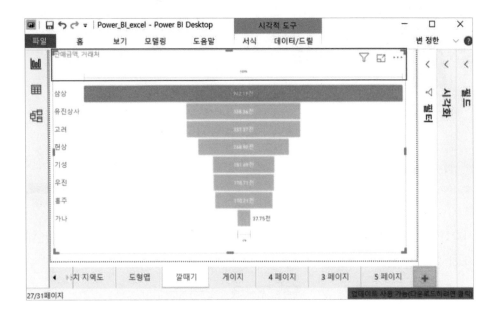

시각화 [필드]는 그룹 [영업] – [거래처], [영업] – [판매금액]을 지정한다.

20. 계기

차량 스피드 게이지처럼 데이터를 시각화 한다.

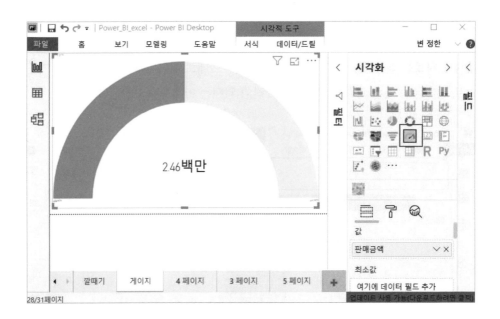

시각화 [필드] 설정은 값을 [영업] – [판매금액], 최소값을 지정할 수 있으며, 최대값, 대
상 값 등을 설정한다.

21. 카드

데이터를 시각화 요약할 때 많이 사용하는 방법이다.

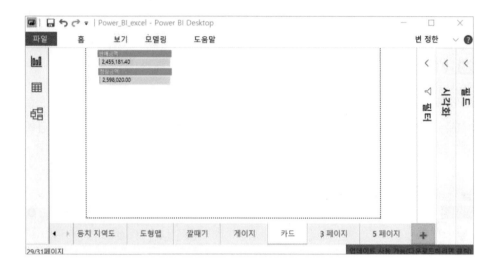

시각화 [필드]를 1~2개로만 선택해서 보고서에 작성한다.

22. 여러 행 카드

서식화 필드에 [필드]를 추가하면 행 리스트로 시각화 데이터가 표시된다.

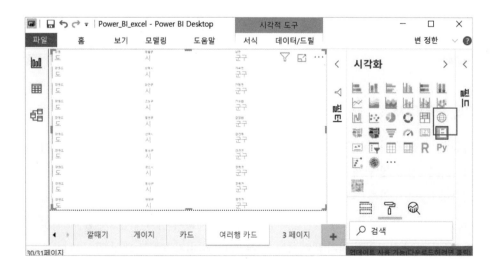

시각화 [필드]에 [도, 시, 군구]를 추가한다.

23. KPI

KPI(핵심 성과 지표)는 측정 목표의 진행률을 시각적 차트로 보여준다. 영업 기준으로
지표는 [판매금액], 추세 축 [날짜], 대상목표 [정상금액]을 평가한 것이다. 할인 금액
적용된 판매금액과 정상금액 대비 증감을 분석한다.

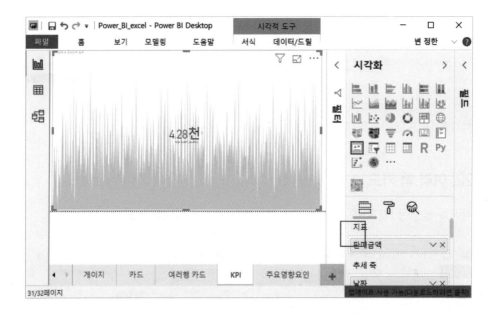

24. 슬라이서

파워 BI에서 [슬라이서] 사용 비중이 제일 높다. 특정 텍스트 거래처 정보를 필터링 하
거나 제품 검색 및 날짜 구간 검색을 상호 통합 세부 필터가 가능하다.
시각화 [슬라이서]를 추가한 후에 검색 필터링하고자 하는 대상을 시각화 [필드]에 추
가 입력한다. 여기서 중요한 기능은 다른 시각화 개체들과 서식의 상호작용 체크 및 시
각화 [필드]에 필터링이 되기 위해서는 [모든 필터 유지]가 "예"로 되어 있어야 한다. 슬

라이서를 [사이, 이전, 이후, 목록, 드롭다운, 상대] 등 다양한 기능은 예제를 통해서 소개를 하고 여기서는 슬라이서의 개념만 이해한다.

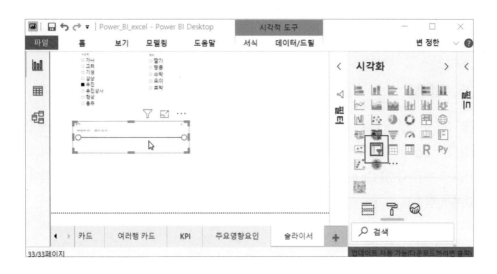

시각화 패턴 중에 제일 많이 사용되는 것 중에 하나로 이해한다.

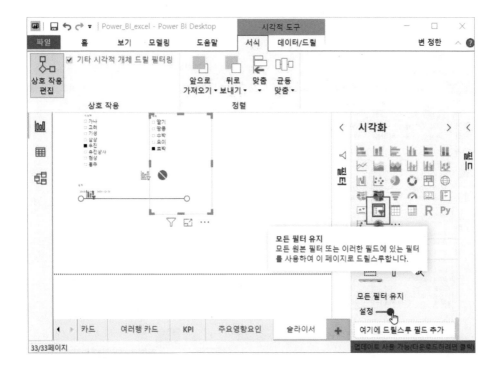

25. 테이블

[슬라이서] 다음으로 서식화 [데이터]는 요약할 때 많이 사용한다. Dax 함수와 연결한 [영업] – [년/월/일] 요약그룹으로 월별 판매금액 및 년 월별 누계 요약표를 만들어 보자. [새 빠른 측정] Dax 함수 작성기를 이용하여 판매금액 YTD(년누계)를 작성한다. 앞에서 함수로 소개하였기 때문에, 여기선 만들어진 결과만 소개한다.

```
판매금액YTD =  IF(
    ISFILTERED('영업'[날짜]),
    ERROR("시간 인텔리전스 빠른 측정값은 파워 BI에서 제공하는 날짜 계층 구조 또는 기본
날짜 열을 통해서만 그룹화하거나 필터링할 수 있습니다."),
    TOTALYTD(SUM('영업'[판매금액]), '영업'[날짜].[Date])
)
```

26. 행렬

파워 피벗과 같이 행렬 데이터를 작성한다.

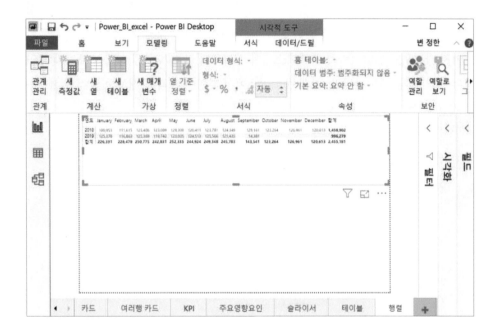

행은 [영업] - [날짜계열 년도], 열은 [영업] - [날짜 월], 값은 [판매금액] 지정한다.

이제 [사용자 지정 시각적 개체 가져오기]에 대해서 소개를 한다.

Tip

파이선이나 R 연결까지 다루기는 방대한 분량으로 이와 같이 전문적인 부문을 요약 설명하는 것은 한계가 있으며, 본 저서를 탐독한 후에 [파이선]이나 [R]을 학습할 것을 권한다.

27. 사용자 지정 시각적 개체 가져오기

사용자 지정 시각적 개체 가져오기는 시각적 개체에 추가되지 않은 기능을 파워 BI로 추가하는 것이다. [파일에서 가져오기], [마켓 플레이스에서 가져오기], [사용자 지정 시각적 개체 삭제] 등으로 구성되어 있다. 해당되는 시각적 개체 작성은 별도 파일로 만들어서 가져오면 된다. [마켓 플레이스에서 가져오기]를 클릭하면 시각적 패턴에 보여지는 시각적 개체 뿐 아니라, 마켓 플레이스에서 다양한 시각적 개체들을 검색 설치하여 사용할 수 있다.

28. 이미지 시각화

먼저 이미지 파일이 연결된 쿼리를 작성한다.
쿼리 [제품]에 열 [URL_IMg]에는 각 이미지 파일을 웹에 저장하고 URL 경로를 입력한다.

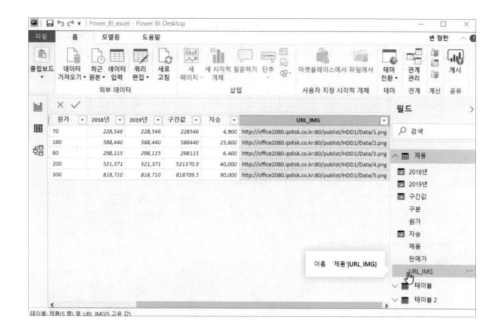

마켓 플레이스에서 image Grid를 [추가] 설치한다.

보고서 페이지 본문에 시각화 개체 [Image Grid]를 추가하여 설정한다. 시각화 개체 필드에는 Image URL를 URL_IMG를 지정하고, Value 값에는 [원가] 개수를 지정 혹은 생략해도 된다.

좌측 하단에는 테이블 [영업] 정보와 연결하고, 좌측 지도에는 제품 [범례]로 [판매금액]으로 지정하였다.

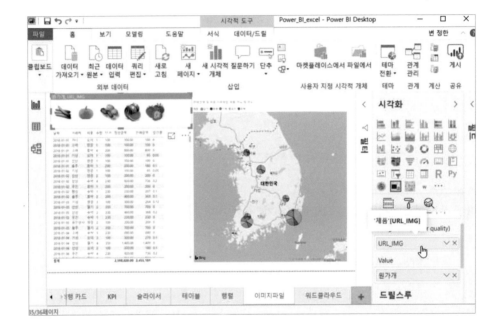

이미지 개체 [제품] 중에 "오이" 선택하면 [상호 작용]으로 다른 시각화 개체의 데이터가 변하는 것을 확인할 수 있다.

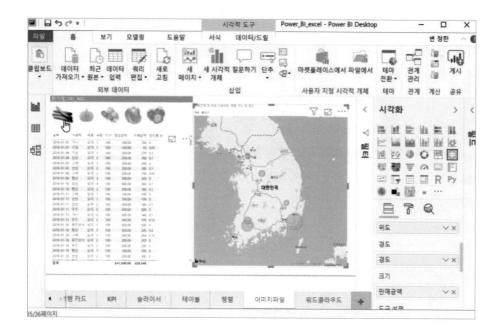

29. 워드 클라우드

시각화 개체에서 특정 필드 값을 표시 및 상호 작용한다. [사용자 지정 시각화 개체 가져오기] - [마켓 플레이스에서 가져오기]를 선택한다. [Word Cloud]를 다운로드 저장한다.

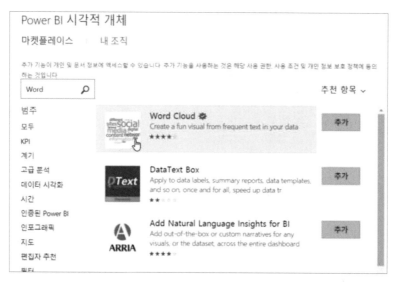

[Word Cloud] 시각화 개체를 추가해서, 시각화 개체 [사찰위치] – [도]를 "개수" 선택한다.

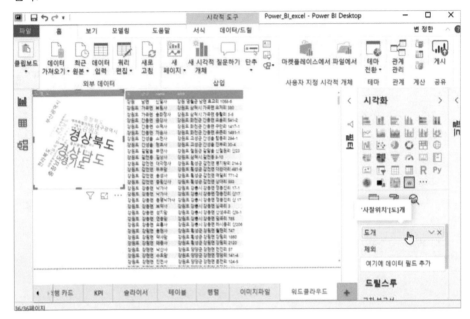

데이터 개수가 많은 것은 글자가 크게 보이며, [Word Cloud] 시각화 개체에서 필드 값 중에 "경상남도"를 선택하면 경상남도만 필터링 표시가 된다.

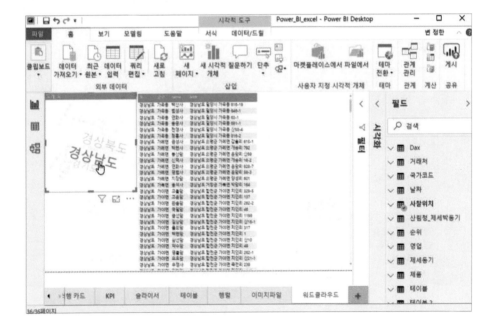

본 저서의 목적은 간단한 예제를 통해 학습하고, 자체 시각화 작성이 가능하도록 하는 데 목적이 있다. 기본적인 메뉴 학습은 이것으로 마무리하고 다음 장에서부터 실전으로 자세히 설명한다.

파워 BI의 웹 게시 웹 서비스 부문은 뒷장에서 자세히 다룬다.

예제로 ERP와 같은 영업판매를 소개하고, 생산관리 즉 PLC 제어 계측, 산업지표를 파워 BI로 가져와서 분석하는 과정까지 소개한다. 마지막으로 작성된 각 보고서를 파워 BI 서비스로 업로드 및 앱 변환하는 방법을 설명한다.

제8장
파워 BI 사례분석

파워 BI의 설명을 보다 보면,

"데이터베이스 구조를 몰라도 데이터 시각화가 가능하다."

는 표현을 많이 본다.

그러나 이런 표현은 좀 과장된 내용이라고 생각한다. 데이터베이스를 정확하게 학습한 후에 파워 BI 학습이 요구된다. 똑같은 데이터가 엑셀로 있는 경우와 서버 MS SQL 데이터베이스로 있는 경우에 다른 결과를 보여준다.

앞에서 예제 데이터를 이용하여 엑셀로 작성된 데이터를 파워 BI로 가져와서 기본적인 시각화를 수행하는 방법을 소개하였다.

이 책에서는 영업판매는 엑셀 기준으로 데이터를 소개하고, 생산관리는 MS SQL 중심으로 데이터 구성을 소개한다. 마지막 산업지표도 원본 엑셀 기준으로 진행한다. 앞에서 예제 데이터를 간략하게 소개하였지만, 더 자세히 "영업 판매"에 맞추어서 세부적으로 학습한다.

8.1. 영업 판매관리

영업 판매 데이터를 가지고 파워 BI 시각화 차트를 만들어 본다. 테이블 [영업], [거래처], [제품] 구성되어 있는데, 이해하기 제일 어려운 부문이 관계형 데이터베이스이다. 파워 BI를 학습하기 전에 테이블 구조, 관계형, 레코드, 필드의 개념을 확실하게 해둬야 파워 BI를 이용하여 데이터 시각화를 쉽게 할 수가 있다(예제 자료는 Data_Dax. xlsx 파일로 작성).

1. 데이터 구성

① [날짜]

왜 영업 자료에 날짜 테이블을 만들어서 관리해야 할까? 처음에 접하는 분은 이해가 안된다. 먼저 날짜 테이블부터 보자. 2018년 1월 1일부터 ~ 2020년 12월 30일까지 날짜 타입의 필드까지 모두 작성되어 있다. 파워 BI로 작성하면 될 것 같은데!

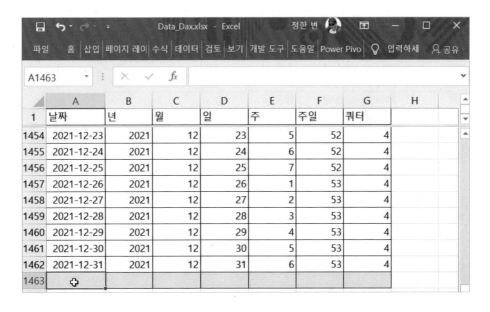

	A	B	C	D	E	F	G	H	I
1	날짜	년	월	일	주	주일	쿼터		
2	2018-01-01	2018	1	1	2	1	1		
3	2018-01-02	2018	1	2	3	1	1		
4	2018-01-03	2018	1	3	4	1	1		
5	2018-01-04	2018	1	4	5	1	1		
6	2018-01-05	2018	1	5	6	1	1		
7	2018-01-06	2018	1	6	7	1	1		
8	2018-01-07	2018	1	7	1	2	1		
9	2018-01-08	2018	1	8	2	2	1		
10	2018-01-09	2018	1	9	3	2	1		
11	2018-01-10	2018	1	10	4	2	1		
12	2018-01-11	2018	1	11	5	2	1		

셀 A1을 시작으로 열(가로)로 [날짜, 년, 월, 일, 주, 주일, 쿼터]의 각 셀의 이름을 [필드]라고 이름으로 지정한다.

1행을 제외하고 2행부터 ~ 아래로 데이터가 입력 행을 [레코드]라고 한다. 데이터베이스 테이블 [이름] 및 열을 [필드], 행을 [레코드]로 구성되어 있다고 한다.

	A	B	C	D	E	F	G	H
1	날짜	년	월	일	주	주일	쿼터	
1454	2021-12-23	2021	12	23	5	52	4	
1455	2021-12-24	2021	12	24	6	52	4	
1456	2021-12-25	2021	12	25	7	52	4	
1457	2021-12-26	2021	12	26	1	53	4	
1458	2021-12-27	2021	12	27	2	53	4	
1459	2021-12-28	2021	12	28	3	53	4	
1460	2021-12-29	2021	12	29	4	53	4	
1461	2021-12-30	2021	12	30	5	53	4	
1462	2021-12-31	2021	12	31	6	53	4	
1463								

예제 데이터는 1,462 행까지 자료가 기록되어 있다. 노란색 부분 행은 1,463 데이터를 입력하는 신규 [레코드]라고 한다. 신규 데이터 레코드는 행으로 연속 데이터가 저장되면, 파워 BI에서는 추가된 데이터까지 [새로 고침]을 해서 데이터 시각화를 해야 한다.

날짜는 2012년12월31일까지 엑셀 함수로 입력되어 있으며,

년 : =YEAR(A2) / 형식: 정수

월 : =MONTH(A2) / 형식: 정수

일 : = DAY(A2) / 형식: 정수

주 : = WEEKDAY(A2) / 형식: 정수

주일 : =WEEKNUM(A3) / 형식: 정수

쿼터 : ROUNDUP(MONTH(A2) / 3, 0) / 형식: 정수

쿼리란 무엇인가? 쿼리는 데이터베이스 원본을 가지고 계산을 하기 위한 새로운 계산 테이블이라고 이해를 하자.

예를 들어, 날짜만 가지고는 [년/월/일/주] 등의 데이터를 분석할 수가 없다. 이럴 때,

함수를 이용해서 각자 필드를 만들어서 추가해서 데이터를 분석 관리하는데 쿼리가 사용된다.

그럼 이제 본론으로 왜 테이블 [날짜]가 영업판매에서 별도로 필요한지 알아보자. 데이터가 1일부터 365일까지 빠짐없이 입력되어 있다면 해당 데이터를 연속 날짜로 분석할 수가 있다.

그러나 입력 테이블 [영업]에 분석하는 데이터 중에 2일이 없다고 가정해보자. 2일의 데이터를 분석할 필요는 없지만, 연속적인 데이터로 데이터를 분석하기를 원할 때는 날짜를 순차적인 데이터로 표시를 할 수 있다.

날짜	값 분석
2018-01-01	1
2018-01-02	0
2018-01-03	2
2018-01-04	1
2018-01-05	1

데이터가 없더라도 빈 데이터 "0" 값으로 하고자 할 때, 어떤 데이터가 더 시각적 효과가 있을까? 예로 2월과 6월에 영업 실적이 전혀 없다고 해보자. 그러면 2월과 6월은 제외되고, '데이터가 채워져 있는 월'의 값만 분석된다.

1월	3월	4월	5월	7월	8월
1	2	3	4	6	1

이런 데이터 분석을 시각화 한다고 하면 잘못 분석할 수 있다. 해당 월의 영업 데이터가 없더라도 0 값으로 만들어서 분석하고자 할 때, 테이블 [날짜]를 [년/월/일]로 만든 기준으로 분석하면 다음과 같다.

1월	2월	3월	4월	5월	6월	7월	8월
1	0	2	3	4	0	6	1

데이터가 없는 [월/일/주] 등 데이터까지 분석한다면, 영업 데이터로 분석하는 것이 아

니라, 사전에 날짜가 정리된 쿼리 [날짜] 기준으로 분석하는 것이 더 시각화 차트 효과가 높다. 이제부터 [영업] 데이터를 분석해 보자.

② [영업]

테이블 [영업]은 다음과 같다. 필드 [번호, 날짜, 거래처, 제품, 단가, 수량, 정상금액, 할인율, 판매금액] 구성되어 있다.

1. 번호: 숫자 타입으로 영업 데이터를 구분하는 기본키(primary Key)이다.

> ### Tip
>
> 기본 키(primary key) : 프라이머리 키라고 하며, 관계형 데이터베이스에서 조인(레코드)의 식별자로 이용하기에 가장 적합한 것을 관계 (테이블)마다 단 한 설계자에 의해 선택, 정의된 후보 키를 말한다. 유일 키는 0~1개 이상의 속성의 집합으로 볼 수 있다.

2. 날짜: 날짜 타입 / "yyyymmdd"

쿼리 [날짜]와 연결되어 있는 외래키 값으로 연결

<table>
<tr><td>Tip</td></tr>
</table>

외래 키 : 외래 키(외부 키, Foreign Key)는 한 테이블의 필드(attribute) 중 다른 테이블의 행(row)을 식별할 수 있는 키를 말한다.

3. 거래처: 텍스트 타입 10자 미만/쿼리 [거래처]와 연결된 외래키

4. 제품: 텍스트 타입 10자 미만/쿼리 [제품]과 연결된 외래키

5. 단가: 숫자 타입으로 쿼리 제품의 필드 [단가]와 연결.

     단가 = VLOOKUP(D2,제품!$A$2:$C$6,3,FALSE)

6. 수량: 숫자 정수 타입

7. 정상금액: 숫자 정수 타입

     = 단가 * 수량

8. 할인율: 숫자 정수 타입 / 고객별 제품 판매에 대한 입력된 할인율.

9. 판매금액 : 숫자 정수 타입

     = 정상금액 * 할인율

이 예제 데이터는 시각화 데이터를 분석하는 메인 데이터라 할 수 있다. 일별/월별/년별 판매 실적뿐 아니라, 정상판매 실적을 분석할 수가 있다. 뿐만 아니라, 거래처별 판매 실적, 혹은 제품별 판매실적을 데이터 시각화 분석한다.

③ [거래처]

거래처는 영업 판매에서 판매하는 판매처라고 정의를 하자.

1. 거래처: 텍스트 타입 10자 미만

2. 지역: 텍스트 타입 10자 미만/판매처의 지역 분석

3. 주소: 텍스트 타입 100자 미만/거래처의 주소

4. 경도: 숫자 타입/거래처의 위치 경도/Map 분석

5. 위도: 숫자 타입/거래처의 위치 위도/Map 분석

6. 업태: 텍스트 타입 10자 미만

7. 업종: 텍스트 타입 10자 미만

8. 대표: 텍스트 타입 10자 미만/거래처 대표

거래처 위치 분석뿐 아니라, Map을 이용하여 지역별 판매 실적, 업태 별 판매분석 등을 할 수 있다.

④ [제품]

제품은 영업 판매에서 판매하는 제품이라고 하자.

① 제품: 텍스트 타입 10자 미만/기본 키

② 구분: 텍스트 타입 5자 미만/판매 [대/중/소] 구분

③ 판매가: 숫자 정수 타입

④ 원가: 숫자 정수 타입

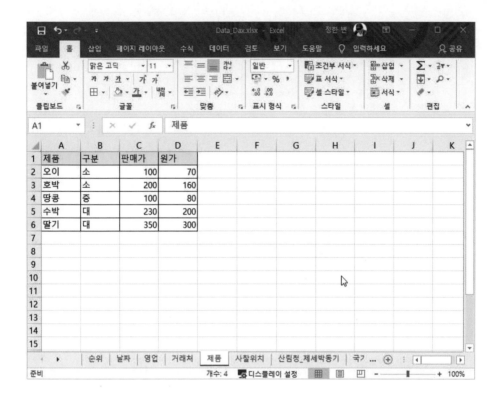

제품별 판매 실적뿐 아니라, [대/중/소]로 구분해서 [판매, 판매가 및 원가 간 순이익]
분석을 할 수 있다.

⑤ 관계형 테이블

액세스로 만들어 보았는데 테이블 [영업] 기준으로 관계형 데이터베이스 구조는 다음
과 같다.

Tip

관계형 데이터베이스(關係形 Database, Relational Database, RDB)는 키
(key)와 값(value)들의 간단한 관계를 테이블화 시킨 매우 간단한 원칙의 전산정
보 데이터베이스이다.

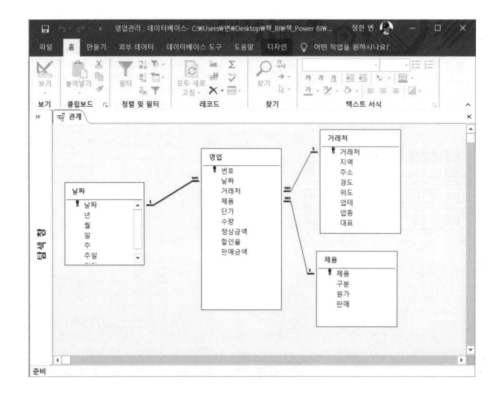

2. 데이터 가져오기

파워 BI을 열기하고 파일 이름을 [Power_BI_excel_영업.pbix]라고 저장한다.

다시 한번 정확하게 용어를 다음과 같이 정리한다.

① 상단 메뉴는 리본 메뉴

② 중간에 좌측에는 [보고서], [데이터], [모델]이 있다.

③ 아래에는 시각화 메인 화면을 [보고서]/각 [페이지]라고 한다.

④ 중간 우측에는 기본적으로 [필터] 패널, [시각화] 패널, [필드] 패널이라 하며, 경우에 따라 "패널"이란 단어는 삭제하고 부른다.

세부적으로,

[필터] 패널은 [이 페이지의 필터] 및 [모든 페이지의 필터]로 구성되어 있다.

[시각화] 패널에는 시각화 개체들의 아이콘이 있으며, 아래에는 [필드], [서식], [분석]으로 구성되어 있다.

[필드] 패널에는 테이블/쿼리의 이름 및 하위 트리로 [필드] 및 [계산 필드]로 구성되어 있다.

하단에는 시각화 페이지를 구분할 수 있는 "페이지"로 구성되어 있다.

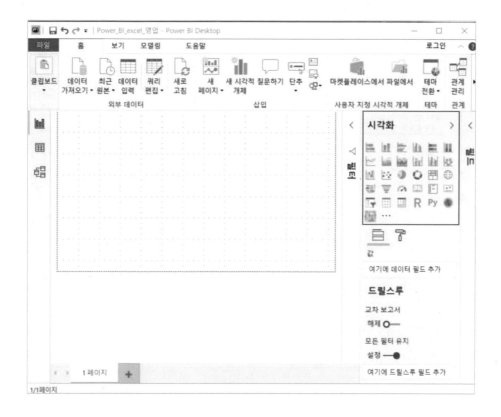

처음부터 파워 BI 프로 버전에 가입해야 하는가? 로컬만 사용하는 기본 수준이라면, 파워 BI 사이트에 가입은 하되, 어느 정도 능숙하게 사용할 때, 월 정액 서비스인 프로 버전 가입을 권한다. 프로 버전 가입 없이도, 파워 BI 웹 서비스를 이용해서 1GB까지 데이터를 웹 게시할 수 있다. 데이터 1GB의 용량은 어느 정도 되는가? 텍스트 및 숫자 타입에 다르겠지만 필드는 10개 내외, 데이터 100만줄 레코드를 약 300KB로 생각하면 될 듯하다.

파워 BI 프로 버전 가입 조건을 단 2가지로 요약하면, 첫째, 게시글이 1GB 데이터를 초

과(프로 버전은 최대 10GB까지 지원)할 때, 둘째, 다른 담당자와 업무관련 [대시보드]
게시 협조가 필요할 때 프로 버전 가입한다. 그러면 월 사용료는? 2019년 9월 기준 매
월 9.9달러로 약 1만원 정도 지불해야 한다.

이제부터 파워 BI위 기준으로 [영업] 엑셀 데이터를 가져와서 시각화 데이터로 저장하
는 방법을 살펴본다. [홈] - [데이터 가져오기] - [엑셀]을 클릭한다.

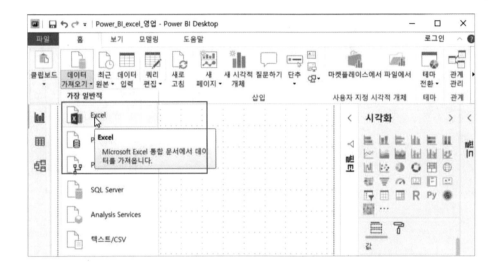

예제 파일인 "Data_Dax.xlsx"를 선택한 후에 버튼 [열기]를 클릭한다. 탐색창에서 시
트 거래처, 날짜, 영업, 제품만 선택하고 체크하고 [로드] 버튼을 클릭한다.

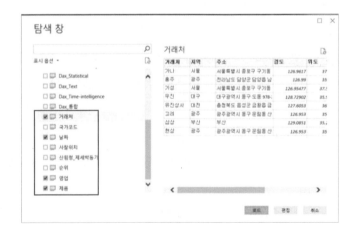

[홈] - [쿼리편집]을 클릭한다.

① [날짜]

가져온 엑셀 시트가 왼쪽 [쿼리] 리스트 창에 [날짜, 거래처, 영업, 제품] 등으로 보여진다.

정렬 순서는 가져오는 중요 순서에 따라 정렬된다. 경우에 따라서 정렬을 다시 수행하거나, 특정 쿼리를 삭제할 때는 쿼리 리스트 중에서 선택한 후에 마우스 오른쪽 클릭하여 삭제할 수 있다.

테이블을 오른쪽 클릭하면 속성 창에서 [복사, 삭제, 이름 바꾸기] 등을 할 수 있으며, 새롭게 복제 및 참조를 할 수도 있다.

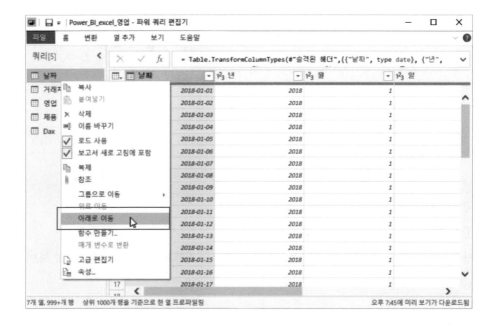

쿼리를 새로운 그룹으로 만들어서 관리할 수도 있으며, 위/아래 쿼리 이동이 가능하며, 고급 편집기를 통해서 데이터의 유형을 선택할 수도 있다.

[파일] - [쿼리 설정]을 클릭하면, 우측에 쿼리를 설정할 수 있다. 즉 설정된 값에 따라 시각화 데이터가 달라진다. [쿼리 설정] 창의 [적용된 단계] 중 선택된 단계에 따라서 시각화 데이터로 표현된다.

만약 쿼리-[날짜]가 적용된 단계에서 [탐색] 위치에 데이터를 저장한다면, 쿼리 편집기에서 저장된 [탐색] 상의 데이터로 시각화 차트를 만들 수가 있다.

나중에 [변경된 유형]에 Dax 함수로 만든 것을 시각화 데이터로 적용해서 차트를 만들었는데, 이전 데이터로 돌아가서 시각화를 하고자 한다면, 이후에 만든 Dax 함수 및 차트 등은 정상적인 차트로 보여지지 않는다. 즉, 영업의 [적용된 단계]와 거래처 혹은 제품 [적용된 단계]의 선택에 따라서 시각화 데이터가 달라질 수 있다. 데이터를 시각화 정보로 만들 때에 제일 실수하는 부분이므로 각별히 주의를 요구한다.

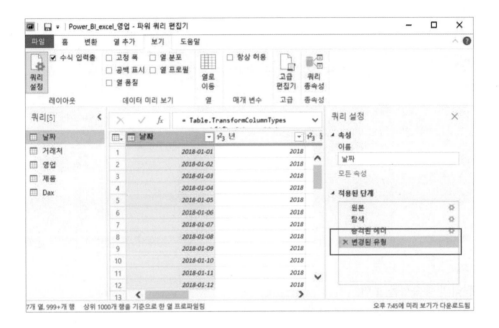

데이터 좌측 하단을 보면, 상위 1,000개 행을 기준으로 한 열 프로파일링이 체크된 것을 확인할 수가 있다. 즉, 데이터가 처음 읽어올 때, 최대 1,000개 행만 읽어 오도록 설정되어 있다. 이는 쿼리 편집기에서 모든 데이터를 필터링할 필요는 없기 때문에 최소의 데이터만 불러와서 디자인 편집 위주로 데이터를 보여주는 것이다.

그리고 각 열 [날짜], [년], [월] 옆에 숫자 및 텍스트 A, B, C가 있는 각 열의 [필드] 값의 유형이 숫자 혹은 문자 타입인지를 정확하게 지정해야 한다. 만약에 테이블 [영업] – [날짜]와 테이블 [날짜] – [날짜] 간에 유형이 다르다면, 아무리 잘 관계 설정을 한들, 데이터 참조가 잘못 되어, 시각화 차트에서 데이터가 안 보일 수 있다. 쿼리간 연결되는 열 [필드] 유형이 같은지를 잘 확인해야 한다.

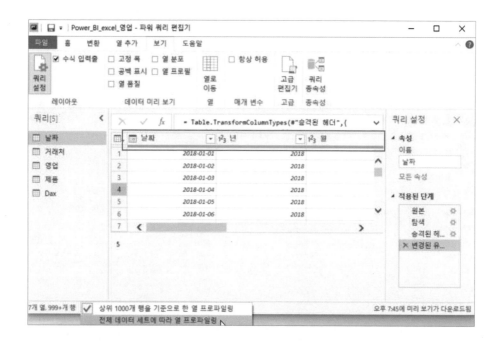

쿼리의 종속성을 보면,

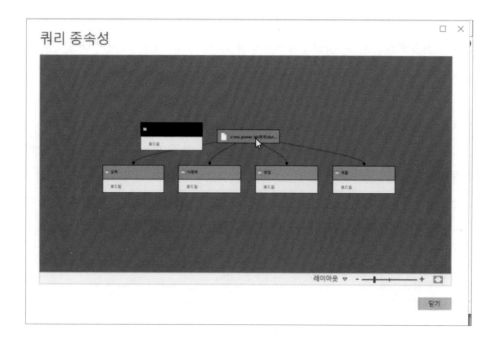

시각적으로 잘 연결된 것처럼 보이나, 파워 BI에서 자동으로 동일한 열 [이름]간 연결이 잘못될 가능성이 높다.

쿼리 [날짜]는 열 필드 [날짜]는 날짜 형식이 있는데, [시/분/초]가 포함된 서식 여부 등을 정확하게 알고 설정해야 한다. 만약에 쿼리 [영업]의 열 [날짜] 타입이 [시/분/초]가 포함되어 있고, 쿼리 [날짜]의 열 [날짜] 타입이 [시/분/초]가 없다면 서로 관계로 연결을 한들 쿼리간 연결이 안될 것이다. 즉, 각 연결 쿼리 간에 정확한 속성 타입을 지정해야만 시각화 차트를 작성할 수 있다.

쿼리 [날짜]에서 열 [날짜]는 날짜 타입으로 지정하고 나머지 필드는 숫자 타입으로 지정한다. 아래 숫자 타입이 [10진수, 고정 10진수, 정수, 백분율] 등이 있으며, 날짜는 날짜/시간, 날짜, 시간, [날짜/시간/표준 시간대/기간] 등으로 구성되어 있다.

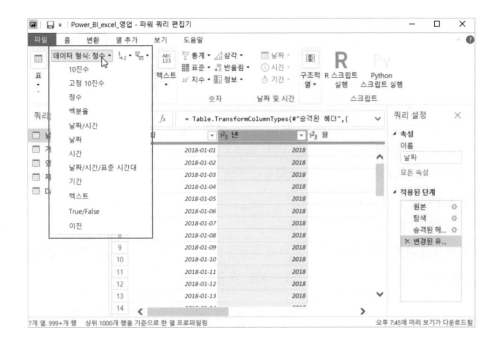

[원본]의 M Code인

= Excel.Workbook(File.Contents("C:\MS_Power_BI\예제\Data_Dax.xlsx"), null, true)

은 엑셀 파일 시트 전체가 보여지며,

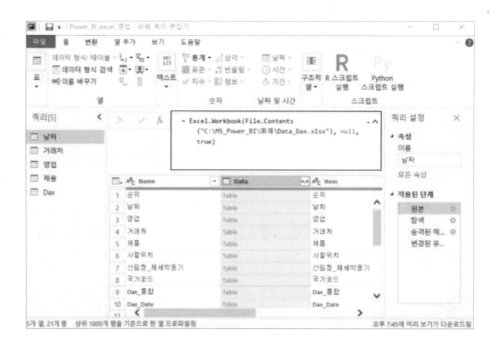

쿼리 [날짜]의 [변경된 유형] M Code인

= Table.TransformColumnTypes(#"승격된 헤더",{{"날짜", type date}, {"년",
Int64.Type}, {"월", Int64.Type}, {"일", Int64.Type}, {"주", Int64.Type}, {"주일",
Int64.Type}, {"쿼터", Int64.Type}})

가 변경된 것을 확인할 수가 있다.

각 [적용된 단계]별로 데이터 유형 변경 내용을 히스토리 형식으로 저장되며, 선택된
유형에 따라 다양한 M-Code가 만들어지는 것을 확인할 수 있다.

쿼리 [날짜]의 고급 편집기의 M Code의 내용과 같음을 확인할 수 있다.

각 열 [필드]와 데이터 간의 녹색 줄을 선택하면, [유효, 오류, 비어 있는 여부] 등을 확인할 수 있으며, 중복된 항목 유지부터 오류 바꾸기까지 가능하다.

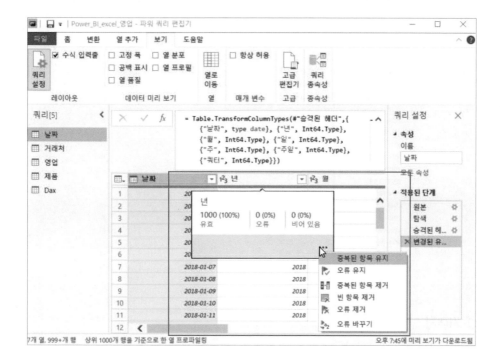

상단의 쿼리 편집기 리본메뉴를 찾을 필요 없이 각 열 [필드]를 마우스 오른쪽 클릭하면 [복사, 제거, 다른 열 제거, 새 쿼리로 추가]까지 등 열을 수정할 수 있다.

② 거래처

쿼리 [거래처]는 열 필드는

      거래처 : 텍스트 유형

      지역: 텍스트 유형

      주소: 텍스트 유형

      경도: 숫자

      위도: 숫자

      업태: 텍스트 유형

      업종: 텍스트 유형

      대표: 텍스트 유형

으로 구성되어 있다.

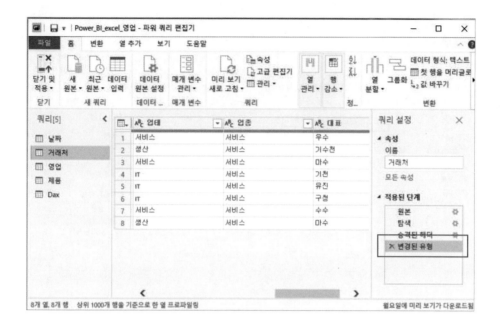

여기서 [거래처별 년별 판매금액, 정상금액, 이익] 등을 계산해서 시각화 데이터로 만들 수 있다.

쿼리 [거래처]에서 [적용된 단계] 중에 [원본]을 선택하니, 쿼리 [날짜]와 같은 시트 리스트가 보여진다.

다시 쿼리 설정 창에서 적용된 단계 [탐색]을 선택한다.

각 열의 이름이 Column1, Column 2, Column 3 ~ 표시되는 것을 확인할 수 있으며, 엑셀 시트 [첫 행 열의 머리글로] 이름 열로 변경한다.

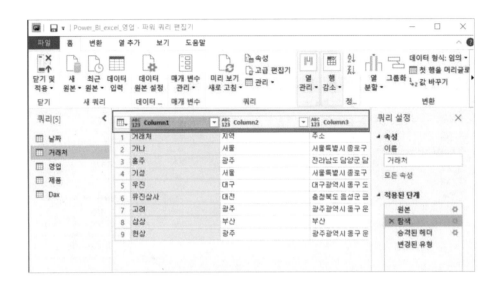

[적용된 단계]에서 다음 단계인 [승격된 헤더]를 선택한다.

거래처 열 이름을 보면, 좌측에 "ABC/123"으로 지정되어 있는데, 숫자 타입인지 문자 타입인지 애매모호하게 설정된 것을 정확한 속성 타입으로 변경한다.

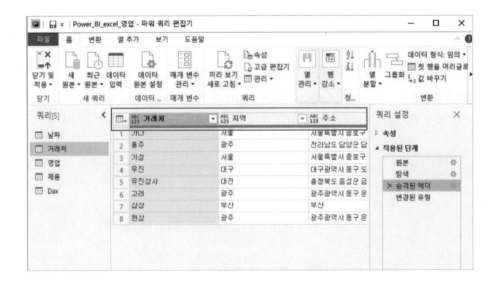

[첫 행을 머리글로]를 클릭해서, 머리글로 만든 결과를 보여준다. 그런데 문제는 각 필드를 보면, 열 필드 [거래처] 왼쪽에 문자/숫자 "ABC/123"으로 표시된 것을 모든 필드에 확인할 수 있다. 시각화 데이터에서는 해당 열 값이 문자인지 숫자인지를 정확하게

만들어야 한다.

이제 리본메뉴 [보기] – [수식 입력줄]을 체크한 후에, [적용된 단계]를 [변경된 유형]을
선택한다. 각 열의 값의 유형이 [문자/숫자]로 정확하게 만든 결과를 보여준다.

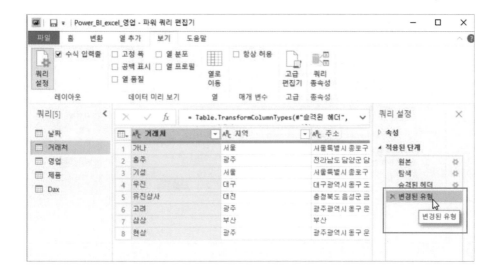

각 열을 선택하고, 리본 [변환] – [열]에서 형식을 변경한다.

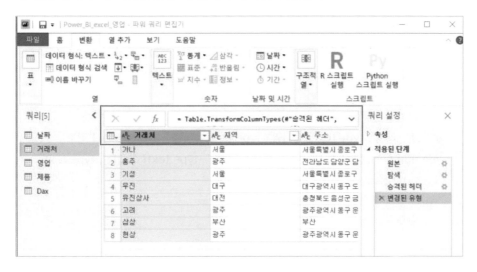

리본메뉴의 [홈] – [쿼리] – [고급 편집기]를 클릭해서 전체 [적용된 단계]별 M Code는
다음과 같다.

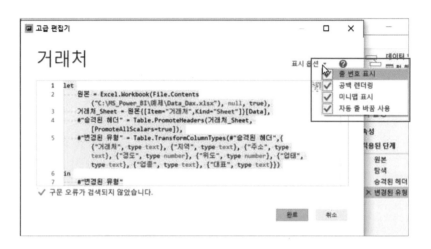

```
let
    원본 =
Excel.Workbook(File.Contents("C:\MS_Power_BI\예제\Data_Dax.xlsx"),
null, true),
    거래처_Sheet = 원본{[Item="거래처",Kind="Sheet"]}[Data],
    #"승격된 헤더" = Table.PromoteHeaders(거래처_Sheet,
[PromoteAllScalars=true]),
    #"변경된 유형" = Table.TransformColumnTypes(#"승격된
헤더",{{"거래처", type text}, {"지역", type text}, {"주소", type text}, {"경도",
type number}, {"위도", type number}, {"업태", type text}, {"업종", type text},
{"대표", type text}})
    in
    #"변경된 유형"
```

"Let"는 [적용된 단계]의 히스토리 내용이며, "in"은 현재 실제 [적용된 단계]의 이름
이다.

거래처를 통해서 시각화 분석 차트는, 거래처별 [년/월/일 실적 및 이익] 등을 시각화

데이터로 표시할 수가 있다. 다음은 쿼리 [제품]에 대해서 설명한다.

③ [제품]

쿼리 [제품]은 열 [제품, 구분, 판매가, 원가]로 구성되어 있다. 데이터 가져오기를 한 후
에 [적용된 단계]는 [승격된 헤더]로 되어 있다. 거래처는 자동으로 각 필드의 값에 맞추
어서 문자/숫자 타입으로 설정되어 있는데, 쿼리 [제품]은 [승격된 헤더]까지만 되어
있다.

파워 BI에서 데이터 가져오기로 모든 열의 데이터 서식까지 자동화할 수 없다. 따라서
이런 경우에는 각 필드의 속성에 맞추어서 설정해줘야 한다.

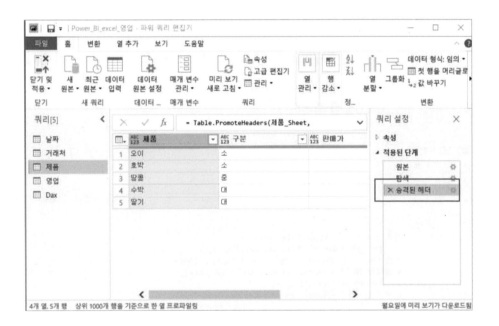

열 [제품]은 텍스트, 구분은 텍스트, [판매가]는 숫자, [원가]는 숫자로 지정해야 정확한
시각화 차트를 만든다.

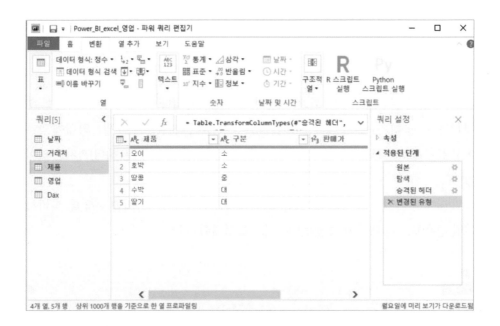

[고급 편집기]로 M Code를 확인한다.

쿼리 [제품]을 통해서 시각화 분석 차트는 제품별 [년/월/일] 실적 및 이익 등을 시각화 데이터로 표시할 수가 있다. 다음은 쿼리 [제품]에 대해서 설명한다.

④ [영업]

쿼리 [영업]은 열 [번호, 날짜, 거래처, 제품, 단가, 수량, 정상금액, 할인율, 판매금액]
으로 구성되어 있다. 쿼리 [제품]과 같이 각 열의 [이름]이 숫자/문자가 정확하게 만들
어져 있지 않아서, 각 열의 유형을 지정해야 한다.

번호는 숫자 타입으로, 날짜는 [시/분/초]를 제거한 날짜 타입으로 지정을 해야 하고,
거래처, 제품은 텍스트 타입, 나머지 단가부터 판매금액까지는 정수 숫자 타입으로 지
정한다. 각 개별 열 타입으로 속성값을 지정하는 것보다 좌측 Ctrl키를 클릭한 상태로
연속 각 열 [이름]을 선택해 주면 블록 단위로 한 번에 리본 [변환] - [열]에서 데이터 형
식을 변경할 수 있다.

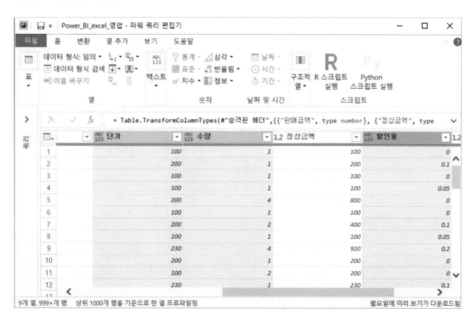

특히 날짜는 열 형식 변경 [현재 전환 바꾸기]를 선택한다.

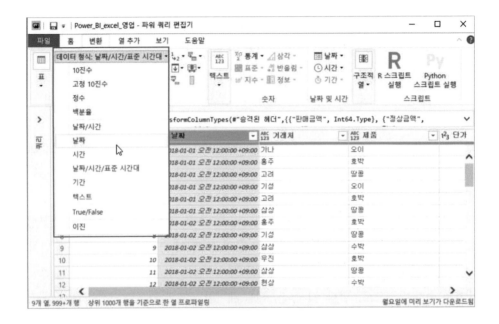

변경 결과는 다음과 같다.

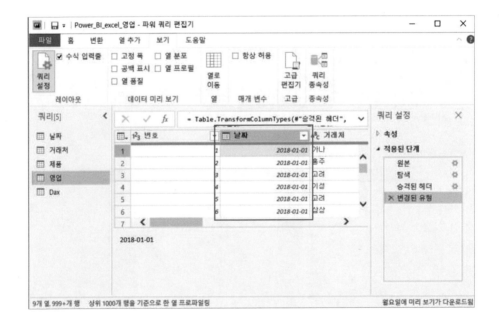

그러면, 열 [번호]는 숫자 형식, [날짜]는 날짜 형식, [거래처]는 텍스트 형식 등으로 보여지는데, 고급 편집기를 통해서 [적용된 단계]를 확인한다.

지금까지 파워 쿼리 편집기를 통해서 가져오기한 엑셀 시트 데이터를 각 쿼리 및 열 데이터로 만들어 보았다.

[파워 쿼리]와 [파워 BI Desk Top]간의 차이는 무엇인가? 파워 쿼리는 가져온 데이터 원본만 보여주고, 파워 BI Desk Top은 파워 쿼리 기준으로 계산 필드 추가 등 할 수 있다는 차이점이 있다. 데이터 원본인 파워 쿼리에서 잘 정리를 해줘야 파워 BI 시각화 차트로 만들 수가 있다.

3. 파워 BI 시각화

먼저 쿼리편집기 작성된 쿼리 기준으로 모델("관계형")을 확인한다.

쿼리 날짜 분석을 위해서,

• 쿼리 [날짜] - [날짜]와 쿼리 [영업] - [날짜]간에 "일대다"로 연결,

• 쿼리 [영업] - [제품]과 쿼리 [제품] - [제품]간에 "다대일"로 연결,

• 쿼리 [영업] - [거래처]와 쿼리 [거래처] - [거래처]간에 "다대일"로 연결한다.

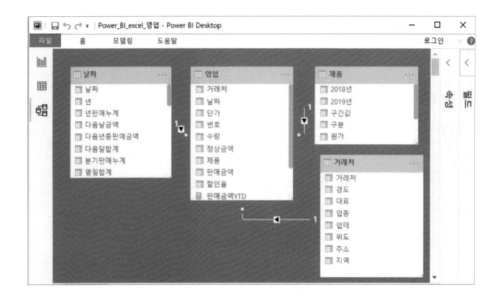

모델링의 관계설정을 이해해야 시각화 차트를 작성할 수가 있다. 단순히 하나의 쿼리만 가지고 시각화 차트는 쉽지만, [모델]처럼 다양한 쿼리 연결해서 데이터 추출해서 시각화 차트를 만드는 것이 일반적이다.

쿼리 [날짜]의 열은 [날짜, 년, 월, 일, 주, 주일, 쿼터] 등으로 구성되어 있으며, Dax 함수로 데이터를 계산할 수가 있다. 계산 방법에는 [새 측정값], [새 열], [새 테이블]이 있는데, 구성된 함수는 앞에서 소개한 Dax 함수를 참조한다. 쿼리 리스트가 [필드] 패널로 표시된다.

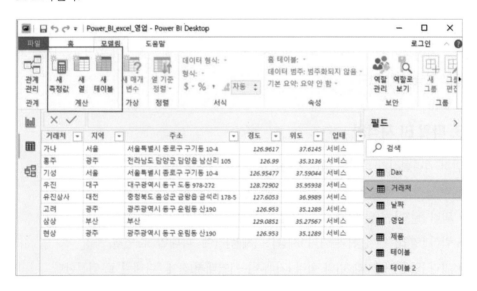

이제부터 영업관리의 시각화 차트를 만들어 보자.

① 제목 라벨

[홈] – [삽입] – [세이프]에서 [사각형]을 선택하고 상단에 시각화 라벨을 추가한다.

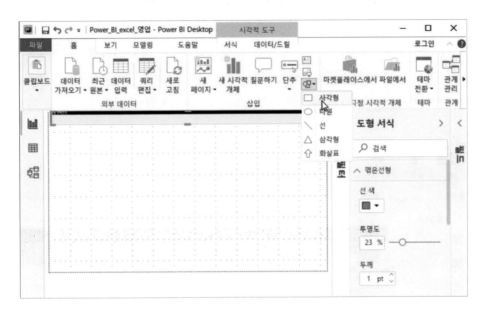

도형 서식에서 꺽은 선형의 선 색을 지정하고, 투명도, 두께, 둥근 모서리 크기를 지정한다. 채우기는 채우기 색, 투명도, 회전 등을 지정한다. 제목 텍스트의 내용을 입력하고, 글꼴색 및 배경색, 맞춤, 텍스트 크기를 지정한다. 테두리 및 작업, 시각화 머리글을 지정할 수 있다.

각 보고서의 상단 제목을 작성할 때, 세이프 개체를 주로 사용한다.

② 슬라이서 [날짜]

먼저 개체 슬라이서 열 [년]을 작성한다. [서식] - [일반]에서 개체의 윤곽선 색을 지정하고 두께를 지정한다. 그리고 선택 컨트롤을 Ctrl+ 멀티 다중 선택하는 것을 설정하고, 슬라이서 체크 설정, 글꼴 색 및 배경색, 텍스트 크기를 지정한다.

좌측 하단에 슬라이서 [날짜]는 개별 멀티로 날짜 선택을 할 수 있도록 슬라이서 [년]을 복사해서 만든다. 즉, 열 [년]과 같은 기준으로 서식을 작성한다.

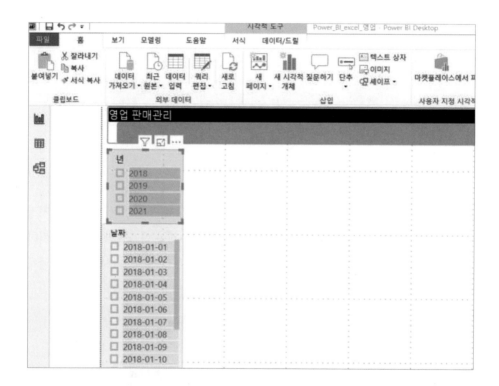

슬라이서 [년]을 선택해도 슬라이서 [날짜]가 상호작용 중지되도록 만들어보자.

1. 슬라이서 [년]을 선택한다.
2. 메뉴 [서식] - [상호작용 편집]을 선택한다.
3. 슬라이서 [날짜]의 상단에 상호 작용을 "없음" 체크한다.

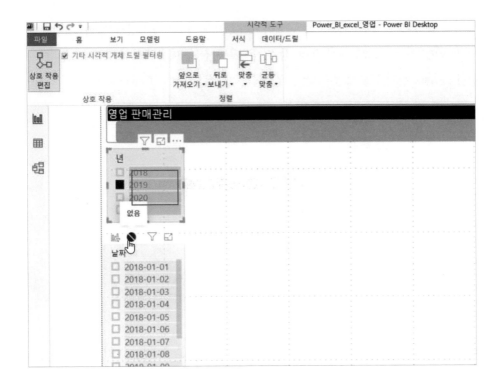

슬라이서 [년]을 선택하면, 슬라이서 [날짜]와 상호작용이 중단되어 필터링이 안 되는 것을 확인할 수가 있다. 슬라이서 [날짜]의 상단 왼쪽에 필터를 선택하면 다시 상호 작용이 작동된다.

하단의 슬라이서 [날짜] 시준으로 편집하고자 한다면, 하단 슬라이서 [날짜] 개체를 선택한 후에, 서로 시각화 개체 간에 [상호 작용을 편집]을 이용해서 수정한다. 슬라이서 [년]을 목록, 사이 등으로 변경할 수 있다.

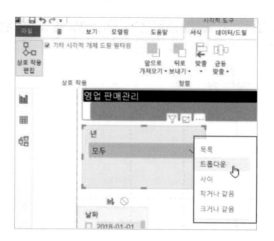

슬라이서 [날짜] 유형을 [사이]로 변경하면 구간 데이터를 검색할 수 있다.

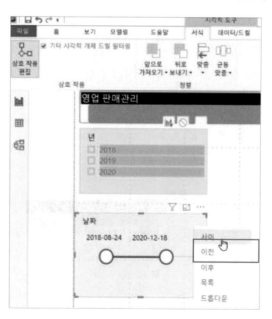

목록으로 변경하고 기본 막대 차트로 쿼리 영업 자료를 시각화 차트 [가로형 막대형 차트]로 만들어 보자. 날짜 기준으로 [가로형 막대 차트]를 만들면, 날짜별로 데이터를 표현하는데 시각적 효과는 낮다. 따라서 요약 년 기준으로 요약 [가로형 막대형 차트]를

만들어 본다.

시각화 [필드]에 관계형으로 연결된 [날짜] - [년]을 축, [영업] - [판매금액]을 값으로 입력한다. 그리고 [년]의 요약 자료를 [상호 작용 편집]을 통해서 [가로 막대형]은 열 [년] 자료이기 때문에 슬라이서 [년]과 자동 [상호 작용] 필요가 없다면, 상호 작용을 "없음"으로 체크하여 상호 작용을 제거한다. 년 슬라이서를 선택하더라도 가로 막대형 차트인 [판매금액, 년]의 데이터는 변하지 않는다.

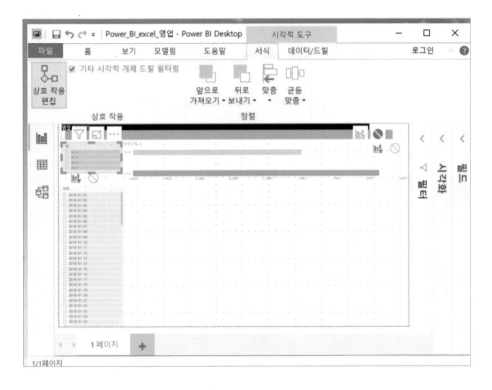

슬라이서 [날짜] 데이터를 클릭하면, 가로 막대형 차트인 [판매금액, 년]의 데이터는 변하기 때문에 슬라이서 [날짜] 기준으로 [상호작용 편집]을 목적에 맞추어서 편집되도록 수정한다.

Tip
[슬라이서] 기준으로 같은 페이지 내의 전체 시각화 차트의 [슬라이서]의 [상호 작용 편집] 할 수 있다. 그리고 앞에서 설명한 것과 같이 [슬라이서]로 다른 페이지 보고서의 시각화 개체까지 상호작용 편집을 할 수가 있다.

요약 데이터는 [슬라이서]를 중지시키고 [꺾은 선형 차트]로 쿼리 [영업]을 작성해 보자. 시각화 [필드]에서 축은 [영업] – [날짜]를 선택하고, 범례는 [영업] – [제품], 값은 [영업] – [판매금액]을 선택한다.

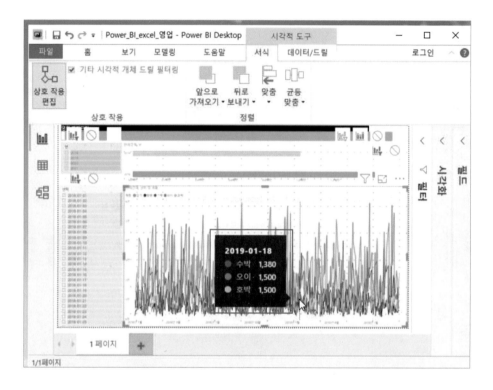

필드 [축]은 [날짜] – [날짜]를 추가하면, [연도/분기/월/일]과 같은 계층 구조 분석이 가능하다.

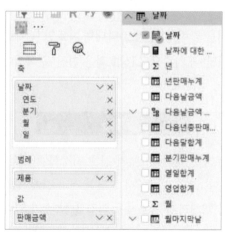

[드릴 모드] 상태를 선택하고 각 계층 구조로 이동해서 시각화 데이터 변화를 확인한다.

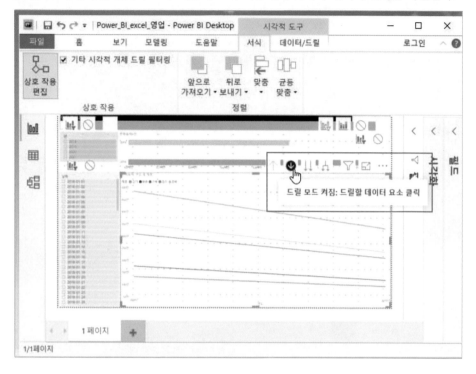

드릴 모드 상태에서 "↓↓" 한번 클릭하면 [분기] 상태

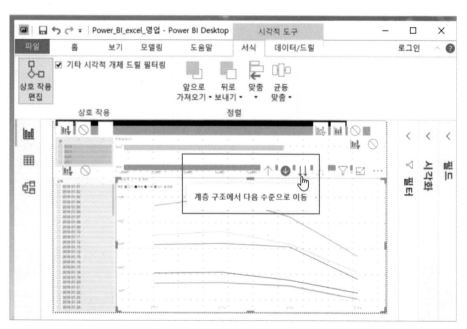

드릴 모드 "↓↓" 한 번 클릭하면 [월] 시각화 차트로

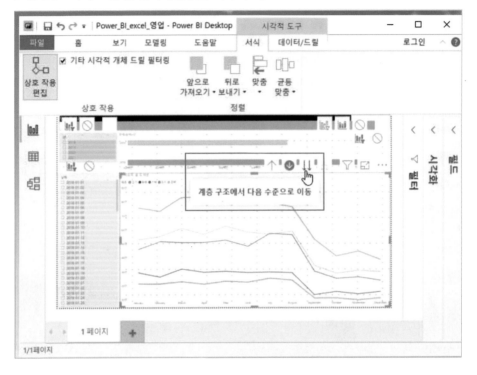

슬라이서 [년]을 2018년 체크하면, 꺾는 선형 차트는 2018년 데이터만 시각화 차트로 보여준다.

뿐만 아니라, 가로 막대형 차트에서 2019년의 막대를 클릭하면, 꺾는 선형 차트는 2018년 선형 데이터만 보여준다. 그리고 범례 기준으로 선택된 선형 위치에 따라 제품별 판매 금액을 표시한다.

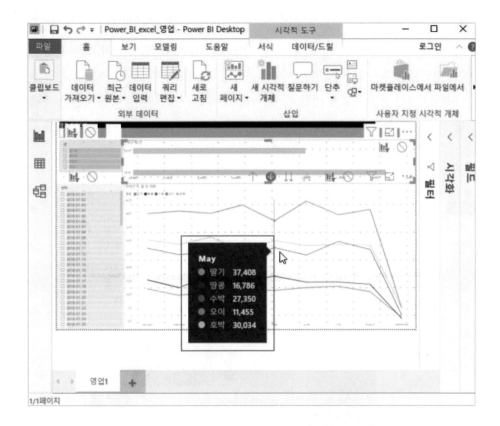

향후 추세선은 다음과 같다. 영업 판매가 약간 감소 추세를 보이고 있다.

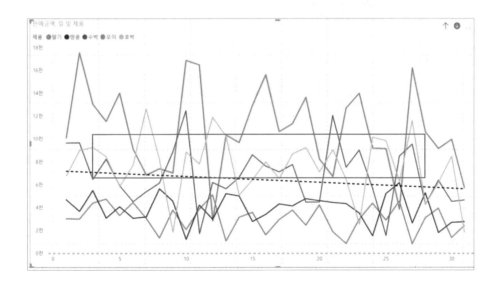

이제 다른 보고서를 만들어보자. 상단 슬라이서 [년]과 [가로 막대형 차트]의 열 [년]을 수정하지 않고, 아래 슬라이서 [일]을 선형 차트 트리 맵으로 만들어 보자. 먼저 해당 페이지 "영업1"을 복사해서 "영업2" 페이지를 만든다. 판매금액 기준으로 차트를 만들고, 아래에 정산 금액 차트를 만들고, 맨 아래에는 게이지로 판매금액을 만든다. 우측 하단 시각화 개체에서 트리 맵을 선택하고, 그룹에는 [날짜]와 값에는 [판매금액]을 선택한다.

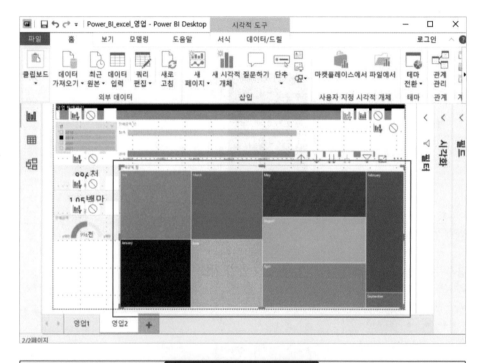

지금까지는 시각화 기본 차트를 만들었다. 이제 제일 많이 사용되는 시각화 [테이블], [행렬]에 대해서 알아보자.

보고서 "영업2"를 복사해서 "영업3"을 작성하고 카트 및 트리 맵은 삭제한다. 시각화

패널에서 테이블 시각화 차트를 추가한 후에, [날짜] - [날짜]를 값을 추가, 월 및, 판매
금액, 정상금액, 생산원가, 순이익을 추가한다.

열 [생산원가], [순이익] 계산된 Dax 함수는 다음과 같이 작성한다.

열 [생산원가]는 다음과 같이 작성한다.

• 생산원가 = RELATED('제품'[원가])*'영업'[수량]

• 제품의 열 [원가]와 영업 열 [수량]을 곱해서 구한다.

열 [순이익]은 다음과 같이 작성한다.

• 순이익 = '영업'[판매금액]-'영업'[생산원가]

| | 1 순이익 = '영업'[판매금액]-'영업'[생산원가] | | | | | | | | | | |

번호	날짜	거래처	제품	단가	수량	정상금액	할인율	판매금액	생산원가	순이익
11	2018-01-02	삼상	땅콩	100	2	200	0	200	160	40
115	2018-01-20	삼상	오이	100	2	200	0	200	140	60
261	2018-02-07	삼상	오이	100	2	200	0	200	140	60
277	2018-02-09	삼상	땅콩	100	2	200	0	200	160	40
298	2018-02-12	삼상	오이	100	2	200	0	200	140	60

Tip

데이터 행의 레코드 원본이 많을 때 Dax 함수를 통해서 누계 등을 계산한다면 파워 BI 처리 속도가 느릴 수 있다. 따라서 파워 BI의 목적에 맞추어서 시각화 차트의 레코드를 고려해야 한다. 서버 데이터를 운영한다면 파워 BI를 연결해서 어디까지 보여줄 것인가의 범위에 따라 쿼리 수준이 달라질 수 있다. 파워 BI에서 복잡한 계산을 하기 보다는 복잡한 계산은 엑셀 혹은 서버 MS SQL에서 하는 것이 더 쉽다. 파워 BI는 시각화 차트를 만드는데 목적이 있다.

시각화 차트에서 [데이터/행렬] 데이터와, 시각화 차트 [꺽은 선형 차트] 등 통합해서 보고서를 작성하면 내용을 이해하는데 더 효율적이다. 먼저 작성된 데이터 시각화 차트를 복사해서 하나 더 만든다.

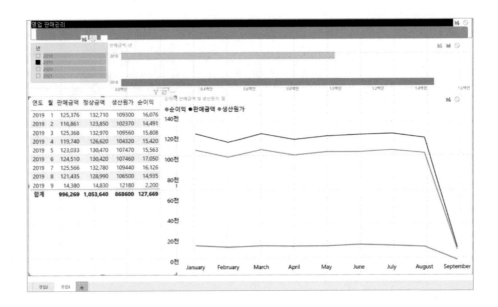

꺾은선형 차트에 열 [판매금액, 순이익, 생산원가]를 표시한다. 시각화 [필드]의 축에는 [날짜] – [날짜]를 지정하고, 값에는 [영업] – [순이익], 판매금액, [생산원가]를 지정한다.

이제부터 [행렬] 차트를 만들어 보자.

다시 보고서 "영업3" 복사해서 "영업4"를 작성하고 하위 시각화 차트를 행렬로 변경한다.

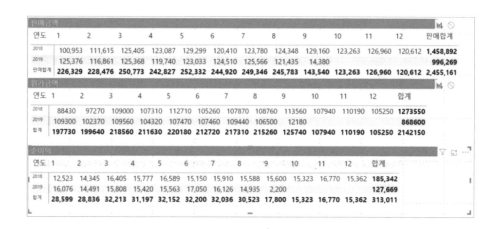

판매금액													
연도	1	2	3	4	5	6	7	8	9	10	11	12	판매합계
2018	100,953	111,615	125,405	123,087	129,299	120,410	123,780	124,348	129,160	123,263	126,960	120,612	1,458,892
2019	125,376	116,861	125,368	119,740	123,033	124,510	125,566	121,435	14,380				996,269
판매합계	226,329	228,476	250,773	242,827	252,332	244,920	249,346	245,783	143,540	123,263	126,960	120,612	2,455,161

원가금액													
연도	1	2	3	4	5	6	7	8	9	10	11	12	합계
2018	88430	97270	109000	107310	112710	105260	107870	108760	113560	107940	110190	105250	1273550
2019	109300	102370	109560	104320	107470	107460	109440	106500	12180				868600
합계	197730	199640	218560	211630	220180	212720	217310	215260	125740	107940	110190	105250	2142150

순이익													
연도	1	2	3	4	5	6	7	8	9	10	11	12	합계
2018	12,523	14,345	16,405	15,777	16,589	15,150	15,910	15,588	15,600	15,323	16,770	15,362	185,342
2019	16,076	14,491	15,808	15,420	15,563	17,050	16,126	14,935	2,200				127,669
합계	28,599	28,836	32,213	31,197	32,152	32,200	32,036	30,523	17,800	15,323	16,770	15,362	313,011

행렬 판매금액 차트는 서식화 [필드]를 다음과 같이 만든다. 행에는 [날짜] – [날짜]에서 계열 값 연도만 지정, 열에는 [날짜] – [월]을 지정, 값에는 [영업] – [판매금액]을 지정하며, 그리고 행렬 차트인 [원가금액], [순이익]도 같은 방법으로 지정한다.

각 열의 값들 클릭하면, 시각화 차트간의 상호 작용을 확인할 수 있다. 판매금액 차트의 2019년 8월을 클릭하면 다른 차트와 상호 작용된다.

[연도 및 날짜] 기준으로 시각화 데이터를 만들었다면, 지금부터는 [제품 혹은 거래처] 기준으로 시각화 차트를 만들어 보자. 슬라이서 [년]/[제품]을 만들어서 판매금액/생산 원가를 월별로 비교 분석할 수 있다.

거래처별로 어떤 제품을 많이 판매를 하였는지 그리고 순이익 등을 평가할 수 있으며, 슬라이서 [거래처]를 추가한 후에 영역 차트를 이용하여 [판매금액 /순이익]을 계산할 수가 있다. 년을 멀티 다중 선택, 제품 멀티 다중 선택, 거래처 멀티 다중 선택을 하여 [판매 금액 및 순이익]을 시각화 차트로 분석할 수 있다.

이제부터 Map을 이용해서 지역별 매출 현황 작성한다.

시각화 개체 슬라이서 [년], [제품], [거래처]를 만들고, 중앙 지도는 지도 스타일 테마는 [항공] – [판매금액] 기준으로 작성한 것이며, 우측 지도는 지도 스타일 테마는 [도로] – [순이익] 기준으로 작성한 것이다. 특히, 좌측 "슬라이서" 선택에 따라 지도 거품 마크의 크기가 변하는 것을 확인할 수 있다.

지금까지는 영업 데이터 기준으로 파워 BI를 소개하였지만, 다음 장에는 제어 PLC 데이터 기준으로 파워 BI 생산관리를 학습한다.

4. 앱 작성 및 게시

지금까지 예제 [영업판매]를 파워 BI 데스크탑으로 만들어 보았다.
엑셀과 연결된 시각화 차트 [영업판매]를 웹에 등록하는 과정을 알아보자. 학습한다.
먼저 파워 BI에서 보기 메뉴에 있는 [휴대폰 레이아웃] 기능을 통해서 스마트폰용 시각화 차트까지 작성한다.

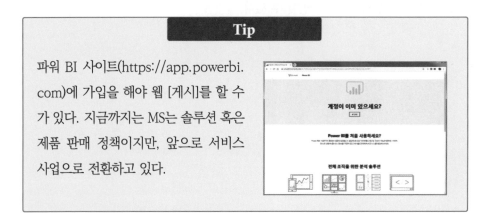

Tip

파워 BI 사이트(https://app.powerbi.com)에 가입을 해야 웹 [게시]를 할 수가 있다. 지금까지는 MS는 솔루션 혹은 제품 판매 정책이지만, 앞으로 서비스 사업으로 전환하고 있다.

① Apps 레이아웃 설정

보고서 [영업1]을 선택한 후에 메뉴 [보기] – [보기] 중에 [휴대폰 레이아웃]을 선택한다. 우측 시각화 창에는 데스크탑에서 작성된 보고서별 시각화 차트가 보여지는데 마우스 드래그앤 드롭을 통해 휴대폰 레이아웃에 맞추어서 위치 및 크기를 조정한다.

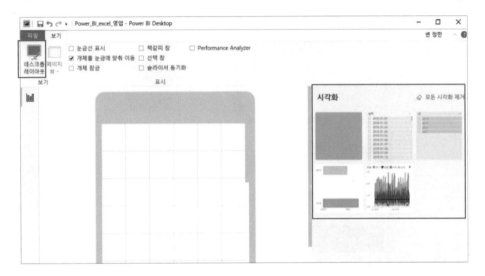

시각화 개체의 레이아웃 배치가 완성 후, [데스크탑 레이아웃]을 클릭한다.

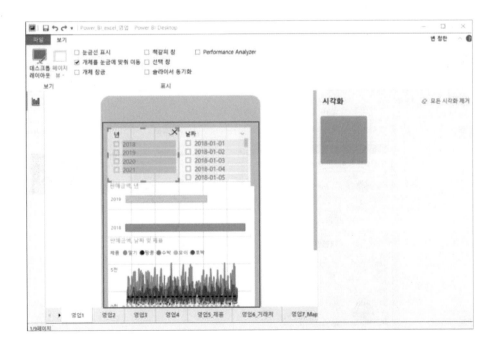

다른 보고서 "영업2"를 선택한 후에 같은 방법으로 각 보고서의 레이아웃에 맞추어서 배치 및 사이즈를 조정한다.

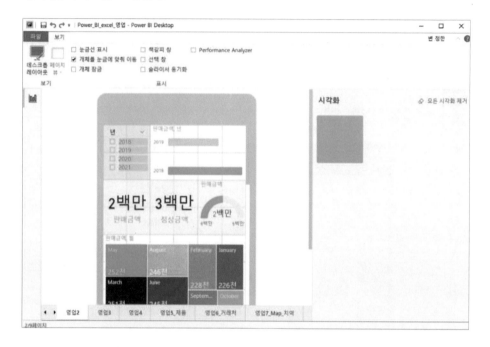

중간보고서 수정은 생략하고, 마지막 보고서 "영업7_Map" 지도까지 앱의 레이아웃을 작성한다.

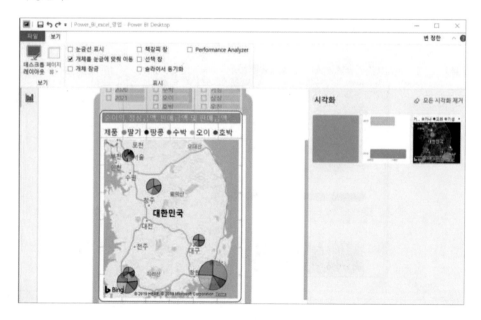

리본 홈 메뉴의 [게시]를 클릭한다.

웹에 게시를 하는데 저장 위치를 "내 작업 영역"을 택한다.

기존에 웹 게시 업로드한 파일 중에 동일한 파일 있다면, 버튼 [바꾸기]를 선택하면 데스크탑 버전의 파일로 파워 BI 웹 서비스에 업데이트된다.

파워 BI로 게시 성공했다는 메시지가 나오면 확인을 클릭한다.

https://app.powerbi.com/에 가입한 후 로그인한다.

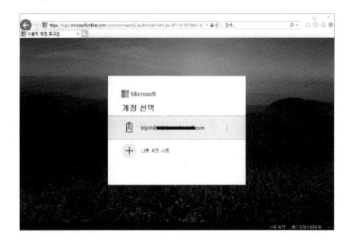

접속된 메인 파워 BI 화면에서 우측 게시 리스트 [내 작업 영역]을 클릭한다.

좌측 게시판에 [즐겨찾기]는 별표 마크로 체크한 리스트 주요 파일만 보이도록 하는 것이며, [최근]은 최근에 작업한 리스트를 보여주며, [앱]은 Office 365, 다이나믹 365 등 연결하는 앱을 보여준다. [공유한 항목]은 게시 공유자들 간에 게시 파워 BI 파일을 공유할 수가 있다.

이 책에서는 여러 공유자들과 게시 보고서를 공유한 후에 선택한 보고서 시각화 차트의 일부를 [대시보드] 게시판으로 만들어 사용한다. 모든 빅데이터를 혼자 작업할 수 없으며, 수십 명의 공유자(무료버전은 공유 안 됨)들과 게시글을 계정 권한에 따라 공유해 작업해야 한다.

Tip

각 공유자 간에 웹 게시한 보고서들을 웹서비스/Apps로 게시할 수도 있지만, 각 게시자 간의 공유된 특정 시각화 차트를 하나의 요약 [대시보드]로 만들어서 공유할 수 있다는 것이 파워 BI의 장점이다. 이 기능은 유료 버전인 파워 BI 프로에서만 가능하다.

[내 작업 영역] 리스트에서 본문 [대시보드, 보고서, 통합문서, 데이터 세트]가 있는데 각자가 업로드한 파워 BI 파일 중에 특정 [보고서]를 선택한다.

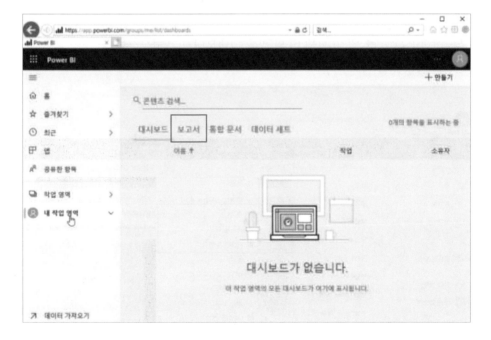

웹 서비스로 업로드한 파일 중에 [Power_BI_excel_영업.xlsx]을 선택한다. 작업 리스트의 아이콘을 보면 다양한 기능이 있다. [공유, 인사이트, 엑셀, 관리, 삭제] 등의 기능을 테스트하면서 학습할 것을 권한다.

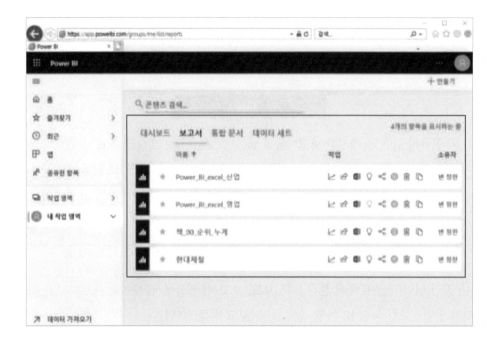

[Power_BI_ecxcel_영업] 파워 BI 화면에서 [내보내기, 공유, 구독, ···] 메뉴 중 "[···]"
클릭해서 [편집]을 클릭한다.

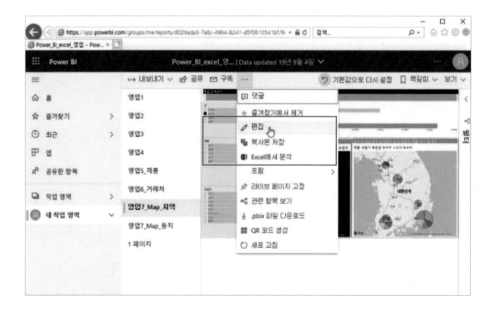

웹에서 게시 내용이 편집이 잘 된다고 해서 파워 BI 데스크탑 버전만큼 수정할 수는 없다. 되도록 시각화 차트는 데스크탑에서 작업한다. 웹 파워 BI에서는 [파일 관리 및 보고서] 게시 작성만 하는 것이 좋다.

[새로 고침]을 한 파워 BI 파일을 다시 웹에 게시함으로써 [새로 고침]을 하거나 혹은 MS Azure를 이용하거나, 혹은 파워 BI 프로버전 사용하는 방법으로 [새로 고침]이 가능하다. 각 방법은 공유자간에 게시 상황에 따라서 선택하면 된다.
[파일] 리스트에서 [포함]을 클릭한다.

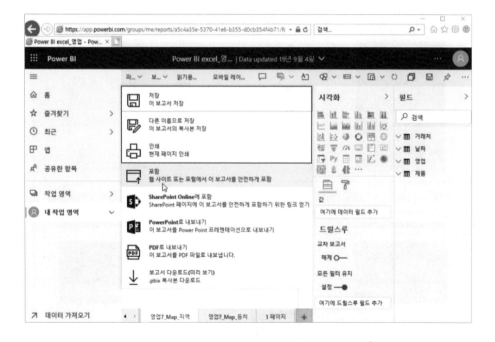

첫 번째는 콘텐츠를 포함된 링크, 두 번째는 HTML 방식을 제공한다. 게시관련 [하이퍼링크]를 복사해서 인터넷 창에서 링크를 복사해서 사용하거나, 혹은 HTML를 이용해서 편집해서 사용하기도 한다.

안전한 Embed 태그

콘텐츠를 포함하기 위해 사용할 수 있는 링크입니다.

https://app.powerbi.com/reportEmbed?reportId=d029ada3-7e8c-4964-8241-d5f0610541bf

HTML은 블로그 또는 웹 사이트에 붙여 넣을 수 있습니다.

<iframe width="680" height="510" src="https://app.blob.core.windows.net/embed/snapsh

닫기

[구글 플레이어]에서 앱 파워 BI를 다운로드 설치해서 각자가 만든 파워 BI 웹 서비스 파일을 앱으로 업로드해서 만들어 보자.

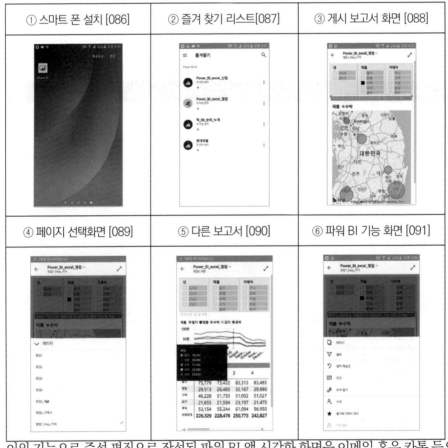

① 스마트 폰 설치 [086]	② 즐겨 찾기 리스트[087]	③ 게시 보고서 화면 [088]
④ 페이지 선택화면 [089]	⑤ 다른 보고서 [090]	⑥ 파워 BI 기능 화면 [091]

이외 기능으로 주석 편집으로 작성된 파워 BI 앱 시각화 화면을 이메일 혹은 카톡 등으로 보낼 수 있다. 특히 우측 상단의 "↔"를 클릭하면, 메뉴 선택 창으로 이동한다.

8.2. 생산관리

생산성이란 생산의 요소 즉, 재료, 설비 및 기계, 사람, 자본, 토지 등을 투입하여 생산물을 얼마만큼 만들었느냐 비율이다. 생산성은 효율성을 판단하는 척도이기 때문에 생산관리의 시각화 차트는 매우 중요하다.

생산성 관리는 작업목적 달성을 위한 표준 작업방법과 작업속도를 정하여 이것을 작업자에게 알리고, 표준 작업이 잘 진행되는지 확인하기 위해서 설비의 상태 점검 및 실적평가 분석을 통해서 설비의 최적화를 유지하는데 목적이 있다. 대부분의 업종이 글로벌 무한경쟁의 기업환경에서 원가 절감 및 원재료 수급, 인건비 상승 등으로 인하여, 설비 보존을 통한 생산성 향상이 어느 때 보다 중요하다.

생산성은 3가지 분류 즉, [노동, 설비, 원자재] 생산성으로 구분되는데 이 책에서는 설비 중심으로 파워 BI 시각화를 소개하고자 한다.

생산성을 결정하는 내부 요인으로 경영층의 생산성에 대한 인식과 이해 및 관심도, 종업원의 능률, 설비의 자동화 수준 등이 있다. 외적 요인으로는 관련 산업의 발전 수준 및 외주 업체의 품질, 시장의 안정성에 따라 생산성이 결정된다. 제조업체에서는 다양한 생산 지표들이 있지만, 산출량/투입량에 따른 결과 생산지표 기준으로 결정하는 것이 일반적이다. 설비 생산성은 다음과 같은 지표 구조로 평가한다.

설비생산성 지표 구조

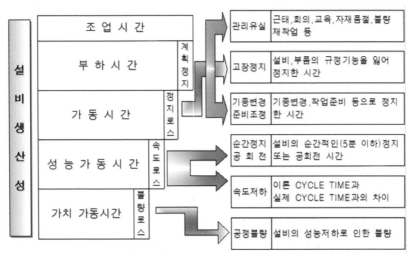

설비 생산성 분석은 [조업시간, 부하시간 및 가동시간]까지 분석하는 것이 일반적인 방법이다.

설비 생산성 분석

특히 가동률은 [가동시간/총가동시간]으로 계산되며, 양품률은 [총양품/총생산] 공식으로 계산한다.

(1) 설비종합효율

시간가동율, 성능가동율, 양품율을 모두 곱하여 현재의 설비가 부가가치를 발생시키는 시간에 얼마만큼 공헌하고 있는가를 나타내는 척도이다.

산출식 = 시간가동율 * 성능가동율 * 양품율

시간적	속도적	회수
지표	지표	지표

(2) 시간 가동율 : 부하시간에 대한 실동시간(정지Loss 제외시간)의 비율

산출식 = (부하시간 - 정지Loss시간)/부하시간 * 100

(3) 성능 가동율 : 정미 가동율(지속성)과 속도 가동율(속도 차)의 곱

산출식 = (이론C/T*생산량) / (부하시간 - 정지Loss시간) * 100

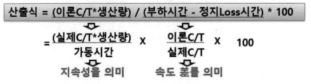

= 정미 가동율 * 속도 가동율 ☞ 순간정지,공전의 발생정도

(4) 양품율 : 투입수량에 대한 양품수량 비율임

산출식 = (투입수량 - 불량수량)/투입수량 * 100

* 불량수량 : 초기가동 불량수량 + 가공 중 불량수량

앞의 식에 맞추어서 생산 설비 분석을 하고자 한다.

예제로 생산 설비의 제어 [Data/LoRa IOT](사물인터넷)에 연결된 제어 데이터를 HMI(Human-machine interface)을 통해서 데이터를 받아 MS SQL 서버에 저장하도록 하였다. 저장된 데이터를 통합해서 보여주는 것이 중앙관제시스템(SCADA: Supervisory Control and Data Acquisition)이며, 설비 장비의 PLC 제어 기반의 시각화 차트 분석을 설명한다.

2010년 이후에는 스마트폰의 출시와 더불어 인터넷/앱을 이용한 데이터 시각화가 발전하였다. SCADA의 주요 기능은 관제 모니터링 시스템이라 할 수가 있는데, 인터넷을 넘어서 스마트폰의 앱 시각화까지 발전해 왔다. 특히 생산 데이터를 안정적으로 만들어 주는 가성비 높은 HMI가 발전하면서, 데이터 시각화에 대한 접근이 더욱더 용이해지고 있다.

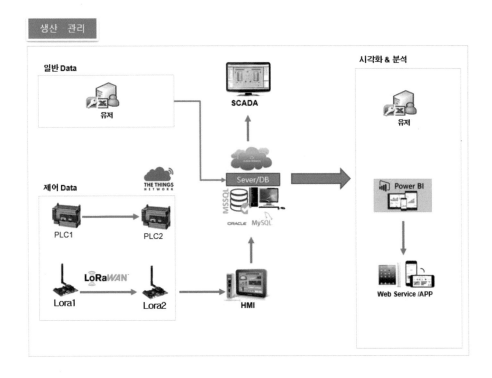

일반적으로 생산관리는 서버 중심의 데이터인 PLC 제어 혹은 사물 인터넷 데이터를 HMI를 통해서 클라우드 서버 MS SQL 등에 직접 데이터를 저장하는 방식으로 발전하

고 있다. 앞으로 클라우드 시대는 솔루션 개발 중심이 아니라 데이터 서비스 중심으로 발전하고 있다고 볼 수 있으며, 데이터를 시각화하기 위한 Tableau, MS Power BI, Google Data 같은 솔루션 발전해 왔다. 일반적으로 생산관리는 설비 제어 중심으로 발전하면서, 불확실성 시대에 빠른 판단을 위해서 생산관리 시각화가 어느 때 보다 요구되는 시대이다. 이에 따라 빅데이터 시각화 분석툴인 파워 BI의 관심은 높아지고 있다.

1. PLC(Programmable Logic Controller) 제어 관리

PLC 구성은 [입력장치, 출력장치, 제어장치]로 구분된다.

입력장치는 물리적 신호를 전기 신호로 변환하는 감지기와 제어장치로 신호를 전송하는 변환 장치로 구분된다. 출력장치는 생산 설비에서 만들어지는 제어 신호를 실제 분석할 수 있는 데이터로 변환하는 장치라고 할 수 있다.

제어장치는 입력 조건에 따른 제어 정책 및 제어 알고리즘을 수행하여 제어신호를 출력 장치로서, 제어 알고리즘을 메모리 장치에 등에 저장한다. 이와 같은 제어 장치의 데이터를 시각화 차트로 표현함으로써 생산 효율성을 높이는데 목적이 있다.

여기서는 시각화 차트를 중심에 맞추어서 진행하는 관계로 생산PLC에 대한 기본 학습만 진행한다.

PLC는 공업협회(NEMA : National Electrical Manufacturers Association)에서 "디지털 또는 아날로그 입·출력 모듈을 통하여 [로직, 시퀀싱, 타이밍, 카운팅, 연산]과 같은 특수한 기능을 수행하기 위하여 프로그램 가능한 메모리를 사용하고 여러 종류의 기계나 프로세서를 제어하는 디지털 동작의 전자 장치"로 정의하고 있다.

PLC는 마이크로프로세서(Microprocessor) 및 메모리를 중심으로 구성되어 인간의 두뇌 역할을 하는 중앙처리장치(CPU), 외부 기기와의 신호를 연결시켜 주는 입출력부, 각 부에 전원을 공급하는 전원부로 구성되어 있다.

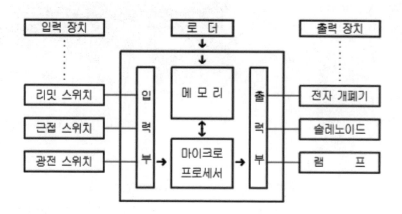

PLC의 입출력부는 현장의 외부 기기에 직접 접속하여 사용한다. PLC내부는 DC+5(V)의 전원 (TTL 레벨)을 사용하지만 입출력부는 다른 전압 레벨을 사용하므로 PLC 내부와 입출력부의 접속 (interface)은 시스템 안정에 결정적인 요소가 되며, PLC의 입출력부는 다음의 사항이 요구된다. 외부 기기와 전기적 규격이 일치해야 한다. PLC를 사용할 경우의 제어 Sequence와 종래의 Relay, Timer 등을 사용한 경우의 Sequence 와는 근본적으로 차이가 없다.

- 제어해야 할 대상의 특성을 먼저 이해하여야 한다. 즉, 제어 목적, 운전 방법, 동작 등의 각종 전기적인 조건을 알고 있어야 한다.
- 제어 장치에 대한 지식이 있어야 한다. 즉, Relay와 PLC의 특성 및 사용방법을 알고 있어야 한다.
- Sequence를 작성하기 위한 서로 약속을 알고 있어야 한다. 즉, 도 기호, 기구 번호, 상태 등에 대한 약속(규칙)을 알고 있어야 한다.

PLC는 생산 설비를 컨트롤 제어하는 장비로 이해하면 될 듯하다.

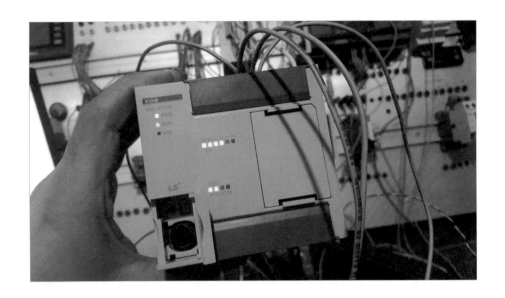

이 책의 예제 데이터는 LS XGB 시리즈를 모델로 적용하여 개발한 관계로 간략하게 해당 PLC을 소개한다. 왼쪽에는 LS XBC PLC가 있고, 오른쪽에는 웨인텍 HMI의 CMT SVER 102 모델이 있다. LS XBC는 설비를 제어하고, CMT SVER 102는 제어 데이터를 받아서 서버에 저장하는 기능을 수행한다.

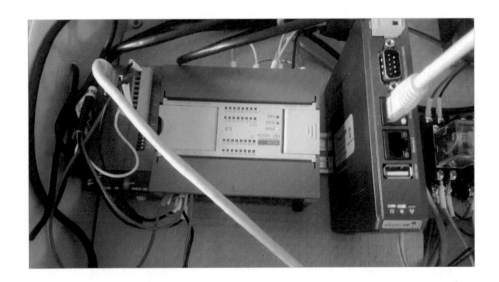

프로그램 PLC XG 5000에 접속해서 데이터가 컨트롤 되는지 확인하는데, 접속화면은 다음과 같다.

먼저 접속 방법 및 단계를 설정하고, 이더넷을 들어가서 설정 IP 값을 지정한다.

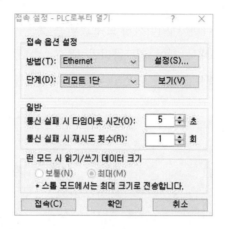

메인 화면은 다음과 같이 생산관리 제품 생산에 맞추어서 프로젝트 레더(ladder)를 작성한다.

좌측 창은 프로젝트, 우측 상단에는 레더를 작성하는 PLC 프로그래밍 작성 창이 있고, 우측 하단에는 다양한 제어 정보 컨트롤 창들이 있다. 즉 PLC에서 프로그램을 작성하면, 다양한 IOT(사물 인터넷) 데이터까지 보내고 받는 것을 컨트롤한다.

기타 무선 통신망을 통해서 제어 컨트롤러인 [온도, 습도, 릴레이, 카운터] 등을 PLC/HMI와 연결하여 컨트롤 할 수도 있고, 서버에 데이터를 저장할 수도 있다.

통신사의 통신기지국 이용 없이 자체 기지국 Lora(Long Range)를 통해서 무선으로 수십km의 데이터를 연결해서 제어 컨트롤러인 예제 [온도, 습도, 릴레이, 카운터] 등 데이터를 보내거나 가져올 수도 있다. (해당 제품은 연구 목적으로 테스트하였을 뿐, 실제 산업 현장에 적용은 안함) 이들은 인터넷에 연결되지 않은 지역에 생산 설비가 있더라도 로라 통신을 통해서 설비 제어를 컨트롤 할 수 있는 장비들이다.

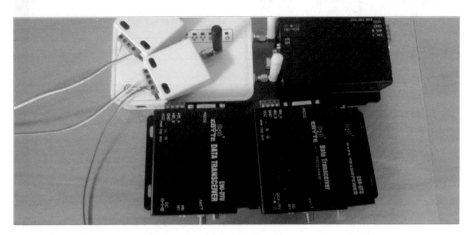

웨인텍 HMI의 제품 기준으로 [가동, 유실, 양품/불량, 고장] 등의 정보를 지속적으로 PLC 디바이스에서 받아서 데이터베이스로 저장되면, 파워 BI로 연결해서 데이터를 시각화할 수 있다.

Tip

파워 BI의 유저에게 직접 적용해서 만든 설비의 데이터를 소개하기 위해서 PLC 혹은 HMI를 소개하는 것으로 이해하길 바란다.

설비의 데이터를 PLC로 데이터 읽고 있는 모니터링 XG 5000을 보여주고 있다.

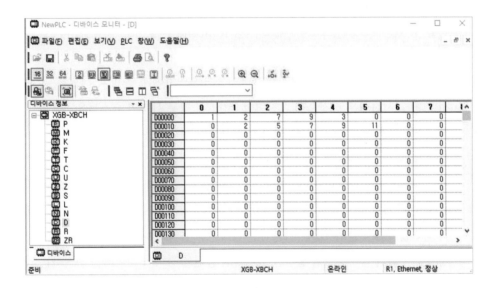

2. HMI Data 관리

HMI는 SCADA 시스템 구성의 한 요소로서 운영자에게 처리 데이터를 표시해 주고 운영자가 처리 과정을 제어하기 위한 장치이다.

HMI는 제어 PLC, RTU(remote terminal unit) 등의 제어 장비들을 감시 제어하기 위한 표준화된 방식의 필요성으로부터 출발하였다. PLC는 일련의 처리 과정이 자동화되고 미리 프로그램화 방식을 제공하였지만 분산 환경 하에서 운영되는 PLC부터 데이터를 수집하는 작업의 어려움이 있으며, 운영자에게 정보를 제공하기 위한 표준화된 방식은 없다.

HMI 시스템은 여러 형태의 네트워크로 구성된 환경에서 다양한 장비로부터 데이터를 수집/통합한다. 또한 데이터베이스와의 연결을 통해 진단 데이터, 관리 정보들을 제공한다. 실제적으로 많은 PLC 제조사들이 개방형 통신 프로토콜을 사용하여 HMI 시스템에게 데이터를 제공한다.

그리고 HMI/SCADA 패키지들은 많은 PLC와의 호환성(드라이버)을 제공하여 소프트웨어 개발자가 아닌 [기계/전기/일반] 기술자들이 HMI 소프트웨어 자체를 사용하여 설정할 수 있도록 기능을 제공한다.

HMI 소프트웨어는 기본적으로 다음과 같이 구성되어 있다.

- 운영환경 설정(Developer)은 HMI 패키지의 프로그램들이 사용하는 정보를 설정할 수 있는 프로그램으로서, 태그, 각종 Runtime 환경, 스크립트 등의 파일 정보들을 설정하도록 한다.

- 감시화면 편집(Graphic Editor)은 런타임에서 운영자에게 보여주는 화면들을 생성한다. 감시화면은 정적으로 편집되며, 편집 시 각종 동적인 요소들을 삽입하여 Runtime에서 운영되는 감시화면을 동적으로 표현하도록 구성된다.

- 런타임 (Runtime)은 설정된 운영환경 및 감시화면을 실시간으로 가동시켜 주기 위한 부분으로서 데이터 수집, 연산, 기타 동작 실행, 화면 표시 등의 기능을 수행한다. 특히 HMI 패키지의 중심은 런타임에 의해 동작될 수 있는 모든 정보 및 그래픽 화면들을 저작할 수 있다. 기본적인 항목은 다음과 같다.

- 데이터 수집의 즉시성으로 설정된 장비와의 통신을 통하여 데이터를 수집하는 과정에서 모든 데이터들은 최대한 빠르고 정확하게 실제 장비의 데이터를 반영할 수 있도록 운영되어야 한다. 시간적인 정확성이 결여된 감시시스템은 운영자에게 잘못된 판단을 내리게 하며, 시스템 데이터에 대한 불신으로 이어진다.

- 시스템의 안정성으로 운영자는 HMI 시스템에 의해 모든 상황을 감시/관리하므로 이 시스템이 중단된다는 것은 곧 전체 공정에 대한 관리를 할 수 없으며, 경영/관리 정보로 사용될 이력 데이터들을 수집할 수 없다는 것을 의미한다. 공정 자체에 큰 영향이 없다 하더라도 운영자의 관점에서 모니터링 시스템의 중단은 업무의 중단을 의미한다.

- 화면 응답의 즉시성, 수집된 실시간성 데이터는 운영자가 판단할 수 있도록 화면에 표시될 수 있어야 한다. 이것은 데이터 수집의 즉시성과 마찬가지로 중요한 항목이 될 수 있다. 데이터 수집 및 화면 응답의 즉시성이 확보되지 않는 시스템에서는 운영자로 하여금 잘못된 판단을 내릴 수 있는 원인을 제공할 수도 있다.

웹 버전 HMI는 네트워크 인프라의 빅데이터 시대에는 기본이다. 모든 정보시스템들은 특별하게 보안이 이루어져야 하는 경우를 제외하곤 모두 개방형 환경을 따라가고 있다.

HMI 소프트웨어도 사용자들은 집이나 이동 중, 또는 원격지에서도 시스템에 접근하여 현재의 상태를 감시하고 제어할 수 있는 환경을 요구하게 되었고 이러한 요구에 맞추어 각 HMI 패키지들은 웹 버전을 출시하게 되었다.

HMI의 웹 버전의 기본은 원격지에서 로컬에서 운영되는 화면을 그대로 이용하여 감시/제어를 수행하는 것이며, 추가적으로 PDA나 핸드폰 서비스를 위한 별도의 텍스트 기반 화면을 운용하는 것이다.

대부분의 HMI들은 웹을 통한 감시/제어를 위하여 ActiveX를 이용하여 Runtime의 모듈을 브라우저에 내장하여 동작을 시킨다. 이것은 별도의 작업 없이도 웹을 통하여 로컬에서 운영하는 화면들을 그대로 볼 수 있게 하며, 모든 기능들을 사용할 수 있도록 하기 위한 기본적인 방식이다.

이 방식에서는 자체적인 통신을 이용하여 데이터 통신함으로써 실시간 웹에서도 그대로 보여준다.

지금까지 현장에 수많은 HMI 제품을 검토 적용하였다.
첫째 조건, 단순하게 PLC 및 사물인터넷 제어 컨트롤이 되어야 한다.
둘째 조건, 제어 컨트롤 데이터를 서버의 데이터베이스 저장할 수 있어야 한다.

데이터 시각화를 위해서 HMI 제품 중에 대만산 웨인텍 CMT SVR 102를 이용했다. 데이터를 MS SQL/My SQL로 저장해주는 제품으로 직접 산업 현장에 적용하였다.

간략하게 소개하면, CMT SVR는 장비와 연결하고 통신 드라이버 지원 및 데이터베이스 처리, 데이터 액세스를 사용하도록 설정한다. 뿐만 아니라 iPad, Android tablets (ARM or x86), 패널 PC (윈도우 OS)여러 플랫폼에서 실행한다. 그리고 HMI의 데이터를 웹 상에서 보여주며, 제어 화면을 간단한 조작으로 변경 가능하며, 다른 장비의 운전 상태를 쉽게 모니터링 할 수 있다.

PLC 제어 컨트롤 HMI 데이터 저장 방법을 간략하게 알아보자.
HMI로 서버 및 사물인터넷에 접속하는데 PLC LS XGB 시리즈에 접속 및 제어 컨트롤러 [온도, 습도, 카운터, 릴레이] 등을 이종 간 제어 컨트롤 데이터를 HMI로 연결하였다. 그림처럼 "로컬 디바이스 4"는 PLC로 연결, "로컬 디바이스 5"는 제어 컨트롤러에 연결 상태를 보여준다.

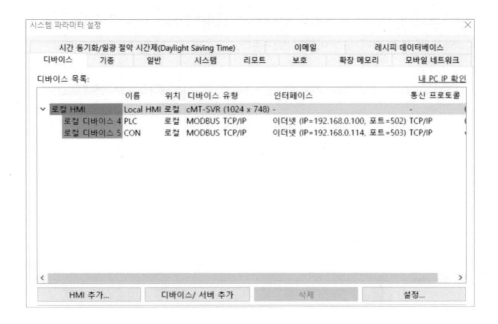

HMI 접속 메인 화면을 다음과 같이 계정/비밀번호 화면으로 쉽게 디자인할 수가 있다.

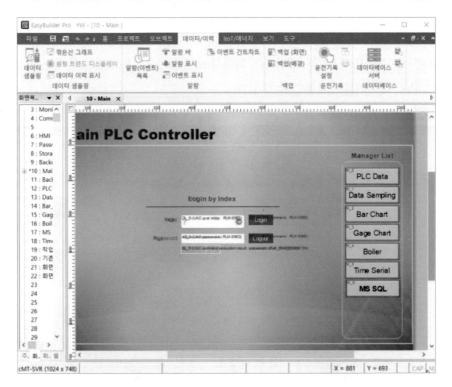

본론으로 들어가서 PLC에서 설비 데이터를 연결하여 [가동코드 및 유실코드, 고장 회수, 양품 및 불량 수량]을 받아와서 보여준다.

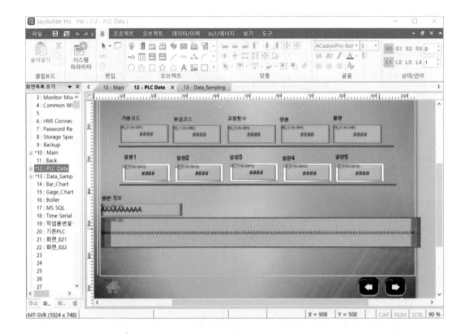

HMI에서는 "바 차트"로 데이터를 시각화해서 보여주거나 혹은 스마트 폰 혹은 태블릿 PC로 PLC 데이터를 컨트롤할 수가 있다.

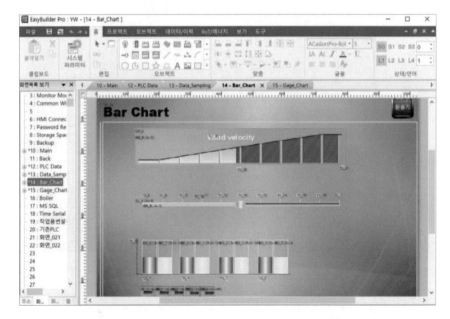

혹은 게이지 차트로 작성하여 태블릿 혹은 스마트폰으로 컨트롤 할 수가 있다.

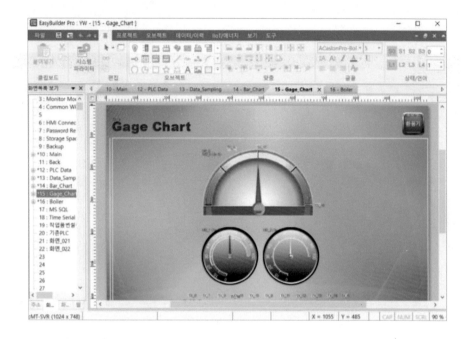

혹은 다양한 제어 컨트롤러의 설비 개체마다 타임 차트로 보여주기도 한다.

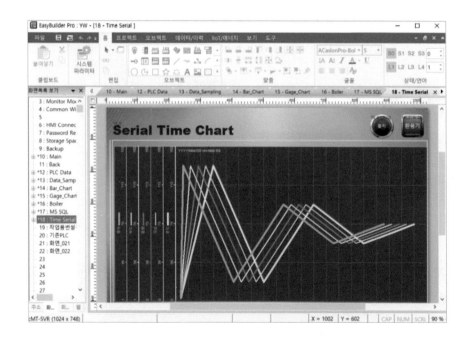

특히 스마트폰에서도 동일한 폼을 OPC 방식으로 설비 데이터를 컨트롤 할 수 있다.

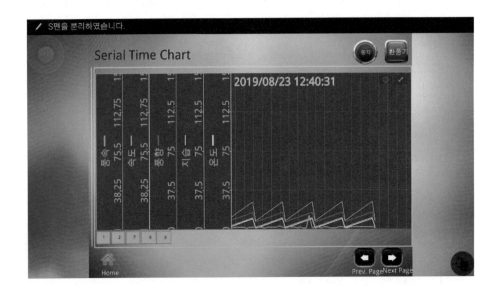

PLC/IOT 데이터를 HMI로 데이터를 읽어와서 데이터 샘플링 기능을 이용하여 제어 설정하면, 자동으로 PLC 제어 데이터를 MS SQL 데이터베이스 서버 설정 및 테이블 및 필드 생성하면 설비 데이터가 저장/업데이트/삭제/ 검색할 수 있다.

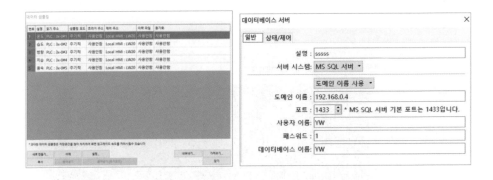

각 제어 데이터 등록 화면은 다음과 같이, 데이터베이스 서버와 동기화만 체크해 주면 저장되며, 샘플링 데이터의 저장 시간 간격을 지정할 수도 있다.

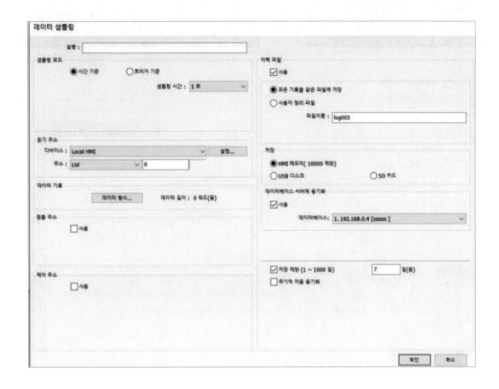

혹은 데이터를 서버에 저장하는 방법이 데이터 샘플링 말고, MS SQL에 직접 테이블 만들어서 지정하는 방법으로 서버 MS SQL/My SQL 접속해서 PLC 제어 데이터를 저장할 수 있다.

사전에 서버를 등록하고, SQL 쿼리문을 만들어 작성한 후에 데이터 저장 간격 등을 매크로로 작성해서 실행하면, 데이터가 [추가, 업데이트, 삭제]할 수 있다.

지금까지 PLC와 HMI가 어떠한 기능을 가지고 사용되는지를 학습하였다.

파워 BI 만큼 더 많은 학습이 요구되지만, PLC 데이터가 서버에 저장까지만 학습한다. 이 책은 시각화 데이터 작성에 맞추어 있다 보니, 제어 학습 부문은 별도로 학습할 것을 권한다.

3. MS SQL

MS에서는 최근 SQL 2019 버전까지 발전하였지만, 본서에서는 배포가 무료인 안정적인 MS SQL 2014 Express 기준으로 소개한다. 일반 업무 담당자가 MS SQL 서버까지 단기간에 학습하기는 어렵다. 따라서 업무 담당자가 알아야 정도의 MS SQL 구문만 학습한다.

무료 다운로드 버전 MS Express 2014 버전으로 최대 10GB까지 데이터베이스를 사용할 수가 있어 설비 테스트하기에는 충분한 용량이다. 지금은 아마존의 웹서비스

AWS나 MS Azure와 같은 클라우드로 넘어가고 있지만, 기본적인 SQL 내용을 마스터한 한 후 별도로 학습할 것을 권한다.

각자 PC에 MS Express 2014를 설치할 것이며, 해당 예제는 이 책의 다운로드 파일에 첨부하였는데, MS SQL 파일 복원 방법을 학습하여 각 PC에 복원 백업하길 바란다. 마이크로소프트(https://www.microsoft.com) 사이트에서 "MS SQL 2014 Express"라고 검색 다운로드 설치한다. 이 책은 데이터 시각화에 초점을 맞추다 보니, 설치 과정은 독자의 몫으로 남긴다.

SQL MS 비주얼 스튜디오를 클릭한다.

서버 이름 등을 윈도우 로컬로 접속을 하거나 혹은 별도 계정 및 비번으로 접속을 한다.

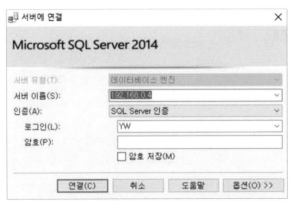

연결된 서버에 데이터베이스를 선택해서 [새 데이터베이스]를 클릭 작성한다.

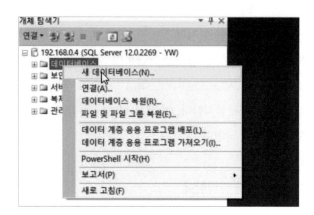

데이터베이스 이름을 "YW"라로 입력한 후에 다른 옵션을 수정한 후에 버튼 [확인] 클릭한다.

작성된 데이터베이스 그룹 리스트가 나타난다.

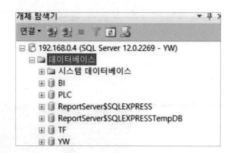

하나의 PC에 여러 개의 데이터베이스 그룹을 나눠서 작성할 수가 있다. "Management Studio"로 관리 도구로 데이터 접속해서 관리할 수 있지만 처음에는 제한적으로 설정된 상태라, "SQL Management Studio"에 디자인 모드를 다음과 같이 수정한다.

[메뉴] - [도구] - [옵션]을 클릭, 디자이너 차에서 "테이블을 다시 만들어야 하는 변경 내용 저장 안함" 체크해지 한다. 그래야 테이블 및 필드 작성을 할 수가 있다.

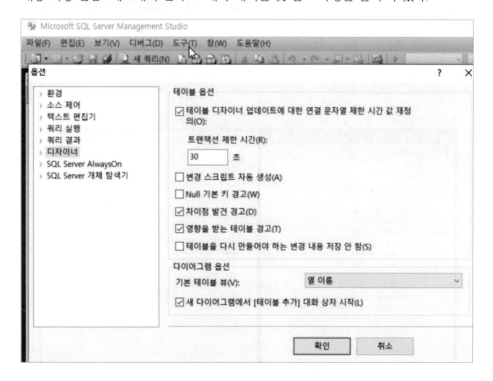

MS SQL 테이블 만들기

개체 탐색기에서 테이블 메인에서 마우스 오른쪽 클릭해서 [테이블...] 클릭해서 테이블을 생성한다.

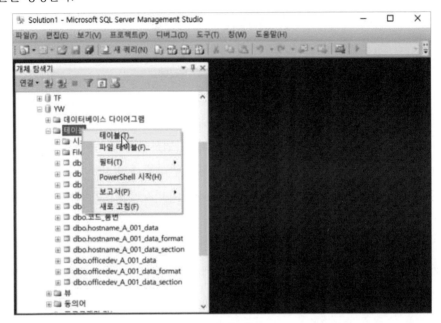

각 테이블의 필드를 만들고 저장한다.

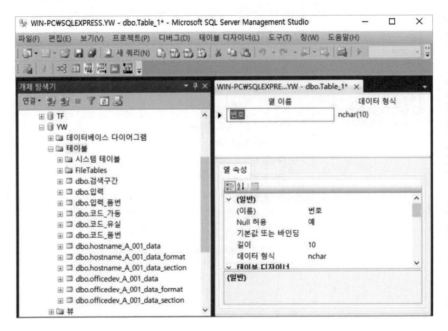

생산관리 관련 테이블 작성 및 관계까지 학습은 각자가 만들어 보는 것으로 한다. 따라서 서버에서 테이블/쿼리 작성 학습이 필요하며, 구글링 검색을 통해서 기본 SQL 테이블 작성 방법을 학습한다. 파워 BI 시각화 차트에 필요한 테이블 [생산 설비] 만들기만 학습한다.

① [코드_가동]

테이블 [코드_가동]은 필드 [설비코드], [공정], [내용], [필드명]으로 구성되어 있다.

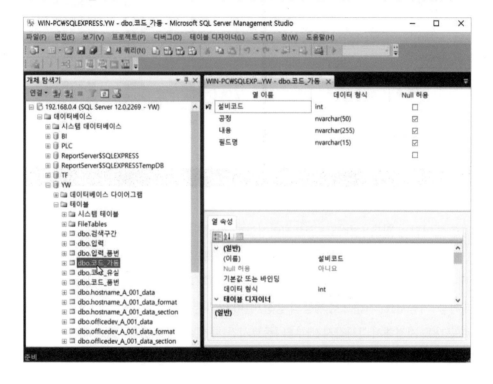

테이블의 입력 데이터는 다음과 같다.

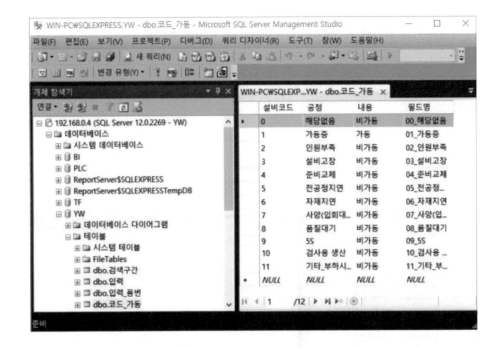

PLC 데이터는 필드 [설비코드]로 제어정보를 설정한 것이다. 만약에 생산 PLC 제어 코드의 제어 정책이 변경되거나 수정된다면, 테이블의 코드를 변경해 줘야하며, 필드 [내용]은 "가동" 및 "비가동"으로 그룹화해서 시각화 차트를 분석할 수 있다.

테이블 [가동코드] 기준으로 제품의 생산/설비 라인 분석이 가능하다. 각 [가동코드] 별로 구간을 지정해서 "[시작시간]부터 [종료시간]까지" 분석을 할 수 있으며, 이런 기준코드를 통해서 설비의 다양한 능률을 분석할 수 있다. 즉 기본 테이블을 잘 작성해야 파워 BI에서 시각화 차트를 만들 수가 있다.

② [유실코드]
즉 [가동 코드] 중에 고장이 발생하였는데, 세부적으로 고장관련 다양한 세부적인 유실 유형이 있을 것이다. 가동코드 중에 고장에 따라 다양한 유실 데이터 정보를 입력하여 고장 처리 내역에 따라 얼마나 시간이 걸려서 수리를 하였는지를 분석할 수가 있다.

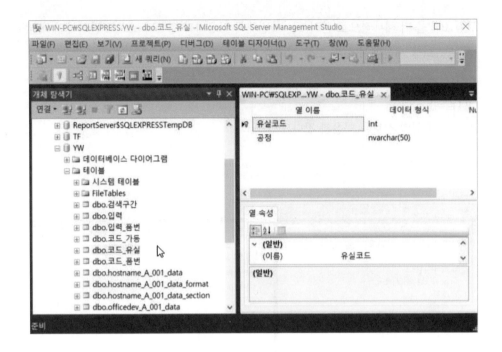

유실코드 데이터는 필드 [유실코드], [공정]이 있다.

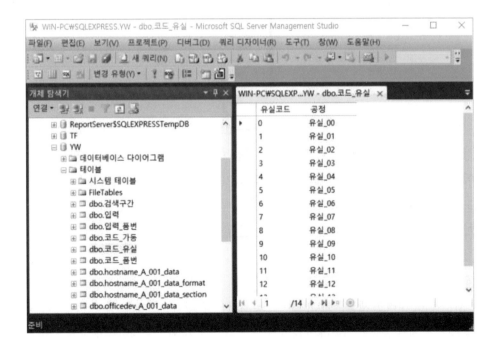

고장 요인을 더 세부적으로 관리하는 차원에서 PLC에서 데이터 코드로 관리하면 해당 [시/분/초]를 계산해서 설비 고장 장애를 분석할 수 있다.

③ [입력]

PLC 제어 입력 정보는 다음과 같다.

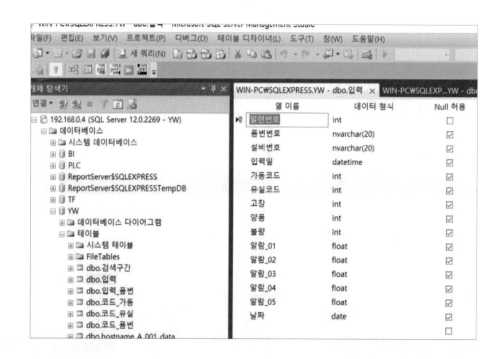

필드는 [일련번호, 품번, 설비, 가동코드, 유실코드, 고장횟수, 양품, 불량] 등의 다양한 정보가 있으며, 필드 [알람_01, 알람_02, 알람_03]은 HMI에서 이상 신호시에 담당자에게 이메일로 경고 알람 데이터를 저장하는 기능도 있다. 특히 SCADA에서는 관제 모니터링의 기능도 중요하지만, HMI사전 알람 경보를 주는 것도 매우 중요하다. 이제 HMI에서 작성된 데이터 샘플링 데이터를 학습해보자.

④ [샘플링 데이터]

CMT SVER 시리즈 제품은 HMI 데이터의 서버 SQL 테이블을 자동 생성 및 데이터 저장한다. 앞에서 설명한 데이터가 10개 필드가 있다면, 자동으로 테이블 생성 및 필드가 만들어진 후에 각 PLC 센싱 데이터가 MS SQL로 저장된다.

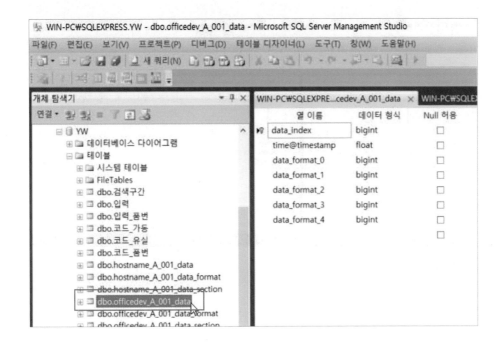

HMI의 날짜는 유닉스 코드로 저장되어 일반 윈도우 날짜로 변환해 줘야 한다.

다른 모든 PLC 데이터 값은 빅데이터로 저장되며, 자동 작성된 테이블에다가 필드를 추가/삭제 변경을 하면 자동 작성된 테이블 에러가 발생한다.

HMI를 이용해서 작성된, 테이블 [입력]은 HMI [SQL 저장] 방식에서 연결된 테이블이고, 테이블 [officedev_A_001_Data]는 HMI [데이터 샘플링]에서 만들어진 테이블이다.

테이블 [officedev_A_001_Data]의 데이터는 다음과 같다.

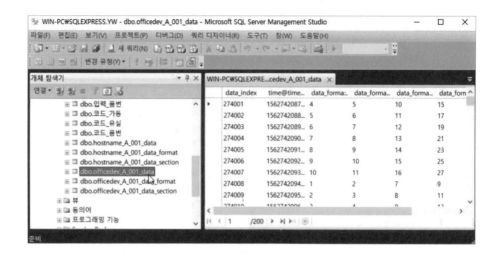

⑤ MS SQL 뷰어/Query

생산관리의 데이터를 시각화 차트를 하는데 HMI의 SQL 저장방식과 데이터 샘플링 방식 중에 데이터 샘플링 방식으로 뷰어/쿼리를 소개한다.

뷰 [T_00]의 디자인은 다음과 같다.

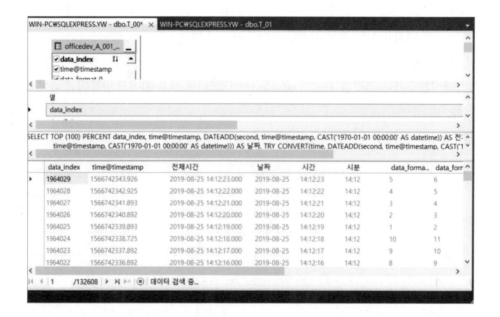

1.데이터 인덱스 필드 [Data_index]가 있고,

2. 필드 time@timestamp은 시간인데 유닉스 타임

3. 필드 [전체시간]은 필드 [time@timestamp]을 윈도우 시간 타임으로 변환

DATEADD(second, time@timestamp, CAST('1970-01-01 00:00:00' AS datetime))

4. 필드 날짜는 필드 [전체시간]을 yyyy-mm-dd 형식으로 변환

TRY_CONVERT(date, DATEADD(second, time@timestamp, CAST('1970-01-01 00:00:00' AS datetime)))

5 필드 날짜는 필드 [전체시간]을 시간 형식으로 변환

TRY_CONVERT(time, DATEADD(second, time@timestamp, CAST('1970-01-01 00:00:00' AS datetime)))

6. 시분 분석을 위해서 변환

LEFT (TRY_CONVERT(time, DATEADD(second, time@timestamp, CAST('1970-01-01 00:00:00' AS datetime))), 5)

와 같이 SQL 구문으로 해결하였다.

뷰어 [T_001]을 이용해서 일별로 PLC [작업시작]과 [작업종료] 시간을 뷰어로 만들어 보자.

날짜별 작업 총시간을 구한다. 뷰어 [T_00] 기준으로 필드는 [날짜]를 그룹으로 묶어서, 필드 [시분]을 최소값 [작업시작], 필드 [시분]을 최대값 [작업종료] 필드를 만든다. 날짜 그룹으로 각 PLC 데이터 값을 작성한다.

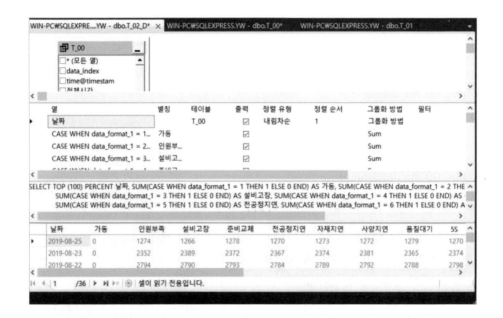

날짜를 그룹으로 작성한다.

가동코드를 1~11번까지 각 필드의 값을 작성한다.

가동은 1 ⇒ CASE WHEN data_format_1 = 1 THEN 1 ELSE 0 END

인원부족은 2 ⇒ CASE WHEN data_format_1 = 2 THEN 1 ELSE 0 END

와 같이 작성하여 그룹화 방법 Sum 선택한다.

유실코드, 고장횟수를 Sum(data_format_2/3)으로 요약하고,

생산 양품/불량을 Sum(data_format_4/5)으로 요약한다.

만약에 필드 [시분] 분석까지 필요하다면 다음과 같이 그룹화한다.

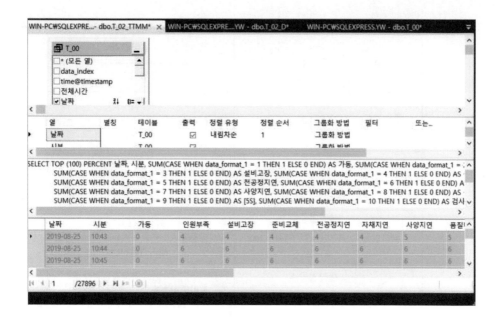

인력 투입에 관련된 데이터가 입력된다면, 그림의 좌측 관리지표 부문이 산출된다. 인적 데이터분석이 없기 때문에 PLC 데이터만 시각화 차트로 만들어 본다.

(4) 적용구분

<table>
<tr><td colspan="2">(사람중심)</td><td></td><td></td><td colspan="2">(설비중심)</td><td></td><td></td><td></td></tr>
<tr><td colspan="2" rowspan="1">총출근공수</td><td>조업시간</td><td></td></tr>
</table>

(사람중심)				(설비중심)			
		총출근공수		조업시간			
간접공수		직접공수		부하시간			휴지 LOSS
	휴업공수	실작업보유공수		가동시간		정지 LOSS	
		비작업공수	실동공수	정비가동시간		속도 LOSS	
			작업능률 저하	표준공수 회수공수	가치가동 시간	불량 LOSS	

(5) 관리지표

①가동율 = $\dfrac{\text{실동공수}}{\text{실작업보유공수}} \times 100$	① 조업도 = $\dfrac{\text{부하시간}}{\text{조업시간}} \times 100$
②능 율 = $\dfrac{\text{회수공수}}{\text{실동공수}} \times 100$	② 시간가동율 = $\dfrac{\text{가동시간}}{\text{부하시간}} \times =100$
③회수율 = $\dfrac{\text{회수공수}}{\text{총출근공수}} \times 100$	③ 성능가동율 = $\dfrac{\text{정미가동시간}}{\text{가동시간}} \times =100$
④무작업율 = $\dfrac{\text{무작업공수}}{\text{직접공수}} \times 100$	④ 양품율 = $\dfrac{\text{가치가동시간}}{\text{정미가동시간}} \times =100$
⑤재작업율 = $\dfrac{\text{재작업공수}}{\text{실종공수}} \times 100$	③ 설비종합효율 = $\dfrac{\text{가치가동시간}}{\text{부하시간}} \times 100$
⑥효 율 = $\dfrac{\text{회수공수}}{\text{직접공수}} \times 100$	⑥ 회수율 = $\dfrac{\text{가치가동시간}}{\text{조업시간}} \times 100$

너무 많이 PLC/HMI/SQL을 다루다 보면, 파워 BI의 시각화 차트를 자세히 소개할 수 없는 관계로 이 정도로 마무리하고 연결해서 파워 BI 시각화 차트를 학습한다.

4. 파워 BI 시각화

앞에서 PLC 기반으로 HMI를 이용해서 MS SQL 데이터베이스 저장까지 학습하였으며, 이제부터 설비 기반의 파워 BI에서 데이터 가져오기를 학습한다.

[홈] 메뉴에서 [데이터 가져오기] - [MS SQL]를 클릭한다. 서버 [IP] 번호를 입력하고, 데이터베이스 및 데이터 연결 모드를 가져오기로 설정한다. 그리고 고급 옵션의 SQL 문 옵션에 바로 프로시저 혹은 MS SQL 구분을 통해서 서버에 접속할 수도 있다. 나중에 어느 정도 실력이 된다면, 고급 옵션에 MS SQL 프로시저를 작성하여 MS 파워 BI를 사용할 있다. 이 부문은 구글을 검색하면 예제가 많이 있다.

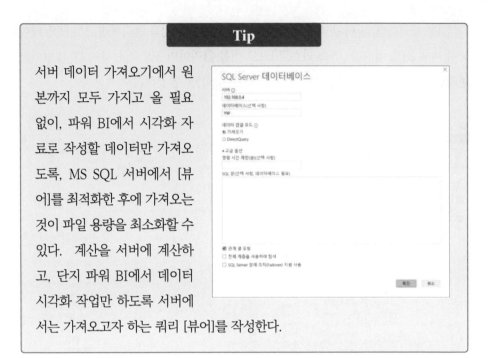

서버 데이터 가져오기에서 원본까지 모두 가지고 올 필요 없이, 파워 BI에서 시각화 자료로 작성할 데이터만 가져오도록, MS SQL 서버에서 [뷰어]를 최적화한 후에 가져오는 것이 파일 용량을 최소화할 수 있다. 계산을 서버에 계산하고, 단지 파워 BI에서 데이터 시각화 작업만 하도록 서버에서는 가져오고자 하는 쿼리 [뷰어]를 작성한다.

PLC에 연결된 HMI에서 제공하고 있는 [데이터 샘플링]의 MS SQL데이터만 체크해서 연결한다.

[편집]을 클릭하면, 파워 쿼리로 편집 창이 오픈되며, [로드]를 클릭하면, MS SQL 데이터를 파워 BI로 열린다. 좌측 리스트 [보고서]를 클릭하면 MS SQL 뷰어 [T_00](이름 변경함)뿐 아니라, 테이블 [코드_가동], [코드_유실]을 연결해서 가져온다.

앞에서 소개한 Dax 함수를 이용해서 분석할 비율, 우측 [필드] 창 열 필드 [가동률, 설비효율, 성능률] 등은 리본메뉴 [모델링] – [계산]에서 새로운 필드로 등록한 [새 측정 값]을 계산된 열 필드를 확인할 수 있다. 뒤에는 생산 설비관리의 Dax 함수를 소개하면서 열 필드 [가동률, 설비효율, 성능률] 등을 자세히 소개한다. 그리고 좌측 리스트 [모델] 관계형 구조는 다음과 같다.

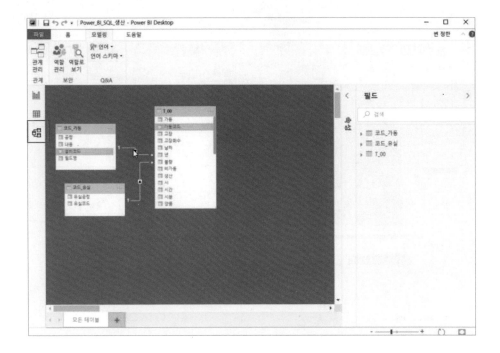

테이블간 설비코드 및 유실코드가 쿼리 뷰 [T_00]의 쿼리 [가동코드]/[유실코드]간 연결한다.

① [메인] 보고서

보고서 상단 오른쪽에 슬라이서 [년도]부터 설명한다.

앞에서 설명한 바와 같이, 먼저 시각화 패턴에서 [슬라이서]를 추가한 후에 [필드]에는 필드 패턴에서 필드 [T_00]에서 열 [년]을 마우스 체크 혹은 드래그앤 드롭으로 추가한다.

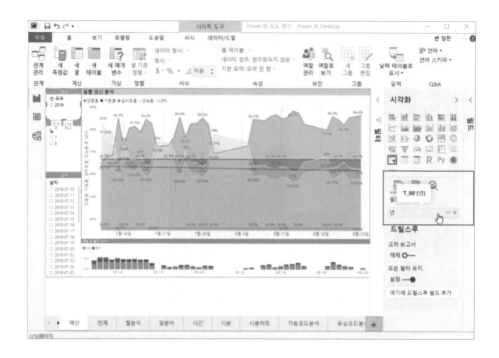

슬라이서 선택을 [목록]으로 선택한다. 혹은 드롭다운 및 사이, 크거나 작거나 등을 선택할 수 있다. 그리고 슬라이서 [년도] 시각화 서식에서 [제목]을 "년도"라고 입력하고, 그리고 기본 크기 등을 수정한다.

보고서 창을 보면, 3개 슬라이서 필드 [년도], [월], [날짜]를 작성하였는데, 리본 메뉴/시각화 패턴을 클릭해서 새로운 슬라이서를 만들기 보다는 기존 작성한 슬라이서를 복사한 후 수정해서 만든다.

슬라이서 [년도]를 복사해서 슬라이서 [월], [날짜]를 동일한 방법으로 만든다.

현재는 2019년의 데이터, 작성된 "7"월달을 클릭하면 슬라이서 [날짜]는 슬라이서 [월]/[날짜]의 데이터만 [상호작용 편집 기능]을 통해서 필터링되는 것을 확인할 수 있다.

<table>
<tr><td align="center">Tip</td></tr>
</table>

Tip
좌측/상단에 슬라이서 [년/월/일] 필터링을 배치해서 보고서 전체 안정감을 주도록 한다. 해당 [년/월/일] 편집은 다른 보고서에서 똑같이 보이기 위해서는 Ctrl+Shift를 누른 상태에서 3개 [년/월/일] 시각화 개체를 멀티 다중 복사를 선택하여, 다른 보고서에 똑 같은 위치에 붙여넣기를 할 수 있다. 다른 보고서에서 슬라이서 [년/월/일]을 개별적으로 새롭게 만드는 것은 아니다. 페이지를 복사해서 같은 슬라이서를 사용하는 방법과 슬라이서를 복사해서 다른 슬라이서로 변경하는 것을 반복 연습하는 것을 권한다.

슬라이서의 페이지별 [상호작용]만 소개하였다. [슬라이서]를 다른 페이지 [상호작용]을 알아보자.

메인 보고서 슬라이서 3개의 [년/월/일]이 있다. 슬라이서 [년]을 선택하고 [시각화도구] - [표시]에서 [슬라이서 동기화]를 체크하면 [슬라이서 동기화] 패턴 창이 오픈되며, 시각화 개체 슬라이서 [년]과 연결된 각 페이지에 체크 동기화 및 표시를 체크할 수 있다.

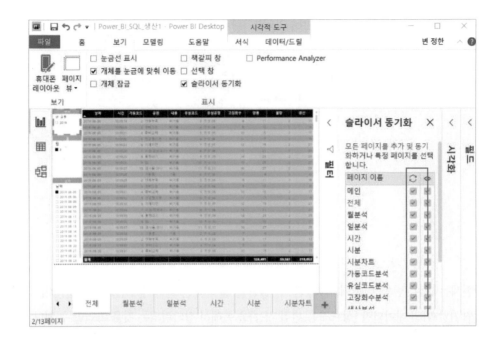

슬라이서 [월]의 경우에는 보고서 [월분석, 일분석]에서는 슬라이서 동기화가 필요 없다면, 동기화 및 표시를 체크 해지한다.

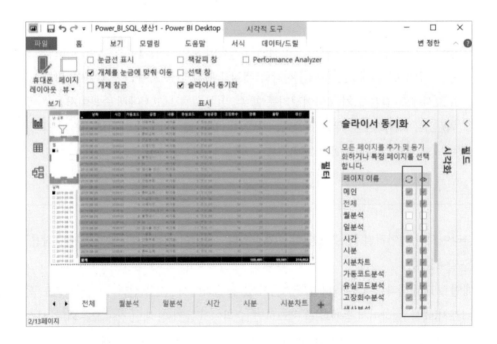

Tip

개별 시각화 개체 [슬라이서]의 동기화 및 표시를 체크 유무에 따라 [상호 작용]을 적용할 수가 있다.

영역형 차트를 선택하고, 마우스로 시각화 개체 크기를 지정한다.

시각화 패턴 [필드]에서 축 [날짜], 범례는 비어 있고, 값에는 [양품률], [가동률], [설비효율], [성능률], [UPH] 등이 있다.

마우스로 차트의 데이터를 선택하면, 해당 선택 위치의 값에 대한 시각화 데이터를 팝업 창으로 보여주는데, 보고서 [요약]의 내용을 팝업 창으로 해당 위치에 대한 요약 정보를 보여준다.

리본메뉴 [모델링] - [계산]에서 [새 측정값]으로 작성된 [가동률]부터 시작해서 [UHP]를 보여준다.

먼저 가동률의 Dax 함수는 다음과 같다.

가동률 = sum(T_00[가동])/(sum(T_00[가동])+sum(T_00[비가동]))

성능률 = (SUM(T_00[생산])*4.5/'T_00'[총가동])/100

양품률 = sum(T_00[양품])/SUM(T_00[생산])

설비효율 = 'T_00'[가동률]*'T_00'[성능률]*'T_00'[양품률]

UPH = SUM(T_00[생산])/(SUM(T_00[가동]) * 3600)*100 등을 각자 작성한다.

가동률은 총가동시간을 기준으로 가동시간을 나눈 것이다. 성능률은 각 생산수량에 설비능률을 곱해서 총가동시간으로 나눈 것이며, 양품률은 양품을 총생산량으로 나눈 것이다.

[설비효율]은 [가동, 성능, 양품의 %]을 곱한다.

[UPH]는 총가동시간 시준으로 얼마나 생산을 하는지를 보여주는 지표라고 할 수 있다. [시각화] - [서식]을 보면, 데이터 색상을 각각 개별로 변경할 수가 있다.

데이터 레이블 색상에서 소수 자리 수 및 크기를 지정한다. [제목 그룹]을 보면, [배경색] 및 [글꼴색], [크기] 등을 지정한다.

우측 하단에 시각화 개체에서 [누적 세로 막대형 차트] 기준으로 축 [날짜], 값에는 필드 [양품], [불량]이 지정되어 있다.

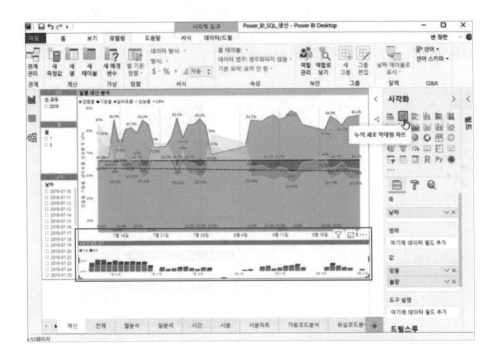

날짜별로 누적 총생산량 계산, 양품 및 불량의 총생산 시각화 차트를 보여준다.

[서식] 탭에 X 축, Y 축이 지정되어 있으며, 데이터 색을 변경하거나 제품에 "양품 및 불량, 날짜"라고 입력한다. 색상의 시각화에 따라 보는 시각이 달라지는 것을 느낄 것이다.

만약에 [일별 생산분석]에도 팝업 도구설명을 [양품 및 불량, 날짜]에도 적용하고자 한다면, 해당 시각화 개체의 서식에서 [도구설명] 페이지에서 [자동]을 [요약] 변경한다. 보고서 "요약"을 선택하면 마우스 선택 위치에 따라서 팝업 창으로 보고서 "요약"을 보여준다.

지금까지 보고서 [메인]을 설명하였다.

년을 "2019", 월을 "7"을 선택하면 다음과 같다.

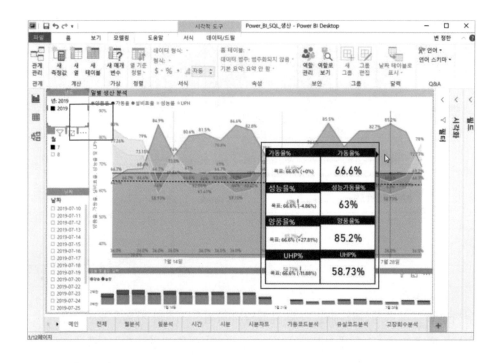

7월 28일 기준으로 도구설명의 [내용]을 보여주고 있다. 우측 상단에는 7월의 선택 날짜의 [양품률] 및 [가동률] 등을 확인할 수 있다. 우측 하단의 [누적 세로 막대형 차트]는 "7" 월의 데이터만 보여준다.

[도구 설명]에 추가된 보고서 [요약]에 대해 알아보자. 좌측의 시각화 개체는 KPI로 작성, 필드를 보면, 지표 [가동률], 추세 축 [날짜], 대상목표 [가동률]로 100%로 지정하였다.

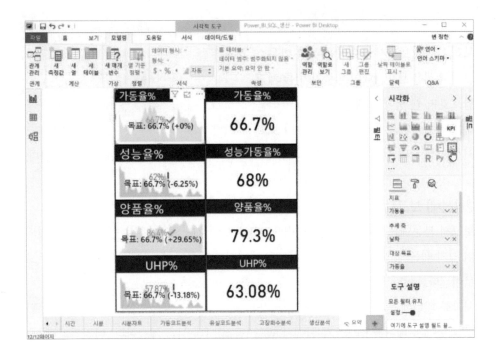

그리고 우측 시각화 개체는 [카드]로 필드 [가동률]을 지정하였다.

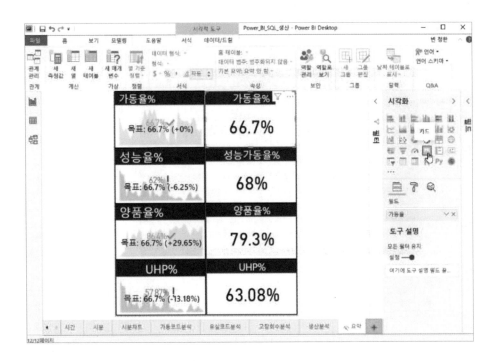

특히 [요약] 보고서의 이름을 우측 마우스
클릭 속성을 보면, [페이지 숨기기]를 체크
함으로써 웹 상에서 해당 보고서 [요약]을
숨겨서 보이지 않도록 하여 불필요한 보고

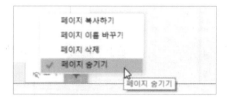

서 게시를 줄일 수 있다. 시각화 [서식]에서 선택한 [도구설명] 보고서만 보이도록 한다.

② [전체] 보고서

보고서 본문에는 오른쪽 원본 쿼리 [T_00]을 보여주며, 모델에서 관계설정이 연결되
어 있기 때문에, [가동 및 유실] 테이블의 데이터까지 보고서 [전체]에서 시각화 차트로
보여진다.

시각화 패턴에 [필드]의 [값]을 보면, 열 [날짜], [시간], [가동코드]를 추가하였으며, 필
드 패턴에서 테이블 [코드_가동]에서 필드 [공정], [내용]을 체크한다. 마찬가지로 [유
실코드] 및 [양품] 및 [불량], [생산] 필드까지 추가한다.

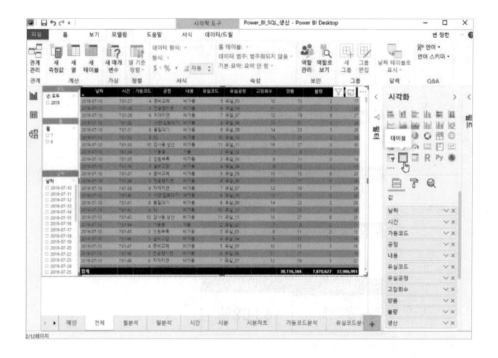

좌측에 슬라이서 [년/월/날짜] 중에 개체 값을 선택하면, 우측의
데이터가 상호 작용되어 변경되는 것을 확인할 수 있다. 데이터
색상 값 지정은 서식에서 [스타일] 중 [굵은 헤더 현란한 행]을 선
택한 것이다.

③ [월 분석] 보고서

앞에서 작성된 보고서 [전체]를 복사한 것이며, 좌측 시각화 개체
[년/월/날짜]는 같고, 우측 시각화 개체만 변경한 것이다. 먼저
상단에서 보면 시각화 개체를 [테이블]로 선택하고, 필드 값을
[년, 월, 일, 가동률, UPH]까지 추가한다.

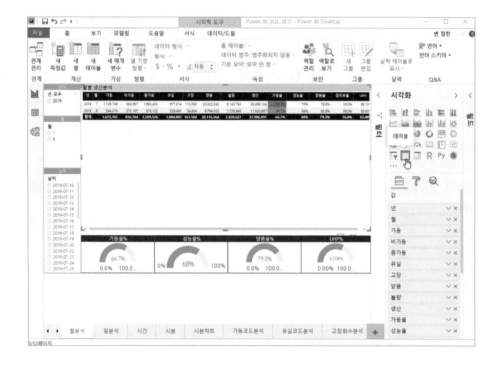

총가동은 [새 측정값]을 이용해서
총가동 = SUM(T_00[가동])+SUM(T_00[비가동]) 만들고
생산은
생산 = 'T_00'[양품]+'T_00'[불량] 와 같이 만든다.

필드 [생산] 값의 속성값을 변경하기 위해서, 마우스 우측 클릭해서 "합계"로 체크한다. 데이터가 요약 안함 기준으로 합계 계산된다.

가동률을 보면 필드 색상 값이 다르게 입력된 것을 확인할 수가 있다. 각 필드 속성 변경 리스트 중에 [조건부 서식]을 [배경색]으로 선택한다.

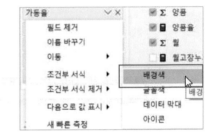

필드 [가동률]의 배경색은 엑셀 조건부 서식처럼, 각 데이터의 색상 값을 변경 수정한다.

화면 하단에 게이지 차트가 4개 있다. 게이지가 [가동률, 성능률, 양품률, UHP %]을 보여주고 있다. 시각화 게이지 가동률의 값은 필드 [가동률]을 선택한다. [필드 및 최소 및 목표 값]을 비교로 데이터를 작성할 수가 있다.

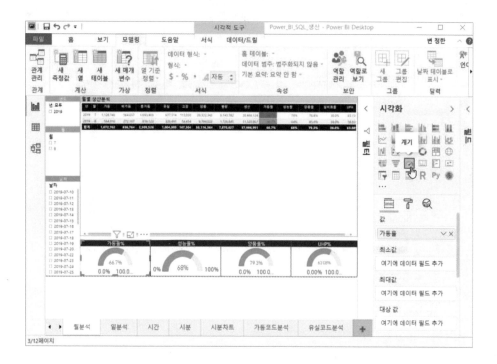

게이지 [성능률]에 목표 값으로 필드 [가동률]을 추가하면, 게이지 목표 값이 표시된다.

④ [일분석] 보고서

앞에서 작성된 [월분석] 보고서 복사하여 [일분석] 보고서로 변경한다.

좌측 년/월/날짜는 같고, 우측 상단에는 날짜 요약 그룹으로 [가동, 비가동, 총가동 및 UPH]까지 작성한다.

설비에 대해서 일별 요약 데이터를 작성한다. 양품률의 조건부 서식은 [아이콘]을 선택한다. 다양한 값의 조건 범위를 입력 선택한다.

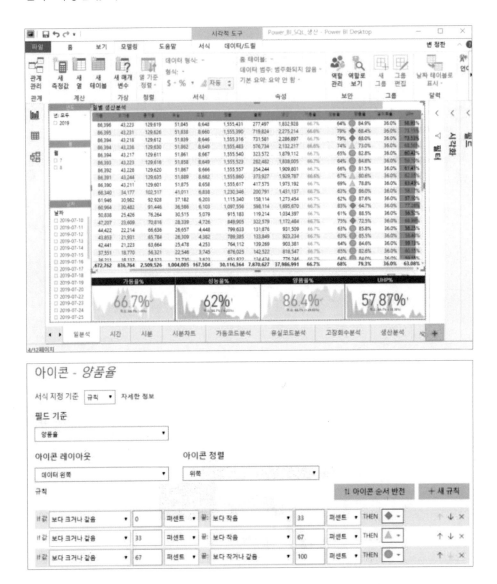

필드 [UHP]의 조건부 서식은 [데이터 막대]를 선택한다. 최소/최대값을 선택하거나, 양수 막대 /음수 막대 색상을 지정할 수 있다.

보고서 우측 하단은 요약 보고서는 KPI 차트 [가동률, 성능률, 양품률, UPH]를 보여주고 있다. 시각화 개체 [카드]와는 차이가 있다. 음영을 기준으로 데이터를 더 시각화 차트로 만들어 준다.

시각화 개체 [성능률]을 보자. 날짜를 멀티 다중으로 선택되면, 색상배경으로 데이터 값이 표시되나, 시각화 개체 [카드]는 데이터만 표시된다.

KPI 필드 값은 지표로 [가동률], 추세 축은 [날짜], 대상목표는 [가동률]을 지정하였다.

⑤ [시간] 보고서

시간을 그룹으로 해서 [생산설비 가동 및 유실, 고장횟수]까지 데이터를 분석한다.

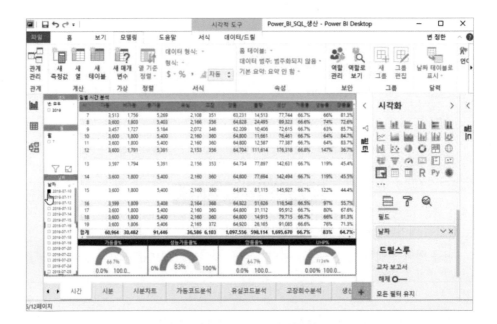

⑥ [시분] 보고서

데이터를 필드 [시분]으로 만들어서 데이터를 분석한다.

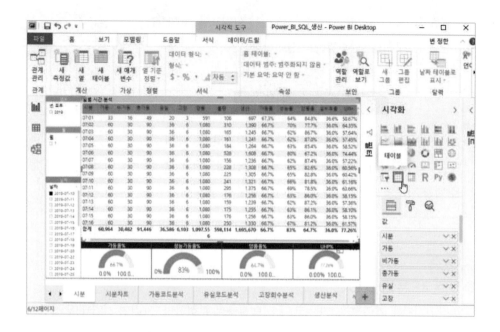

⑦ [시분차트] 보고서

시각화 개체를 [꺾은선형 및 누적 세로 막대형 차트를 선택한다.

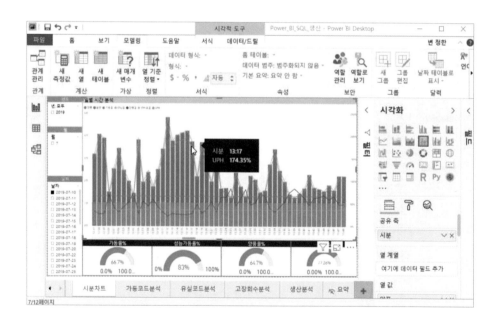

시각화 필드를 다음과 같이 선택한다. 값은 [시분], 열 값으로, 양품, 불량을 선택하고,

꺾은선형 값에는 [가동률, 성능률, 양품률, 설비효율, UPH]를
선택하고, [도구설명]에는 생산을 선택한다.

> ## Tip
>
> 현장에서 직접 현재 시간의 상태를 모니터링할 때, 유익
> 한 보고서 시각화 차트라고 볼 수 있다. 즉, 데이터의 값
> 상태를 차트로 보면서 설비를 실시간 검증할 수 있다.

⑧ [가동코드분석] 보고서

일별 작업시간대 기준으로 [가동코드]를 백분율로 분석한다. 그러면 시간대에 정상적
인 작업 유무를 확인할 수 있다. 7월달을 선택하면, 7월달 전체 데이터 기준으로 작업
시간대 [가동 행합계의 백분율]을 선택한다.

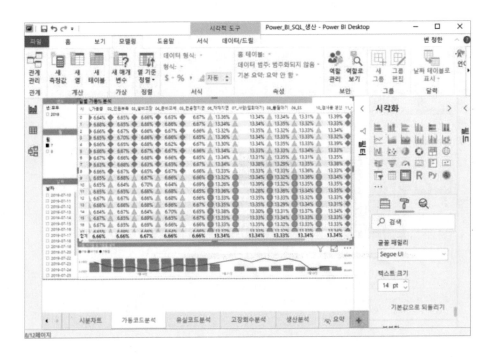

서식화 필드에서 행을 시, 열 필드명, 값을 필드 [총가동]을 선택한다. 그리고 값 표시 속성 창에서 [행으로 백분율 %] 선택한다. 그리고 조건부 서식의 아이콘 값을 지정한다.

우측 하단의 [꺾은선형 및 누적 세로 막대형 차트]를 통해서 날짜 별로 막대 가동 및 비가동 시간 분석 및 선형 가동률을 확인할 수 있다.

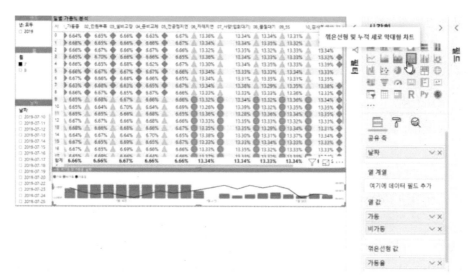

⑨ [유실코드분석] 보고서

설비 고장이 발생하면, 다양한 고장원인이 발생한다. 유실코드를 통해서, 고장이 해당 시간대 유실코드를 백분율로 계산하여 [유실코드]별로 집계를 한다.

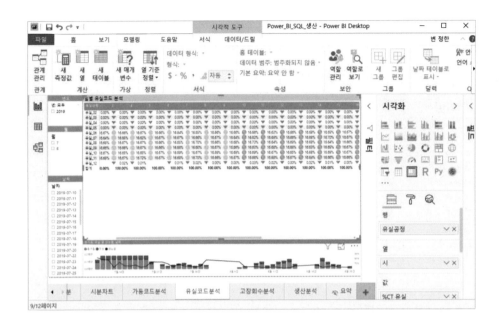

시각화 필드의 행 [유실공정], 열은 [시], 값은 [유실]로 [열합계 백분율] 선택한다. 그리고 조건부 서식은 다음과 같다.

우측 하단에는 2중 막대 선형 차트를 이용해서, 날짜별로 막대 총가동과 유실을 누적으로 보여주며, 선형으로 설비의 성능률을 보여준다. 비가동시간에 유실이 포함되지만, 누적으로 총가동 + 유실을 보여준다.

⑩ [고장횟수분석] 보고서

일별로 시간대 고장횟수를 보여준다. 장비의 고장횟수가 늘어나면, 설비의 이상 유무를 분석할 수 있다. 행에 날짜, 열에 시, 값에는 고장(합계)을 입력한다.

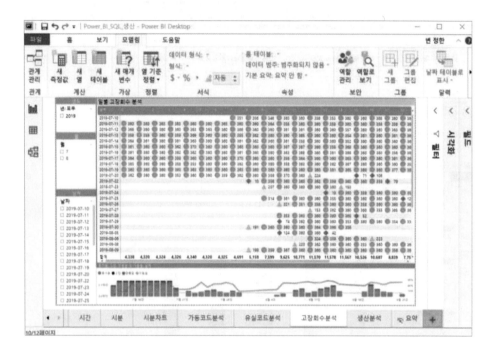

조건부 서식은 각 값 범위, 아이콘 등 선택한다.

우측 하단은 날짜 기준으로 막대로 총가동, 고장횟수, 선형으로 양품률 및 가동률의 차트를 보여주고 있다.

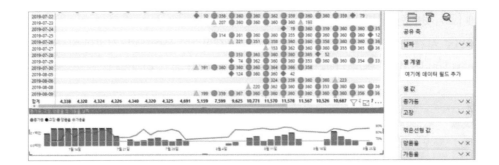

⑪ [생산분석] 보고서

일별로 시간대 양품 및 불량, 총생산량을 보여준다.

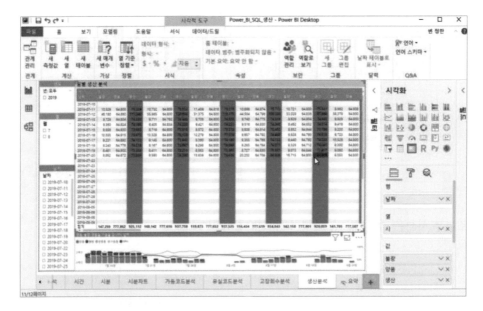

양품 및 불량을 막대 차트로, 양품률/가동률/ UPH를 선형 차트로 보여준다.

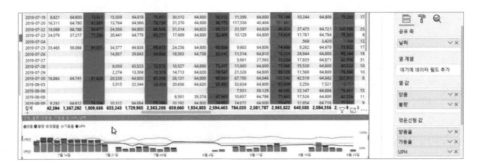

새 측정값 계산으로 누계 계산 공식은 다음과 같다.

월고장누계 = CALCULATE(SUM(T_00[고장]), DATESMTD('T_00'[날짜]))

월생산누계 = CALCULATE(SUM(T_00[생산]), DATESMTD('T_00'[날짜]))

8.3. 산업지표

5년간의 산업 경제 지표를 통해서 고용 역량 지표를 시각화 차트로 만들어 보고자 한다. 경제 지표에는 사업체별 5년간 매출 및 관리 지표들, [수출, 종업원수, 피보험자 및 상실자수] 등의 모집단이 있다고 가정한다. 첨부된 모든 데이터는 가상 시나리오로 만들어서 설명한다.

매출이 증가하면, 고용이 증가할까? 혹은 수출이 증가하면 고용이 증가하는지를 분석한다.

예제 엑셀파일은 '산업정보.xlsx'이다.

필드 [사업자 번호, 종업원수, 자산, 부채, 매출액, 금여, R &D] 등 기업별 경영 정보가 있으며, 고용 정보인 [피보험자수, 신규 취득자수, 상실자수]가 있고, 기타로 [수출실적, 기업규모, 업종]이 있다.

데이터 2012년부터 2016년까지 5년간의 데이터가 모집단이라고 가정한다.

[홈] – [삽입] – [데이터 가져오기]에서 엑셀을 선택한다.

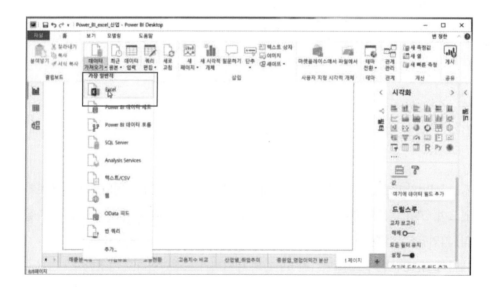

엑셀 시트 [산업정보]를 체크하고 버튼 [로드]를 클릭한다.

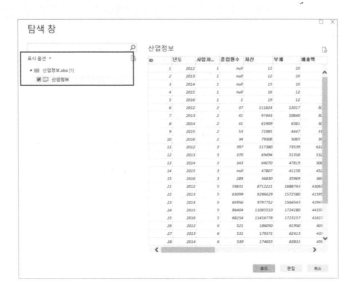

좌측 [데이터] 창을 보면, 우측 필드 [산업정보]의 데이터를 보여준다.

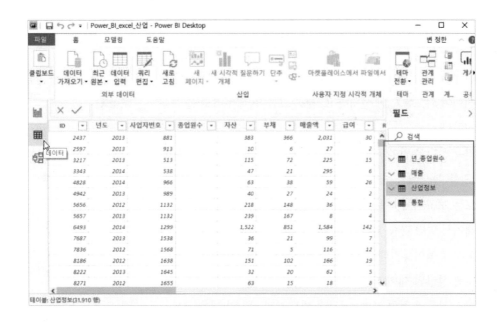

앞으로 데이터를 시각화 차트 작성보다 분석 중심으로 설명한다.

① [산업전체] 보고서

시각화 패턴에서 [슬라이서]를 클릭해서 보고서 본문에 시각화 개체를 추가한 후에, 시각화 필드 [년도]를 추가한다.

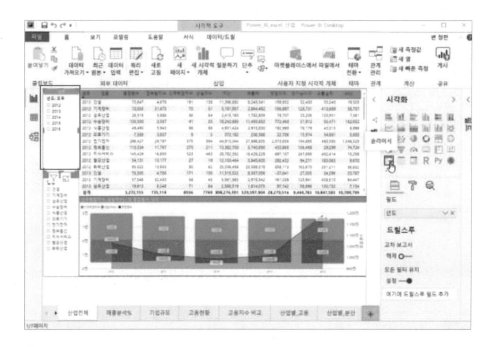

슬라이서 [년]의 시각화 서식에서 편집 [슬라이서]를 다중 선택이 되도록 Ctrl 선택하고, 제목 그룹 및 테두리 등을 설정한다.

좌측 하단은 앞에서 설명한 것과 같이 업종도 슬라이서 [년도]를 복사해서 슬라이서 [업종]으로 변경해서 수정한다. 모든 보고서에 적용하기 위해서는 Ctrl + Shift를 누른 상태에서 멀티 다중 슬라이서 [년도]/[업종]을 복사해서 각 보고서에 붙여넣기해서 새로운 슬라이서로 변경한다.

우측 상단의 데이터는 시각화 패턴에서 [데이터]를 선택해서 크기를 조정한 후에, 시각화 필드 [년도 및 업종]을 그룹으로 지정하고, 필드 [종업원수, 피보험자수, 상실자수, 매출 및 R&D] 까지 합계로 지정한다.

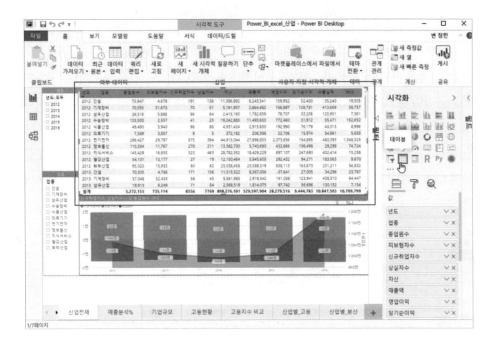

우측 하단의 시각화 개체 [꺾은선형 및 묶은 세로 막대형 차트]를 선택한다.

시각화 필드에서 공유 축 [년도], 열 값은 [신규취업자수], [상실자수(-)], 꺾은선형 값은
[종업원수]를 선택한다.

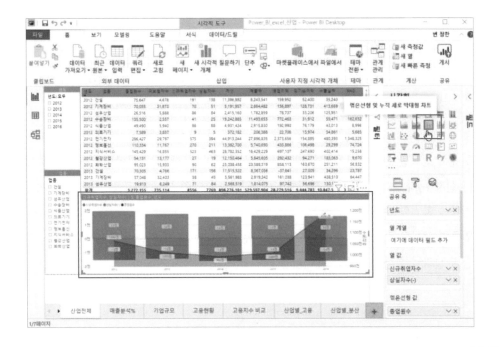

해당 보고서의 분석은 다음과 같다.

상실자수 : 고용보험 가입자 중 퇴직자

시각화 [꺾은 차트]를 통해서 2012년부터 매출은 약간 감소 추이를 보이지만, 영업이익은 증감이 없고, 단지 고용보험 가입 필드 [종업원수] 보면, 약간 상승하였다. 즉 시각적 차트로 [종업원수]의 변화를 확인할 수가 있다.

슬라이서 [업종]에서 종업원수가 많은 업종 [전기전자, 정보통신, 지식 서비스] 부문을 멀티 Ctrl + 체크한다. [꺾은 차트]를 보면 년도별 필드 [종업원수]가 증가 추이를 보이고 있다.

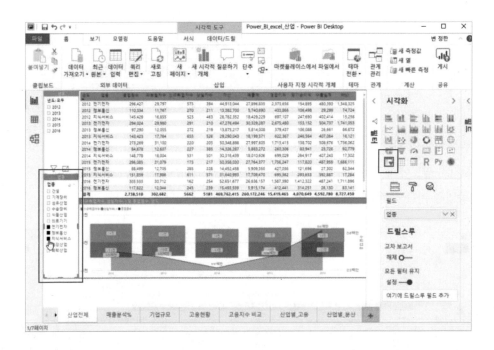

위에서 선택한 업종에서 [건설, 기계장비, 섬유산업, 철강산업, 화학산업]을 선택하니 [상실자수]가 증가되는 것을 확인할 수가 있다. 즉 이쪽 부문에 고용지수가 낮아지는 경향을 확인할 수 있다.

업종별 그룹으로 묶어서 분석함으로써, 다양한 결과의 모델링을 얻을 수 있다. 즉, 그룹별 결과들을 통해서 얻은 데이터를 산업별 지표 분석이 가능하다.

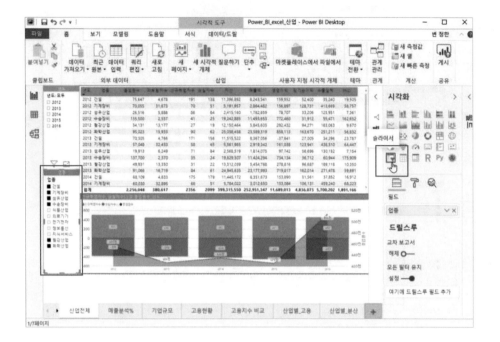

지금까지 모든 빅데이터 분석은 피드백 없이 단방향 데이터 분석을 하였으나, 파워 BI 의 시각화 데이터는 상호작용으로 다양한 데이터 검색/분석까지 가능하다.

② [매출분석%] 보고서

매출액 기준으로 데이터 시각화를 만들어 보자. 먼저 앞 보고서의 좌측 슬라이서 [년]/ [업종]을 복사해서 새로운 보고서에 붙여넣기를 하고, 우측 상단 매출분석도 시각화 [테이블]을 복사해서 시각화 [행렬]로 변경한다.

시각화 [행렬]을 시각화 [필드]에서 행에는 [업종], 열에는 [년도], 값에는 [매출액], [매 출액 %]를 선택한다.

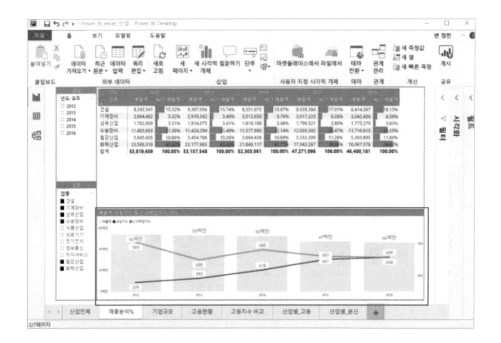

업종별 선택된 그룹을 보면, 신규 취업자 수는 늘어나고, 상실자수인 실업은 늘어나는 것을 확인할 수가 있다. 만약 정부가 고용 안정화 정책 입장에서 분석한다면, 해당 업종에 지원을 재평가해야 한다라는 결과를 얻을 수 있다. 그럼 이런 요인을 사전 검증을 통해서 다양하게 분석할 수 있다.

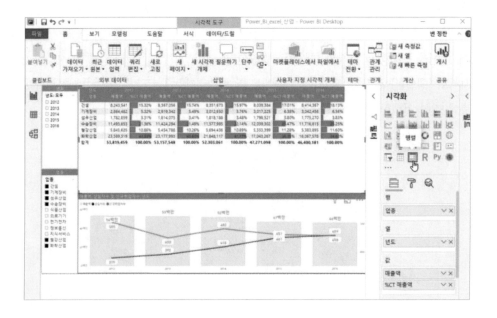

특히 [매출액 %]는 다음과 같이 [다음으로 값 표시]에서 [열 합계의 백분율]을 선택한다, 그러면 행의 필드 [매출액] 업종별 기준으로 백분율로 표시한다. 년도별 10% 기준으로 데이터가 [백분율]되어 산업/업종별 분포를 확인할 수 있다. [매출액 %]의 조건부 서식은 [데이터 막대]를 선택한다.

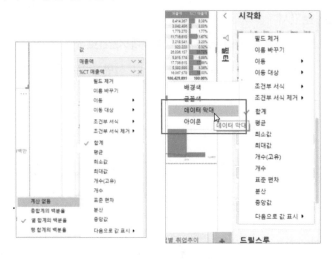

우측 하단의 시각화 개체 [꺾은 선형 및 묶은 새로 막대형 차트]는 시각화 [필드]에서 공유 축은 [년도], 열 값 [매출액]], 꺾은 선형 값은 [신규취업], [상실자수]를 선택한다.

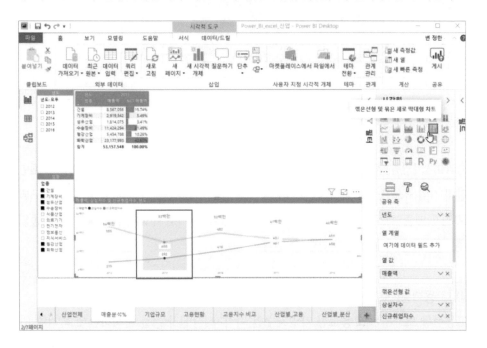

6개 업종을 선택을 보면, 매출 변화는 별로 없지만, 신규 취업자수는 감소하고, 상실자수는 증가하였다. 특히 업종별로 [매출액]은 [전기전자, 지식서비스, 화학] 산업을 선택해 보면 다른 시각화 차트를 보일 것이며, 취업자수가 늘어나는 것을 확인할 수 있다.

③ [기업규모] 보고서

기업규모 보고서는 [꺾은선형 및 누적 세로 막대형 차트]로 시각화 [필드]의 공유 축 [년도], 열 계열은 [기업규모], 열 값은 [매출액], 꺽은 선형 값은 [종업원수 피보험자수]를 지정한다.

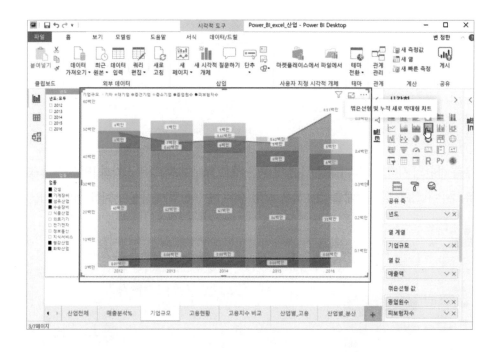

슬라이서 [업종]에서 선택된 6개 그룹을 보면, 매출액 기준으로 2012년 대비 2016년 간의 기업 규모를 비교해 보면 대기업의 비중이 줄어든 것을 확인할 수 있으며, 년도별로 전체 매출액이 감소하는 것을 확인할 수가 있다. 대기업 매출의 감소 및 해당 업종의 [종업수]는 증가한 것을 확인할 수 있다.

④ [고용현황] 보고서

고용현황 보고서는 고용보험 가입자수인 퇴직자 [상실자수]를 분석하는데 목적이 있

다. 시각화 개체에 [꺾은 막대]를 선택하고, 필드 공유 축은 [년도], 열 값은 [수출실적],
꺾은 선형 값은 [상실자수, 신규취업자수]를 지정한다. 색상 음영 및 레벨 등은 시각화
서식에서 설정한다.

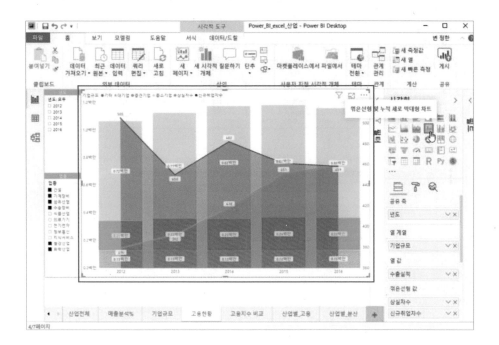

슬라이서 [업종] 6개 업종의 시각화 차트 분석 결과는 다음과 같다.

매출은 2012년 보다 증가하였으며, 중소기업 매출 비중이 크다. 그리고 신규 취업자수
는 줄어들었으며, 상실자수는 증가한 결과를 얻을 수가 있다. 특히 2016년도 데이터를
보면, [상실자수]와 [신규취업자수]가 같다는 것을 보여주고 있어, 2016년 이후 고용
변화 추이가 없다고 해석한다.

⑤ [고용지수 비교] 보고서

필드 [종업원/피보험자수/상실자수]의 백분율을 비교해 보고자 한다. 시각화 개체 [행
렬]을 선택하고 필드 행 [업종], 열 [년도], 값을 [종업원], [피보험자수], [상실자수]를
백분율로 계산한다. 결과는 전기전자가 종업원 백분율 약 30%를 차지하나, 피보험자
는 20% 정도 차지하고 있어, 피보험자인 부양가족이 다른 업종 대비 낮다고 볼 수
있다.

우측 아래 시트를 보면, 6개 업종의 종업원은 늘었지만, 신규 취업자수 및 상실자수가 변함이 없다는 것을 확인할 수 있다.

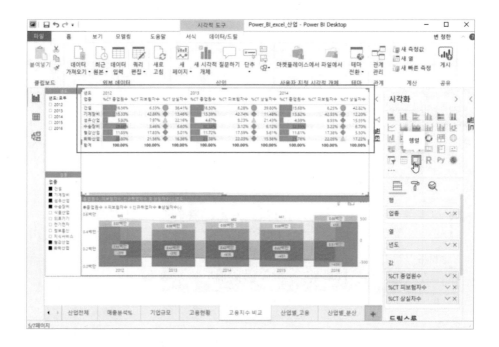

⑥ [산업별_고용] 보고서

시각화 [행렬]을 선택하고 시각화 [필드]에는 행 [업종], 열 [년도], 값 [종업원수, 피보험자수, 신규취업자수, 상실자수] 열합계를 백분율로 설정한다. [종업원수]에 관련하여, 전기 전자가 약 30%지만 2016년에는 25% 낮아지는 것을 확인할 수 있다. 업종 6개 기준으로 우측 하단의 시각화 개체는 [행렬]로, 시각화 필드 행은 [업종], 열 [년도], 값에는 수출실적, 피보험자수로 작성한다.

전체 업종 2012년을 보면, 업종 기계, 전기 전자가 40% 이상 피보험자를 차지하고 있으며, 별 변화가 없다. 피보험자의 백분율이 낮아지면서 수출이 낮아진 것을 확인할 수 있다.

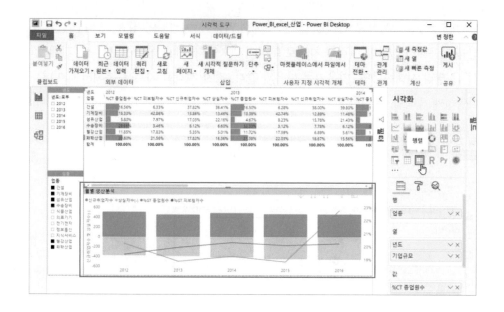

⑦ [산업별 분산] 보고서

시각화 [분산형 차트]를 이용하여 필드 범례 [업종], X 축은 [상실자수], Y축은 [종업원 수]를 선택한다. 분석에 추세선을 선택하면 정의 관계 (+) 표시되는 것을 확인할 수가 있다.

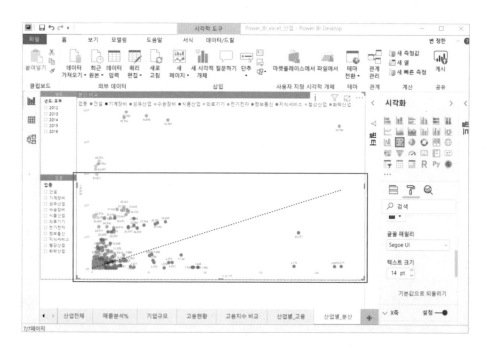

다양한 업종을 그룹으로 선택함으로써 추세선 기울기로 [영업이익] & [종업원]간의 분산을 이용해서 다양한 시각화 차트로 분석이 가능하다. 예로 들어 업종에서 "기계, 건설"을 멀티 선택한다면, 기울기는 다음과 같다. 각자 시각화 차트를 통해서 데이터를 다양하게 해석할 수 있다.

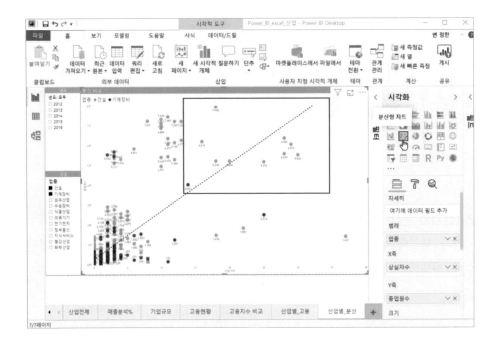

제9장
파워 BI 웹 서비스

9.1. 파워 BI 웹 서비스

파워 BI 파일을 웹 게시 업로드할 때, 연결된 엑셀 원본이 수정되면 어떻게 최신 데이터로 [새로 고침]을 할까?

클라우드 MS Azure의 MS SQL, Office 365를 제외한 외부 MS SQL 호스팅, 혹은 개인 PC에 엑셀 파일 원본이 있다고 가정하자. MS 파워 BI는 기본적으로 클라우드 운영 체계인 MS Azure, Office 356 E5 지원 정책에 따라 일정한 시간 간격으로 MS SQL이나 MS Office 365 데이터를 자동적으로 업데이트하지만, 외부 서버에 존재하는 MS SQL이나 MS Office는 기본적으로 자동 업데이트가 안 된다.

웹 파워 BI를 보면, 다운로드 그룹의 하위에 [데이터 게이트웨이]라는 것이 있다. 이것은 외부에 MS SQL 및 엑셀 파일이 있더라도 연결해서 업데이트 해주는 게이트웨이 기능이다.

Tip

MS의 파워 BI 제품은 클라우드 사업(MS Azure, Office 365)에 맞추어 발전해 왔으며, 파워 BI 프로는 10GB까지 월 정액(9.99달러)으로 이용 가능하다. 외부 데이터는 데이터 게이트웨이(온 프레미스 데이터 게이트웨이)를 연결해줘야 데이터가 웹 서비스 업로드가 되어 시각화 차트로 갱신되어 보여준다.

---

1. 홈 화면은 즐겨찾기 및 자주 사용하는 항목 , 최근항목, 작업영역 등으로 구성되어 있다.

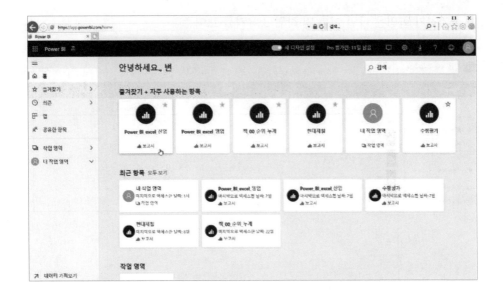

파워 BI 파일 아이콘을 클릭하면, 내 작업화면 영역으로 이동하면서, 파워 BI 파일의
웹 보고서가 표시된다.

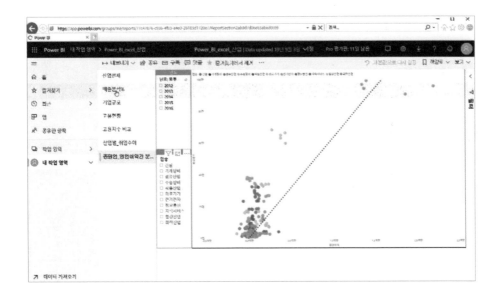

2. 즐겨찾기 화면은 파일 이름 및 작업 소유자를 보여준다.

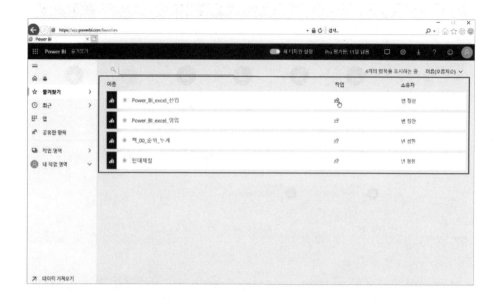

[작업] 공유는 [보고서 공유의 액세스 권한 부여 대상, 메시지 입력, 기타 체크 여부]를 입력할 수 있다.

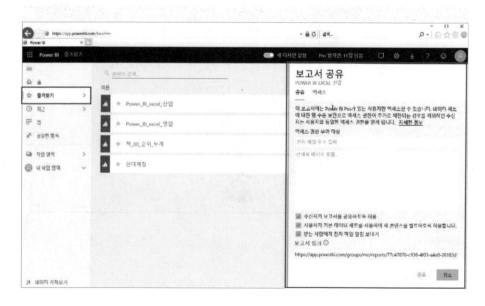

3. [최근] 메뉴는 [이름, 작업, 마지막 액세스, 위치] 등이 표시된다.

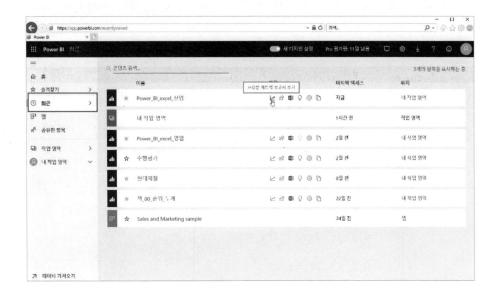

[사용량 메트릭]은 날짜 별로 사용된 [용량 및 보고서를 총 뷰어] 등으로 보여준다.

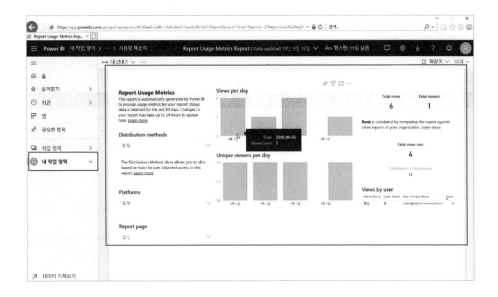

[작업] - [빠른 인사이트 확인]을 클릭하면, 선택된 파워 BI내의 다양한 인사이트 시각화 차트의 예시들을 보여주며, 인사이트 기준으로 새로운 보고서를 작성할 수도 있다.

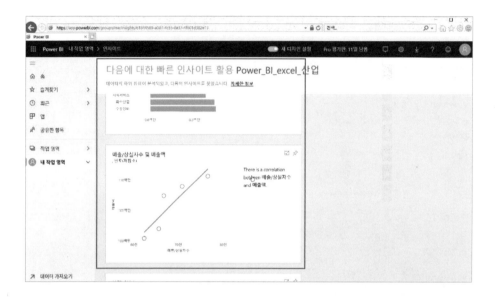

[작업] - [관리]를 클릭하면, [보고서의 필터 및 시각적 개체 옵션, 데이터 내보내기] 등을 수정할 수 있다.

4. [앱]은 등록된 앱을 보여준다.

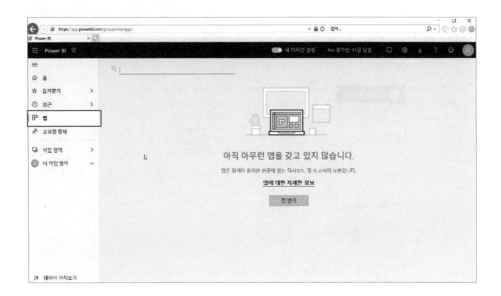

5. [공유한 항목]은 파워 BI 파일 별로 웹 게시자 리스트를 보여준다.

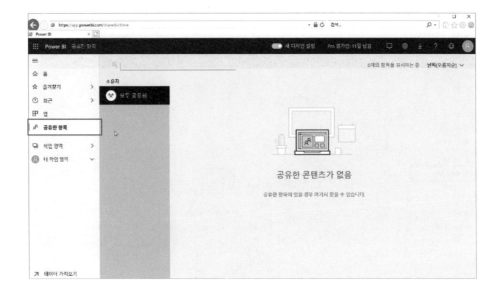

6. [작업영역]은 공유된 내 작업영역 검색하거나 [작업 영역 만들기]를 제공한다.

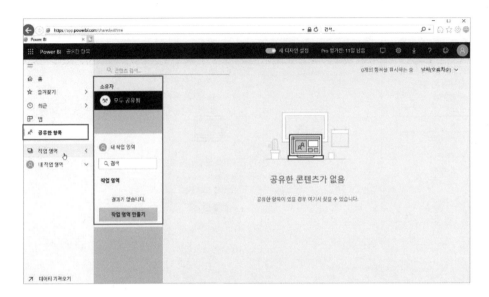

7. [내 작업 영역]은 웹에 게시된 파워 BI 파일을 [대시보드], [보고서], [통합문서], [데이터 세트]로 보여준다.

[대시보드]는 여러 게시 보고서를 하나의 통합 게시 보고서로 등록한다. 보고서는 [이름], [작업](사용량 매트릭스, 공유, 엑셀, 인사이트, 관련 항목 보기, 관리, 삭제, 복제), [소유자]를 보여준다.

[데이터 세트]는 이름, 인증, 작업(보고서 만들기, 새로 고침, 데이터세트, 관련 콘텐츠, 문서도 마찬가지 구성되어 있다.

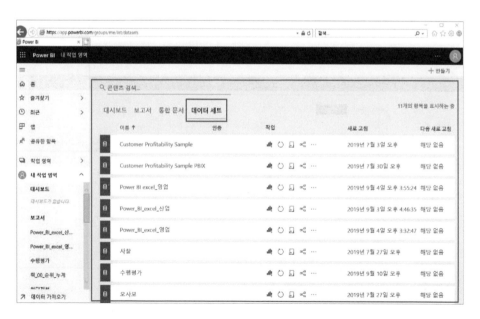

[…]은 [설정, 이름 바꾸기, 삭제, Excel에서 분석, 빠른 인사이트 탐색, 권한 관리]를 실행한다.

[작업] - [데이터 세트]를 클릭하면, 파워 BI 파일을 설정 창에 (새로 고침 기록, 게이트웨이 연결, 매개 변수, 질문 및 답변 추천 질문, 보증) 등이 나타난다. [새로 고침 기록]에는 예약된 상태의 실행 여부를 확인할 수가 있는데, 필드로는 [자세히, 형식, 시작, 종료, 상태, 메시지] 등을 보여주고 있다.

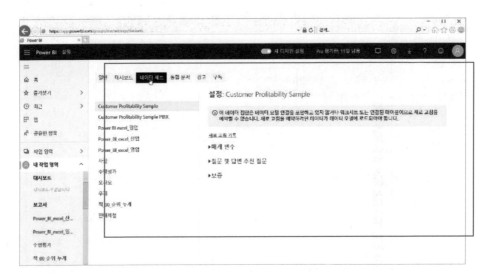

[게이트웨이 연결]은 업로드할 파일 및 서버를 연결한다. [매개 변수]는 특정한 값이 들어와서 게시자간 구분자를 만들어 [데이터 세트] 현황을 파악할 수 있다. [예약된 새로 고침]은 [데이터 최신버전 유지 및 업데이트 새로 고침 빈도] 등을 설정한다.

8. 웹의 상단에 [다운로드 ↓]를 클릭하면, [파워 BI Desk Top, 데이터 게이트웨이, 페이지를 매긴 보고서 작성기, 모바일용 파워 BI, Excel에서 분석 업데이트]를 다운로드 받을 수가 있다.

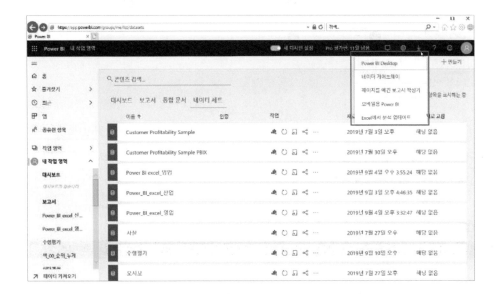

일단 [게이트웨이]를 다운로드하여 설치한다. 데이터 게이트웨이를 클릭하면 특정 웹 사이트로 이동 및 다운로드 설치를 한다. 일명 "On Premises data gateway"라고 한다. 내부 로컬 외부 방화벽으로 연결이 안 될 수가 있지만, 포워딩을 통해서 파일 원본 업데이트 연결 문제를 해결한다.

"온 프레미스 게이트웨이"를 통해서 외부 서버 데이터 및 엑셀 및 기타 파일을 연결해서 파워 BI 서비스를 받아서 웹으로 연결한다.

9. 웹 [설정]을 보면 [개인 스토리지 관리, 콘텐트 팩 보기, 관리 포털, Embed 태그관리] 등이 있다.

① [개인 스토리지 관리]는 전체 파일 용량[10GB]에서 사용 총 용량 21MB를 보여준다. [내 소요]의 필드 [이름, 크기, 형식, 마지막 새로 고침, 연결된 대시보드, 연결된 보고서] 리스트를 보여준다.

② [콘텐츠 팩 만들기]는 콘텐츠 액세스 집단([특정 그룹] 혹은 [내 전체 조직])을 선택할 수 있으며, [대시보드/보고서/데이터 세트]를 선택해서 회사 로그 파일을 업로드 게시한다.

[콘텐츠 팩 보기]는 [콘텐츠 팩 만들기]에서 만들어진 콘텐츠를 확인할 수 있다.

③ [관리 포털]은 [사용량 메트릭, 사용자, 감시로그, 테넌트 설정, 용량 설정, Embed 태그, 조직 시각적 개체, 데이터 흐름 설정, 작업내용, 사용자 지정 브랜딩]으로 구성되어 있다. [사용량 메트릭]은 리포트 수 및 데이터 세트 개수 및 패키지 접근 분석 등을 분석한다.

[사용자]/[감시로그]는 Office 365 관리센터로 이동해서 사용자, 관리자 및 그룹을 관리한다.

[테넌트 설정]은 파워 BI 작업할 때, [도움말 지원 설정, 작업영역 설정, 내보내기 및 공유 설정, 콘텐츠 팩 및 앱 설정, 통합 설정, 사용자 지정 시각적 개체 설정, R 시각적 개체 설정, 대시보드 설정, 개발자 설정, 데이터 흐름 설정, 템플릿 앱 설정] 그룹으로 구

성되어 있다. 각 기능의 설정은 중복되는 관계로 설명을 생략한다.

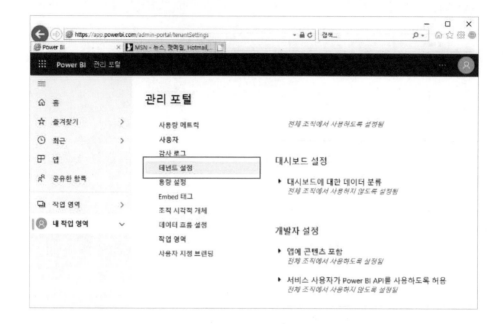

[Embed 태그]는 [보고서 이름, 작업 영역 이름, 게시한 사람, 상태를 보여주는데, 선택된 파워 BI 파일을 [새로 고침, 내보내기, 웹에서 보기, 삭제]할 수 있다.

선택된 파일을 선택 클릭, 메뉴 [웹에서 보기]를 클릭하면 웹 게시 파일 URL을 보여준다.

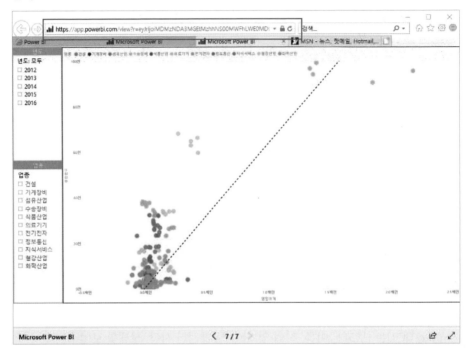

[조직 시각적 개체]는 [*.pbiviz, 아이콘] 등을 등록하면, 필드 [이름, 게시한 사람, 마지막 업데이트한 날짜], 작업] 등이 보여진다.

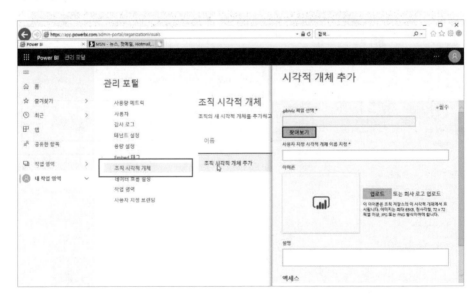

[데이터 흐름 설정]은 스토리지 저장을 확인할 수 있으며, MS Azure에 등록된 것을 확인할 수 있다.

[작업 영역]은 필드 [이름, 설명, 형식, 상태, 읽기 전용, 전용 용량에서] 등으로 구성되어, [새로 고침], [내보내기], [자세히]를 실행한다.

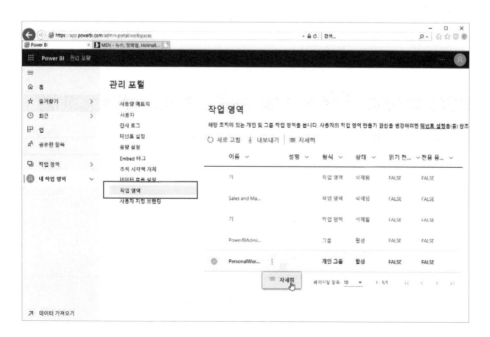

[자세히]를 클릭하면, 그룹 내용의 ID , 작업 그룹 내의 [보고서, 데이터 세트] 리스트를 보여준다.

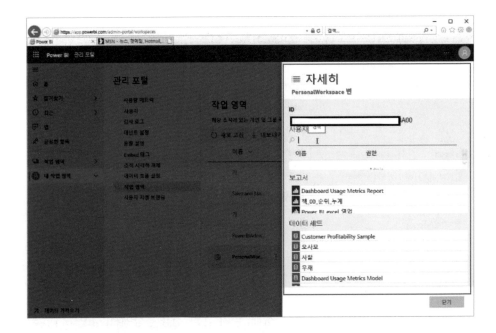

[사용자 지정 브랜딩]은 새로운 파워 BI 소식을 얻을 수 있으며, [로고] 및 [커버 이미지]를 업로드, [테마 색]을 지정할 수 있다.

이제부터 [온 프레미스 게이트웨이]를 연결하는 과정을 학습한다. 만약 MS Office 365 혹은 MS Azure SQL 서버를 이용하면 게이트웨이를 설치할 필요가 없이, 해당 데이터만 연결되면 예약 웹 게시의 업데이트가 가능하다.

파워 BI 유저는 게이트웨이를 설치 운영보다는 데스크탑 버전에서 중복 업데이트 게시를 실행하는 것이 더 효율적일 수가 있다. 항상 데이터 업데이트 예약 시간을 기다릴 필요 없이, 데이터를 업데이트 시점에 맞추어서 게시를 올려주는 것이 경우에 따라 더 효율적일 수가 있다.

만약, 데이터 웹 게시 없이 데스크탑 버전만 사용한다면, "온 프레미스 게이트웨이"를 설치할 필요는 없다.

9.2. 온 프레미스 게이트웨이 설치 및 연결

1. [다운로드] – [데이터 게이트웨이] 설치를 클릭한다.

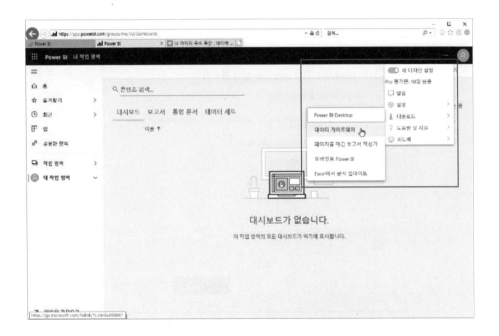

2. 다운로드 및 설치를 클릭한다.

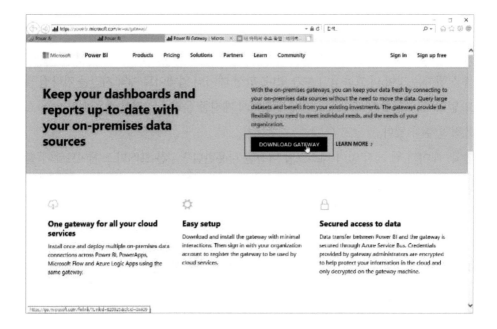

3. 설치 관리자에서 [다음]을 클릭한다.

4. 설치가 시작된다. 전체 용량은 약 700MB 정도이다.

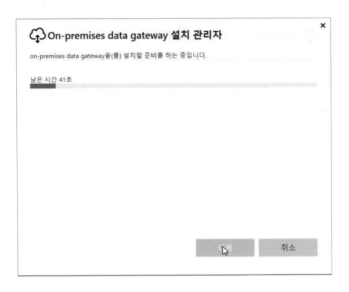

5. 설치 위치 변경 등을 설정하고 사용약관 동의 후 설치 단추를 클릭한다.

6. 설치를 한다.

권장 모드와 개인 모드가 있는데, 처음에는 게이트웨이 방식을 개인 모드로 설정해서 개별 PC의 파일 등을 설정(삭제가능)하여 사용한 후에, 추천 권장 모드로 변경할 것을 추천한다.

7. 파워 BI 가입한 이메일을 등록한 후 로그인한다.

8. 로그인 입력 및 확인한다.

9. 암호를 입력한다.

10. 등록할 준비를 한다.

11. [온 프레미스 데이터 게이트웨이]의 새로운 이름 및 복구키를 입력한다.

12. 각 연결 서비스 설정을 한다.

13. [게이트 관리]를 클릭한다.

14. 등록한 GateWay "power BI"를 선택하고, 게이트웨이 이름 및 부서 등을 입력한다.

[데이터 원본 추가하여 게이트웨이 사용]을 클릭한다. 예시와 같이 MS SQL 데이터 원본을 입력하거나 로컬 엑셀 파일 등 [데이터 원본]을 입력한다.

정보를 입력하고 버튼 [적용]을 클릭하면, 상단에 [연결 성공] 메시지가 보인다.

15. [내 작업영역]에 [데이터 세트]에서 [새로 고침 예약]을 클릭한다.

16. 해당 파워 BI 파일을 선택하고, 게이트웨이 연결이 "온"을 확인하고, [게이트웨이]를 선택한다.

현재 PC만 개인 게이트웨이를 설정하여 사용하는 방법으로 체크해서 예약 업데이트 시간을 설정한다. 예약된 새로 고침에 [새로 고침 빈도], [표준시간대], [다른 시간 추가] 등을 할 수 있다.

이후, 예약 시간을 설정하면, 예약에 맞추어서 파워 BI 웹 서버에서 자동으로 데이터가 업데이트된다.

파워 BI로 데이터를 분석하는데 있어서, 목적이 웹 게시 인지 혹은 로컬 데이터 분석인지에 따라서 파워 BI의 웹 서비스의 이용 여부가 결정될 것이다. 로컬 데이터 시각화의 상호 작용을 통해서 데이터만 분석하고 공유한다면, 파워 BI 데스크탑 버전만으로 충분하다.

파워 BI를 배우는 데 있어서, 먼저 데스크탑 버전의 시각화 차트를 마스터한 후에 파워 BI 웹 서비스 학습할 것을 권한다. 엑셀은 자신의 업무에 필요한 것만 배워서 학습하면 되겠지만, 파워 BI의 시각화 차트는 엑셀과 다르게, 새롭고 다양한 뉴 패러다임(New paradigm) 시각화 차트를 담고 있다.

파워 BI의 다양한 시각화 차트를 마스터한 후에, 업무에 맞추어서 필요한 시각화 차트만 찾아서 업무에 적용할 것을 추천한다.

파워 BI를 통해서 데스크탑 버전에서는 시각화 차트를 만들고, 웹 서비스에서는 공유자와 시각화 차트를 웹으로 보고서 혹은 대시보드로 게시하고, 웹 게시 화면에서는 웹 서비스 시각화 차트를 웹/앱으로 시각화 차트를 게시한다.

"파워 BI의 목적은 정형·비정형 데이터는 물론이고 이종 간의 데이터를 파워 BI 데이터로 통합해서 시각화 차트로 만들어서 분석하는 것이다."